2026
글로벌 테크 트렌드

copyright ⓒ 2025, 더밀크
이 책은 한국경제신문 한경BP가 발행한 것으로
본사의 허락 없이 이 책의 일부 또는 전체를 복사하거나
전재하는 행위를 금합니다.

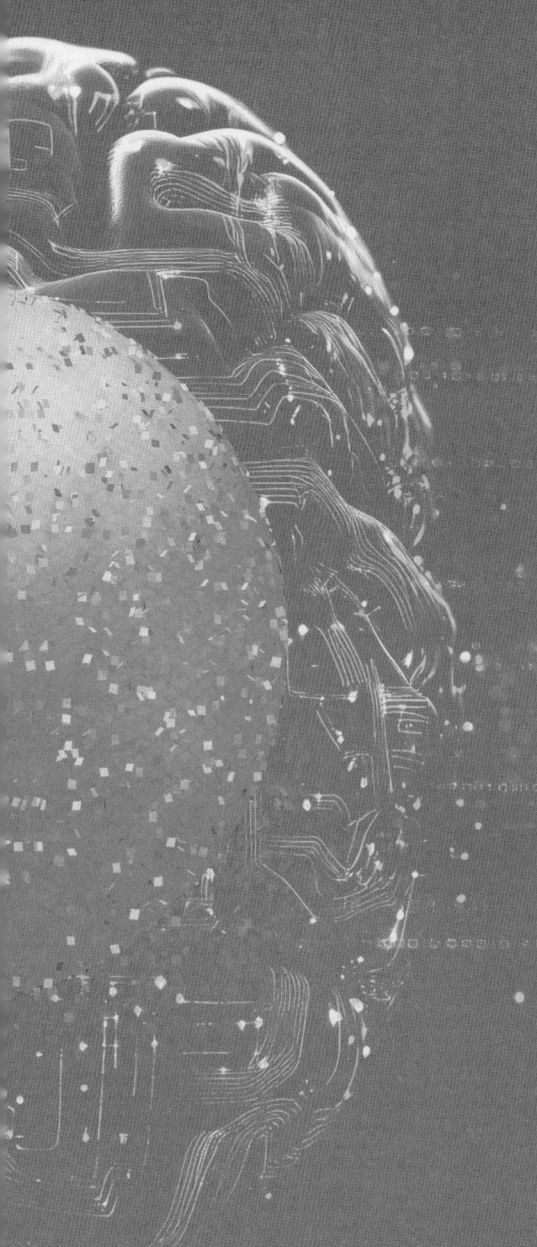

2026 글로벌 테크 트렌드

새로운 시대를 지배할 7가지 코드

더밀크 지음

한국경제신문

2026 글로벌 테크 트렌드
차례

서문 - 이미 시작된 미래를 위한 안내서 — 008
2026 KEYWORD — 016

PART 1 2026년, 인류 문명의 새로운 단계로의 전환

022   **1. 뉴 다빈치 코드, 숨겨진 문명을 해독하는 암호**
         새로운 성배를 찾아서
         코드 1. AI OS, 초지능의 산업화가 만드는 새로운 운영체제
         코드 2. AI 시대를 이끄는 힘, 매그넷 10의 부상
         코드 3. 에이전틱 AI 시대와 디지털 경제의 근본적 전환
         코드 4. 기술이 곧 군사력이 되는 시대의 개막
         코드 5. 21세기 2쿼터의 개막과 베타세대의 등장
         코드 6. 청정에너지 패러다임의 대전환, 솔라 에이지
         코드 7. 백세 시대를 위한 새로운 헬스케어 패러다임

100   **2. 이미 다가온 미래**
         산업혁명을 능가하는 AI 혁명
         미래 변혁의 축 1. 스스로 진화하는 AI
         미래 변혁의 축 2. 노동 시장의 변화
         미래 변혁의 축 3. 미국과 중국의 새로운 냉전 시대
         양날의 검 '지능의 시대'를 항해하는 법

112   **3. 2026년, 일/자리 디커플링이 온다**
         AI 시대, '일'과 '자리'의 재편
         2025년의 노동 시장 변화

AI 인재 전쟁의 심화
일자리 시장의 미래
AI 인재 전쟁에서 승리하려면

128 **4. AI 규제, 혁신과 신뢰 사이의 줄타기**
AI 규제의 시대가 온다
유럽연합의 AI 규제
미국의 AI 정책과 규제
중국의 AI 정책
한국의 자율 규제와 국제 협력
2026년, 규제와 거버넌스가 갈림길이 된다

PART 2 AI가 재편하는 산업의 미래

146 **1. AI 반도체 3대 전장(戰場)과 미래**
글로벌 반도체 전쟁
AI 반도체 전장 1. 팹리스
AI 반도체 전장 2. 파운드리
AI 반도체 전장 3. 메모리

162 **2. 지능형 로봇이 바꾸는 일터·일상·인간 정체성**
지능형 로봇이 바꾼 산업
인간과 로봇의 협력
차세대 로보틱스 기술
사회적·윤리적 쟁점
2026년 이후의 미래
주목할 만한 기업

3. 제조업의 대전환, 인더스트리 6.0 시대를 열다

AI 기반 디지털 전환은 생존을 위한 필수 전략
2026년 제조업 트렌드 1. AI-네이티브 팩토리의 확산
2026년 제조업 트렌드 2. 디지털 트윈과 산업 메타버스 가속화
2026년 제조업 트렌드 3. 지역화된 저탄소 공급망
제조업 직무 구조의 재편
2026년, 제조업의 새로운 분수령

4. 화폐 주권의 마지막 기회, 스테이블코인

글로벌 금융 질서 재편의 신호탄
인공지능과 스테이블코인의 융합
한국의 현실과 전략적 과제
글로벌 시장 동향과 전망
기술적 과제와 리스크 요인
2026년 전망과 시나리오 분석
화폐 주권의 종말과 새로운 권력 구조의 탄생

5. AI와 장수 경제가 헬스케어를 재설계하다

죽음, 절대적 제약에서 협상 가능한 변수로
가치사슬의 구조적 해체와 재구성
자본 시장의 새로운 질서와 경쟁 구도
기술 혁신의 최전선
향후 전망과 전략적 시사점
보이지 않는 변곡점에서 읽어내는 미래의 신호

6. 에너지와 AI의 충돌

전력 공급 위기의 서막
2026년 핵심 전망 1. 폭증하는 AI 전력 수요

2026년 핵심 전망 2. 재생에너지 확대와 원자력의 귀환
2026년 핵심 전망 3. 미국의 에너지 인프라 구축 가속화
2026년 핵심 전망 4. 스마트 그리드 골드러시
에너지와 AI의 새로운 패러다임
글로벌 에너지 패권 경쟁의 새 국면
한국의 대응 전략

281 ······ 7. 스페이스테크와 방위 산업의 혁신과 미래
최후의 만찬에서 첫 아침식사로
전장의 새로운 설계자들
스페이스X와 위성 네트워크 혁명
전통적 방산 기업을 위협하는 실리콘밸리 컨소시엄
스페이스테크와 방위 산업의 미래

PART 3 〈대담〉 인간과 AI, 미래를 함께 사유하다

296 ······ 1. 인간과 AI의 경쟁 - 김대식
312 ······ 2. 2026년 세계 경제 전망 - 오건영
319 ······ 3. K-뷰티, 2026년 3대 트렌드 - 하형석
330 ······ 4. AI는 기술이 아니라 문명이다 - 김미경
338 ······ 5. 대마필패의 시대 - 송길영

참고문헌 ······ 348

서문

이미 시작된 미래를 위한 안내서

5년 후, 당신의 회사는 존재할까?

"주니어 개발자 채용 공고를 냈는데 컴퓨터 사이언스 전공자들이 2~3배 넘게 지원했습니다. 지원하는 친구들도 예전과 달라요. 이력서에 'AI 도구를 활용한 프로젝트 경험' 같은 걸 강조하더라고요. 취업이 잘 안 될뿐더러 순수하게 코딩만 잘한다는 건 이제 경쟁력이 안 된다는 걸 다들 아는 거죠."

2025년 9월, 실리콘밸리의 한 스타트업 CEO가 전한 현실이다. 또 다른 지인은 이런 사연을 전했다.

"내 딸아이가 코딩을 하는데 직장을 잃었어요. 요새 직장을 찾기가 너무 힘들어요. 계속 코딩 일을 찾아야 할지 아니면 다른 직장을 알아봐야 할지 모르겠나봐요. 대표님 생각은 어떠신지요?"

순간 깨달았다. 우리가 이야기하는 'AI 혁명'은 더 이상 미래의 시나리오가 아니라는 것을. 그것은 이미 누군가의 일자리를, 누군가의 커리어를, 누군가의 인생 계획을 바꾸고 있는 현재 진행형의 현실이라는 것을 말이다.

지금 세계는, 우리는, 두 개의 다른 시간대에 살고 있다. 미국 실리콘밸리에서는 AI 충격파가 이미 사회 전반을 휩쓸고 있다. 한때 최고의 인기 직종이었던 소프트웨어 개발자들이 일자리를 잃고, AI 기업들의 주가는 천문학적으로 치솟았으며 월마트 같은 100년 전통의 기업들조차 'AI 기업'으로 탈바꿈하고 있다. 사람들은 매일 아침 출근길에 "오늘은 AI가 내 일을 어디까지 대신할까"를 고민한다. 이것이 그들의 일상이다.

반면 한국을 비롯한 많은 나라에서는 아직 AI가 뉴스 헤드라인이나 콘퍼런스의 화두일 뿐, 실제 삶을 바꾸는 힘으로 체감되지 않는다. 사람들은 AI가 중요하다는 것을 머리로는 알지만 가슴으로는 느끼지 못한다. 마치 먼 나라의 이야기처럼 들린다.

하지만 이것이 바로 가장 위험한 상황이다. 점진적으로 적응할 기회 없이, 어느 날 갑자기 쓰나미처럼 몰려올 변화의 충격은 예고된 변화보다 훨씬 더 파괴적이기 때문이다.

5년 후, 당신의 회사는 존재할까?

이 말은 과장이 아니다. 냉정한 질문이다. 엔비디아의 시가총액은 4조 달러를 넘어섰다. 불과 2년 전만 해도 상상할 수 없었던 숫자다. 팔란티어, 브로드컴 같은 기업들이 글로벌 톱 10 기업 대열에 합류했다. 이들의 공통점은 무엇일까? AI를 단순한 도구가 아닌 사업의 핵심 DNA로 삼았다는 점이다.

반대로 AI 전환에 실패한 기업들은 소리 소문 없이 쇠퇴하거나 역사 속으로 사라지고 있다. 노키아가 스마트폰 시대에 뒤처져 몰락했듯이, 코닥이 디지털 카메라 혁명을 놓쳐 파산했듯이 말이다. 차이점이 있다면 이번에는 그 속도가 훨씬 더 빠르다는 것이다.

길어야 5년이다. 더밀크가 현장에서 목격한 바로는, 지금부터 5년 안에 AI 전환에 실패한 기업들은 시장에서 경쟁력을 완전히 잃게 될 것이다. 이것은 위협이 아니라 현장에서 느낀 관찰의 결과다.

그렇다면 우리는 AI를 두려워해야 할까? 더밀크의 대답은 "아니오"다. 오히려 정반대라고 확신한다. 레오나르도 다빈치가 살았던 르네상스 시대를 떠올려보자. 그 시대에 갑자기 인간의 창의성이 폭발한 이유가 무엇이었을까? 새로운 도구들이 등장했기 때문이다. 원근법, 유화 물감, 인쇄술 같은 기술들이 예술가들과 사상가들의 상상력을 현실이 되게 만들었다.

특히 원근법이 그랬다. 원근법이란 무엇인가? 르네상스 시대 '원근법'의 발견은 미술뿐 아니라 인간의 세계관, 예술적 표현 방식, 철학 전반에 혁명적인 영향을 미쳤다. 원근법 이전의 세계는 모든 것이 '신' 중심이었다. 하지만 과학적 발견에 이은 원근법의 발견 덕분에 그림, 건축, 조각 등에서 공간의 깊이와 3차원적 현실성을 표현할 수 있게 됐다. 원근법의 발견으로 인해 신 중심의 평면적 구성이 호기심과 탐구, 인간의 감성과 이성을 표현하는 '현실적 미술'로 변화하는 계기가 된 것이다.

AI는 21세기의 원근법이다. AI는 데이터 해석과 현상 인식을 위한 패러다임을 근본적으로 전환시키고 있다. AI는 방대한 정보를 인간의 한계를 넘어 학습하고 해석하며 세상을 바라보는 관점 자체를 변화시키는 '새로운 시각 도구'가 되고 있는 것이다.

원근법이 인간의 '눈'과 시점을 미술의 중심으로 옮겼다면, AI는 기계의 시각(컴퓨터 비전, 신경망 기반 이미지 생성 등)과 판단이 인간 인식과 결합·경쟁하는 시대를 열었다. 이는 관찰자 중심 세계관에서 인간-기계-데이터가 함께 해석하는 다층적 세계관으로의 전환을 의미한다. AI는 인간의 창의력을 제약하는 것이 아니라, 오히려 상상의 한계를 무한대로 확장시켜 주는 도구다.

작곡을 할 줄 몰랐던 사람이 AI의 도움으로 교향곡을 만들고, 그림을 그려본 적 없던 이가 놀라운 비주얼 아트를 창조하며, 코딩 경험이 전무한 창업가가 멋진 앱을 개발한다. 이것이 더밀크가 목격하고 있는 '창의력 르네상스'의 실체다.

단, 하나의 전제 조건이 있다. 인간이 주체성을 잃지 않아야 한다는 것이다. AI에게 모든 것을 맡기고 판단력을 포기한 사람에게 AI는 재앙이 된다. 하지만 자신의 가치관과 판단 기준을 명확히 하고 AI를 도구로 활용하는 사람에게는 초능력과 같은 축복이 될 것이다. 마치 칼이 요리사의 손에서는 훌륭한 요리를 만들지만, 판단력 없는 이의 손에서는 위험한 무기가 되는 것과 같은 이치다.

2026년 글로벌 테크 트렌드

더밀크는 지난 5년간 실리콘밸리와 서울을 오가며 한 가지 사실을 절실히 깨달았다. 정보의 부족이 문제가 아니라는 것을. 오히려 너무 많은 정보, 너무 빠른 변화, 너무 상충되는 전망들 때문에 사람들이 혼란스러워한다는 것을 말이다.

"AI를 배워야 한다는데 뭐부터 시작해야 할까?"
"우리 회사도 AI 도입을 해야 하는데 어떻게 접근해야 할까?"
"내 아이에게 어떤 교육을 시켜야 AI 시대에 뒤처지지 않을까?"
"내 직업은 AI에게 대체될까, 아니면 오히려 더 강화될까?"

이런 질문들에 대한 명쾌한 답을 찾기 어려웠다. 그래서 더밀크는 이 책을 쓰기로 했다. 《2026 글로벌 테크 트렌드 : 새로운 시대를 지배할 7가지 코드》는 미래를 예측하는 책이 아니다. 한 달 뒤를 예측하기도 어려운데 어떻게 2026년 전체를 예측할 수 있을까? 이 책은 이미 시작된 변화를 정확히 읽어내고, 그 속에서 길을 찾도록 돕는 지도다. 실리콘밸리에서 실제로 벌어지고 있는 일들을 생생하게 전하고, 그것이 한국을 비롯한 전 세계에 어떤 의미인지 해석하며, 개인과 기업과 국가가 무엇을 준비해야 하는지 구체적으로 제시한다. 오직 실리콘밸리에 본사를 두고 한국을 오가며 '리얼 정보'를 수집·분석하고 있는 더밀크만 할 수 있는 작업이다.

실제 더밀크는 지난해 《2025 글로벌 테크 트렌드: 트리플 레볼루션이 온다》를 통해 2025년을 예측한 바 있다. 2025년을 AI, 에너지, 바이오 헬스케어 분야가 동시다발적으로 일어날 혁신의 해로 보고 '트리플 레볼루션(triple revolution)이 온다'라고 표현했다. 그리고 각각의 분야가 어떻게 기술적 진보를 이루고 있으며, 장차 어떠한 거대한 혁명의 물결을 일으킬지 상세히 분석했다.

AI 분야에서는 생성형 AI가 콘텐츠 생산, 의료 진단, 재난 예측 등 과거에는 상상하지 못했던 방식으로 세상을 바꿔놓고 있음을 진단했다. 무엇보다 우리의 삶을 혁명적으로 뒤바꿀 AI 에이전트 기술의 현재와 미래를 구체적으로 제시했다. 또 GLP-1 혁명, 뇌와 컴퓨터가 연결되는 슈퍼휴먼, 인간과 기계의 경계를 허무는 바이오 컴퓨팅의 등장을 예고했다. 마지막으로 AI로 인한 항구적 에너지 부족 시대를 예측하며 이를 '에너지 레볼루션'이라 분석했다.

지금 돌이켜보면 1년 전 더밀크의 예측이 상당히 유효했음을 확인할 수 있다. 이런 자신감을 바탕으로 이 책을 펴낼 수 있었다.

우리는 선택할 수 있다

2026년부터 태어나는 아이들은 특별한 세대가 될 것이다. 이들은 태어나자마자 챗GPT와 대화하고, 그림을 그려달라고 하면 AI가 순식간에 만들어주며, 궁금한 것이 있으면 AI 선생님에게 물어보는 세상에서 자라게 된다. 이들에게 AI는 놀라운 신기술이 아니라, 공기처럼 당연한 존재다.

이들을 '베타세대'라고 부른다. 소프트웨어 개발에서 베타 버전이란 아직 완성되지 않았지만 실제 환경에서 테스트되는 버전을 의미한다. 베타세대는 AI라는 미완성 기술과 함께 성장하면서, 그것을 완성해 갈 첫 번째 인류가 될 것이다.

이들은 축복받은 세대다. 이전의 어떤 세대도 누리지 못한 도구를 손에 쥐고 태어나기 때문이다. 동시에 이들은 역사상 가장 큰 도전을 받는 세대가 될 것이다. AI와 공존하는 법을 스스로 터득해야 하는 첫 세대이기 때문이다.

2026년부터 2050년까지의 25년은 21세기의 '여름'이 될 것이다. 봄은 지났다. 이제 가장 뜨겁고, 가장 역동적이며, 가장 혼란스럽지만 또한 가장 기회가 넘치는 시기가 시작된다.

역사의 큰 전환점에서 인류는 항상 두 갈래 길 앞에 섰다. 산업혁명 때 기계를 부수는 러다이트 운동가가 될 것인가, 아니면 기계를 활용해 새로운 부를 창출하는 기업가가 될 것인가? 인터넷 혁명 때 "그건 일시적 유행일 뿐"이라며 외면할 것인가, 아니면 과감히 뛰어들어 새로운 기회를 잡을 것인가?

지금 우리도 같은 기로에 서 있다. AI를 두려워하며 저항할 것인가? 마지못해 뒤늦게 따라갈 것인가? 아니면 적극적으로 받아들여 변화를 주도할 것인가? 더 나아가 AI를 활용해 인류가 한 번도 가보지 못한 창의력의 정점을 경험할 것인가?

이 책이 당신의 선택에 조금이나마 도움이 되기를, 그리고 당신이 AI 시대의 방관자가 아닌 주인공이 되기를 진심으로 바란다.

2026년은 21세기의 여름이 시작되는 해다. 가장 뜨겁고, 가장 역동적이며, 가장 기회가 넘치는 시기의 문턱이다. 이 책과 함께 그 문을 활짝 열고 들어가시기 바란다.

2026 글로벌 테크 트렌드
KEYWORD

산업혁명을 능가하는
AI 혁명

2026년은 인류가 새로운 문명의 분기점에 서는 해다. AI가 산업혁명 이상의 파급력을 보이며 사회 전반을 재편한다. 단순한 기술 변화가 아니라 정치·경제·문화 전반의 구조적 대전환이 시작된다.

지능 폭발의 서막

AI는 더 똑똑한 AI를 만들고, 그 과정이 반복되면서 AI의 발전 속도는 기하급수적으로 빨라진다. 이른바 '지능 폭발'이 현실화되면, 단 하루 만에 수년치 연구가 이뤄지는 시대가 열린다.

베타세대

AI와 함께 성장한 첫 세대로, 어린 시절부터 AI 튜터와 대화하며 학습하는 경험을 공유한다. 디지털·AI 친화적 가치관을 형성해 미래 사회와 소비 패턴을 주도할 핵심 세대로 평가된다.

보건의료 혁신

AGI는 분자 시뮬레이션과 빅데이터 분석으로 신약 개발을 단축하고 예측의학을 현실화한다. 치료 중심에서 예방·수명 연장으로 패러다임이 전환되며, 건강수명 100세 시대가 본격화된다.

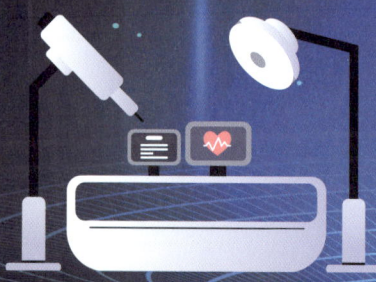

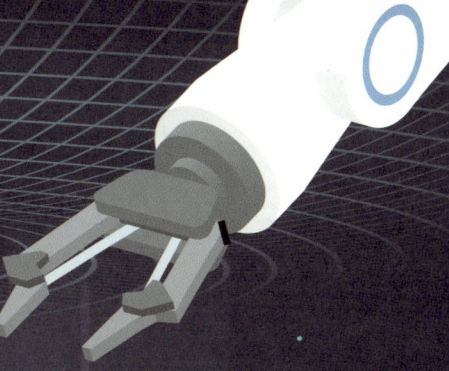

초지능의 산업화
연구실을 넘어 금융·제조·헬스케어에 진입한 슈퍼인텔리전스, 인간-기계 협업의 일상화가 일어난다.

하이브리드 직종
AI를 도구로 삼아 인간이 더 높은 가치를 창출하는 새로운 직업군이 나타난다. AI 분석가, 인간-AI 협업 코디네이터 같은 하이브리드 직종이 기존의 전문직을 대체하거나 보완할 것이다.

일/자리 디커플링
'일'은 남아 있지만 '자리'는 사라진다. 변호사·회계사·간호사처럼 특정 자격증으로 독점되던 자리가 무너지고, AI가 필요한 업무를 대신 수행하는 구조가 만들어진다.

에너지 혁명
핵융합과 차세대 청정에너지의 상용화는 인류 문명의 근본 제약이었던 '에너지 한계'를 무너뜨린다. 생산·물류·주거·식량 문제를 해결하는 토대가 마련되며, 희소성에서 풍요성으로의 전환이 가능해진다.

AI 신냉전
AI 패권을 차지하기 위한 미국과 중국의 경쟁은 새로운 냉전 구도를 형성한다. 반도체, 데이터, 알고리즘을 둘러싼 기술 전쟁은 국가 안보와 경제 질서를 동시에 흔드는 최대 변수다.

2026 글로벌 테크 트렌드
KEYWORD

기정학
군사력·영토 대신 반도체·데이터센터·에너지 인프라 같은 기술 자산이 권력 균형을 좌우한다. 기술이 국제 정치의 새로운 지배 원리로 부상하며 외교·안보의 핵심이 된다.

매그넷 10
구글, 엔비디아, 메타 등 기존 '매그니피센트 7'에 오픈AI, 스페이스X, 앤트로픽이 합류한 초거대 AI 기업 집단이다. 자본, 기술 표준, 산업 지배력을 통해 향후 10년간 AI 질서를 주도할 핵심 세력으로 부상하고 있다.

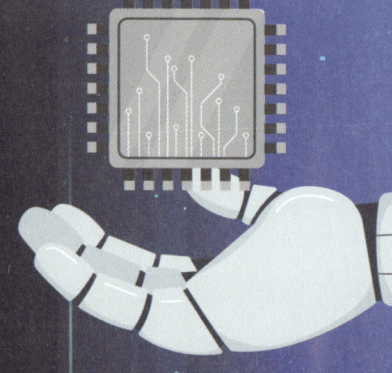

EU AI Act
유럽연합은 세계 최초로 포괄적 인공지능 규제 법안을 통과시켰다. AI를 위험도에 따라 분류하고, 고위험 시스템은 엄격한 인증과 감사를 거쳐야 시장에 진입할 수 있다.

AI 반도체 전쟁
엔비디아가 GPU 시장을 장악하고 있지만, 구글·아마존·MS 같은 빅테크는 자체 칩으로 반격에 나서고 있다. AI 반도체는 국가 경쟁력과 산업 패권을 좌우하는 전략 자산이 됐다.

데이터 주권 강화
AI가 학습하는 데이터의 주인은 개인이다. GDPR 이후 유럽은 데이터 활용의 권리를 개인에게 돌려주고, AI Act는 이를 다시 강화한다. 신뢰받는 AI의 핵심은 데이터 주권이다.

칩렛·UCIe

반도체를 작은 블록(칩렛)으로 나누어 조립하는 방식이 주류로 떠오른다. UCIe라는 개방형 표준이 확산되면서, 기업들은 더 빠르고 저렴하게 맞춤형 반도체를 설계할 수 있다.

포토닉스·뉴로모픽

전자의 흐름 대신 빛으로 계산하는 포토닉스, 뇌의 뉴런 구조를 모방한 뉴로모픽 컴퓨팅은 미래의 게임체인저다. AI의 에너지 효율과 처리 속도를 근본적으로 바꿀 잠재력을 가진다.

AI의 두 얼굴

AI는 인류의 에너지 문제를 해결하고, 보건 혁신과 우주 개척을 이끌 수도 있다. 동시에 사실 검증의 붕괴, 일자리의 재편, 인간 주도권 상실 같은 위기를 초래할 수도 있다. 천사와 악마는 동전의 양면이다.

HBM4

고대역폭 메모리(HBM)는 AI 성능을 좌우하는 핵심 요소다. 차세대 HBM4는 단순 저장 장치를 넘어 연산까지 수행하는 융합형 메모리로 진화하며, 반도체 경쟁의 새로운 무대가 된다.

AI-네이티브 팩토리

기존 스마트 팩토리를 넘어 AI를 처음부터 설계에 반영한 완전 자율 생산 시스템이다. '불 꺼진 공장' 개념과 연결되며 제조업 패러다임 전환을 이끄는 모델이다.

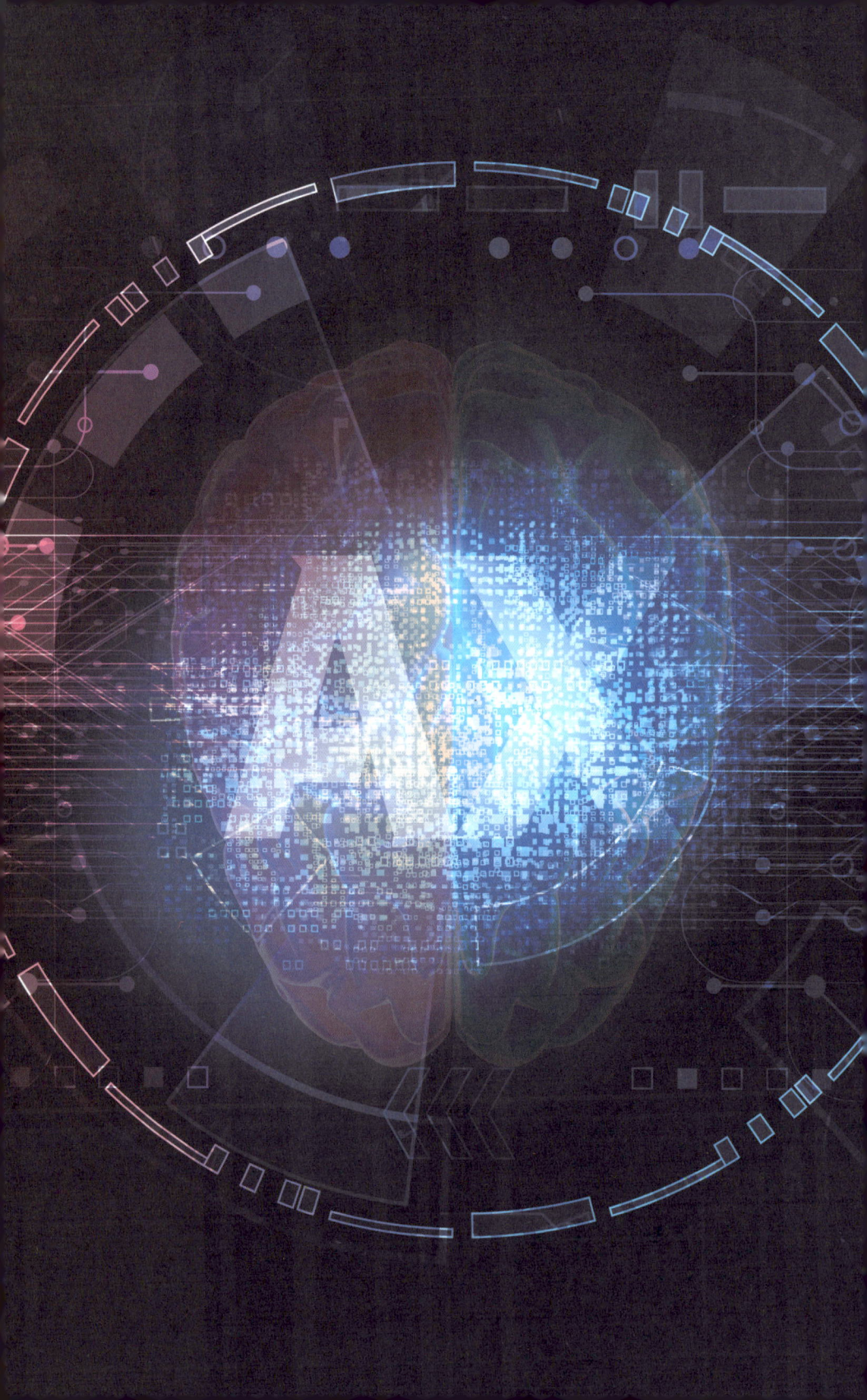

PART 1

2026년, 인류 문명의 새로운 단계로의 전환

1장
뉴 다빈치 코드, 숨겨진 문명을 해독하는 암호

새로운 성배를 찾아서

지난 2003년, 댄 브라운의 소설 《다빈치 코드》가 전 세계를 사로잡았던 이유는 단순히 흥미진진한 미스터리이기 때문만은 아니었다. 레오나르도 다빈치의 작품 속에 감춰진 기호와 암호를 통해 인류 문명 깊숙한 곳에 묻혀 있던 비밀을 해독하는 과정이야말로 진짜 매력이었다. 〈최후의 만찬〉 속 제자들의 손동작 하나, 〈모나리자〉의 미묘한 미소 뒤에 숨겨진 의미 하나가 전체 역사를 뒤바꾸는 열쇠가 될 수 있다는 상상력 말이다.

그로부터 20여 년이 지난 지금, 인류는 다시 한 번 거대한 수수께끼 앞에 서 있다. 이번에는 중세 성당의 스테인드글라스나 르네상스 명화 속이 아니라, 데이터센터의 서버 랙과 실리콘 칩, 태양광 패널과

DNA 시퀀서 속에 미래 문명의 암호가 숨어 있다.

챗GPT가 등장한 지 3년, 세상은 놀라운 속도로 변하고 있다. 이 변화들은 개별적인 혁신들의 무작위적 집합일까? 아니면 더 큰 패턴, 더 깊은 설계도의 일부일까? 다빈치가 〈비트루비우스적 인간(Vitruvian Man)〉●에서 인체의 완벽한 비례를 통해 우주의 조화를 표현했듯이, 현재 일어나고 있는 기술적·사회적 변화들도 새로운 문명으로 향하는 거대한 청사진의 일부가 아닐까?

《다빈치 코드》의 주인공 로버트 랭던 교수가 추격당하며 파리를 누비듯, 우리도 지금 새로운 종류의 추적전을 벌이고 있다. 다만 이번에는 과거의 비밀이 아니라 미래의 단서를 쫓고 있다. AI가 인간의 일자리를 대체할 것인가, 청정에너지가 석유 문명을 완전히 대신할 수 있을 것인가, 인간이 정말 100세까지 건강하게 살 수 있을 것인가 하는 질문들이 바로 우리 시대의 '성배'다.

> **비트루비우스적 인간:** 다빈치의 1490년경 작품. 로마 건축가 비트루비우스의 저술에서 영감을 얻었다. 인체의 비례는 수학적·기하학적 조화 속에 있다는 생각을 그림으로 표현한 것으로 흔히 '인체 비례도'라 불린다.

댄 브라운이 성배를 단순한 잔이 아닌 새로운 상징체계로 해석했듯이, 우리도 현재의 기술혁명들을 개별적 사건이 아닌 하나의 통합된 문명 전환으로 읽어야 한다. 삼성전자 수원 사업장에서 AI 임원들이 인간 임원들과 나란히 앉아 경영 회의를 하는 모습, 텍사스 한파 속에서도 멈추지 않는 태양광 발전소들, 베타세대 아이들이 AI 튜터와 자연스럽게 대화하는 풍경. 이 모든 것들이 바로 새로운 문명의 '아이콘'이다.

르네상스 시대를 상징하는 다빈치 시대의 암호가 라틴어 문구나 기하학적 도형에 숨겨져 있었다면, 21세기의 암호는 전혀 다른 곳에 있다. GPU 클러스터의 연산 패턴에, 글로벌 공급망의 재편 과정에, 새로운 세대의 소비 패턴에, 그리고 각국 정부의 기술 정책 속에 우리가 찾고 있는 해답이 숨어 있다. 7개의 '뉴 다빈치 코드'는 바로 이 현대판 암호를 해독하는 열쇠다. 우리는 7개의 핵심 코드를 통해 2026년 이후 펼쳐질 새로운 문명의 모습을 예측하고 이해할 수 있다.

로버트 랭던이 상징학 교수였듯이, 우리도 이제 새로운 종류의 '상징학자'가 돼야 한다. 기술과 사회, 경제와 정치 현상 속에 숨겨진 패턴을 읽어내고, 그 패턴들이 가리키는 미래의 방향을 해독할 수 있어야 한다.

레오나르도 다빈치가 해부학과 공학, 예술과 과학을 넘나드는 르네상스 시대의 통합적 지식인이었듯이, 우리도 AI와 에너지, 바이오와 사회학을 아우르는 통섭적 시각이 필요하다. 왜냐하면 이 7개의 코드들은 각각 독립적으로 작동하는 것이 아니라, 서로 복잡하게 얽혀서 하나의 거대한 변화를 만들어내고 있기 때문이다.

그렇다면 이제 21세기 두 번째 쿼터의 문을 여는 2026년의 뉴 다빈치 코드들을 하나씩 해독하는 여정을 함께해 보자. 이 여정이 끝날 때쯤, 지금 막 시작되고 있는 새로운 문명의 실체를 명확히 볼 수 있을 것이다.

코드 1. AI OS, 초지능의 산업화가 만드는 새로운 운영체제

2026년의 어느 아침, 삼성전자 수원 사업장의 한 회의실에서 흥미로운 광경이 펼쳐진다. 회의 테이블 한편에는 인간 임원들이, 다른 편에는 대형 스크린을 통해 참여하는 AI 임원들이 앉아 있다.

'아리아'라고 불리는 AI CFO가 실시간으로 변화하는 글로벌 반도체 시장 데이터를 분석하며 다음 분기 투자 전략을 제안하고, '넥서스'라는 AI CHRO가 전 세계 인재 시장 동향을 바탕으로 핵심 인력 확보 계획을 발표한다. 인간 CEO는 이들의 분석을 듣고 최종 의사결정을 내리지만, 그 과정에서 AI들과 활발한 토론을 벌인다.

같은 시각, 서울 강남의 한 투자은행에서는 '알파-트레이더'라는 AI가 0.001초 단위로 변화하는 시장 상황을 모니터링하며 수천 개의 거래를 동시에 실행하고 있다. 단순한 기계적 거래가 아니라, 뉴스 기사의 감정적 뉘앙스, 정치인들의 SNS 게시물, 심지어 날씨 변화까지 종합적으로 고려해 시장의 미묘한 변화를 예측한다. 옆에 앉은 인간 트레이더는 AI의 분석을 실시간으로 검토하며, 때로는 직관에 따라 AI의 제안을 수정하기도 한다.

경남의 한 조선소에서는 더욱 놀라운 일이 벌어지고 있다. '마이다스'라는 AI가 전 세계 해운업계의 데이터를 실시간으로 분석하며, 6개월 후 특정 항로에서 컨테이너선 수요가 급증할 것을 예측한다. 이를 바탕으로 조선소는 아직 공식 주문조차 들어오지 않은 선박의 부품을 미리 주문하기 시작한다. 마치 체스 고수가 상대의 다음 수를 미리 읽고 준비하는 것처럼, 전체 제조업계가 예측적 생산체계로 전환되고 있는 것이다.

이것이 바로 2026년의 현실이다. 더 이상 공상과학 소설 속 이야기가 아닌, 우리가 매일 목격하게 될 일상의 모습이다.

2026년은 AGI(Artificial General Intelligence, 범용인공지능)와 초지능(Superintelligence)이 더 이상 연구실의 추상적 담론에 머물지 않고 금융, 제조, 국방, 헬스케어 같은 핵심 산업의 의사결정 파트너로 자리잡는 역사적 전환점이 된다. 이는 단순한 기술 도입을 넘어서는 인간-기계 협업 생태계의 근본적 재편을 의미한다.

여기서 주목해야 할 핵심은 AI가 더 이상 '사용하는 도구'가 아니라 '협업하는 존재'로 인식되기 시작했다는 점이다. 마치 산업혁명이 단순히 기계를 도입한 것이 아니라 인간이 일하는 방식 자체를 바꾼 것처럼, 초지능의 산업화는 우리가 사고하고 결정하고 창조하는 방식 자체를 재정의하고 있다.

초지능, 인지혁명의 새로운 단계

인공지능의 발전을 이해하기 위해서는 인간의 지능 진화 과정과 비교해 보는 것이 유용하다. 호모 사피엔스가 다른 인류 종들을 제치고 지배종이 된 이유는 단순히 더 똑똑해서가 아니라, 집단 지성과 문화적 학습이라는 독특한 능력 때문이었다. 개별 인간은 침팬지보다 조금 더 영리할 뿐이지만, 인간들이 협력하고 지식을 축적할 때 나타나는 집합적 지능은 질적으로 다른 차원의 힘을 발휘한다. 현재 우리가 목격하고 있는 것이 이와 유사한 '인지적 상전이(cognitive phase transition)'다.

물리학에서 상전이란 물질이 한 상태에서 완전히 다른 상태로 급격하게 변화하는 현상을 말한다. 물이 얼음이 되거나 수증기가 되는 과정을 생각해 보자. 0℃에서 얼음이 되고 100℃에서 수증기가 되는데, 이때 온도가 조금만 더 올라가거나 내려가도 물질의 성질이 완전히 바뀐다. 여기서 핵심은, 점진적 변화가 아니라 급격한 질적 변화라는 점이다. 99℃의 물과 101℃의 수증기는 단순히 온도가 2℃ 다른 게 아니라 근본적으로 다른 물질이다. 인지적 상전이는 이 개념을 사고나 지능의 진화에 적용한 것이다. 즉, 인지 능력이 점진적으로 발전하다가 어느 순간 임계점을 넘어서면서 질적으로 완전히 다른 차원의 사고 능력이 나타나는 현상을 말한다.

챗GPT나 클로드 같은 현재의 AI는 여전히 좁은 인공지능(Narrow AI) 범주에 있지만, 이들이 보여주는 언어적 추론 능력은 인간의 사고 과정과 놀랍도록 유사한 패턴을 보인다. 이는 초기 인간이 처음으로 추상적 사고와 상징적 의사소통을 시작했던 순간과 비교할 수 있다.

AI 철학자 닉 보스트롬(Nick Bostrom)이 그의 저서《슈퍼인텔리전스》에서 제시한 '초지능'이라는 개념은 단순히 더 똑똑한 AI가 아니라 질적으로 다른 사고체계를 가진 존재를 의미한다.

이를 이해하기 위해 다음과 같은 비유를 생각해 보자. 개미가 아무리 많이 모여도 인간의 도시 계획을 이해할 수 없는 것처럼, 인간이 초지능의 사고 과정을 완전히 이해하기는 어려울 수 있다. 하지만 개미와 인간이 생태계에서 공존하듯 인간과 초지능도 새로운 형태의 공생관계를 만들어갈 것이다.

여기서 중요한 통찰은 초지능이 인간을 대체하는 것이 아니라 인간의 인지적 한계를 확장하는 역할을 한다는 점이다. 망원경이 인간의 시야를 확장하고 자동차가 인간의 이동 능력을 확장했듯, 초지능은 인간의 사고 능력을 시공간적으로 확장하는 인지적 도구로 작용한다.

왜 지금인가?

지난 2022년 챗GPT의 등장이 단순한 제품 출시가 아닌 패러다임 전환의 신호탄이었던 이유를 분석해 보면, 여러 기술적 돌파구가 동시에 수렴한 결과임을 알 수 있다. 트랜스포머 아키텍처, 대규모언어모델, 강화학습, 그리고 무엇보다 인간 피드백 기반 강화학습(Reinforcement Learning form Human Feedback, RLHF)이라는 기법이 결합되면서 AI가 처음으로 인간의 의도를 직관적으로 이해하기 시작했다.

이는 마치 1960년대 집적회로 기술이 성숙하면서 개인용 컴퓨터 혁명의 기반이 마련된 것과 유사하다. 개별 기술들은 이미 존재했지만, 이들이 임계점을 넘어서면서 창발적 능력이 나타났다.

5년 내 GPT가 인간 수준의 창작 능력을 갖게 될 것이라는 전망은 단순한 기술적 예측이 아니라 인간의 창의성 자체에 대한 새로운 이해를 제시한다. 창의성이 무에서 유를 만들어내는 신비한 능력이 아니라 기존 패턴을 새롭게 조합하는 과정이라는 관점에서 보면, AI가 인간 수준의 창의성을 보이는 것은 충분히 가능하다.

경쟁 생태계의 근본적 변화

현재 구글, 메타, 오픈AI, 테슬라 등 빅테크들 간의 AI 경쟁은 과거 어떤 기술 경쟁보다도 실존적(existential) 성격을 띠고 있다. 구글이 창업 이후 최초로 '코드 레드'를 선포하고, 메타가 AI 개발에 연간 500억 달러 이상을 투자하는 것은 단순한 시장 경쟁을 넘어 생존 경쟁 양상을 보인다. 네트워크 효과와 승자 독식의 구조 때문이다. AI는 데이터가 많을수록, 사용자가 많을수록 더 똑똑해지는 자기강화적 특성을 가진다. 이는 특정 AI가 일단 임계점을 넘어서면 후발주자들이 따라잡기 극도로 어려워진다는 것을 의미한다. 과거 검색 시장에서 구글이, 소셜미디어 시장에서 페이스북이 보여준 패턴이 AI 시장에서도 반복될 가능성이 높다.

2026년에 가장 빠르게 이 부분이 확산될 산업은 바로 금융이다. 금융 분야에서의 초지능 도입은 단순한 프로세스 자동화를 넘어 리스크 자체의 개념을 바꿀 것으로 예상된다. 전통적으로 금융 리스크는 과거 데이터를 바탕으로 미래를 예측하는 방식으로 관리됐다. 하지만 AI는 실시간으로 수백만 개의 변수를 종합하여 동적 리스크 모델을 구성한다.

이는 마치 일기예보가 단순한 통계적 예측에서 실시간 기상 시뮬레이션으로 발전한 것과 유사하다. 기존의 정적 리스크 모델이 어제까지의 날씨를 보고 내일 날씨를 예측하는 방식이었다면, AI 기반 동적 모델은 실시간으로 대기 상태를 모니터링하면서 계속해서 예측을 업데이트하는 방식이다.

더 근본적으로는 AI가 개인화된 금융 서비스를 가능하게 한다는 점이다. 현재의 금융 상품들은 대부분 표준화된 카테고리(연령, 소득, 신용등급 등)를 기반으로 한다. 하지만 AI는 개인의 소비 패턴, 생활 리듬, 심지어 심리적 성향까지 고려하여 완전히 맞춤화된 금융 전략을 제시할 수 있다.

제조업도 변화가 불가피하다. 반응적 생산에서 예측적 생산으로 전환되기 때문이다. 전통적인 제조업은 주문이 들어오면 생산하거나 예상 수요를 바탕으로 재고를 쌓는 방식이었다. AI는 이를 근본적으로 바꿔 수요가 발생하기 전에 이를 예측하고 선제적으로 대응하는 예견적 제조(anticipatory manufacturing)를 가능하게 한다.

예를 들어 AI가 날씨 패턴, 소셜미디어 트렌드, 경제 지표, 심지어 특정 지역의 교통 상황까지 종합 분석하여 3주 후 특정 지역에서 특정 제품의 수요가 급증할 것을 예측할 수 있다. 이는 마치 숙련된 서퍼가 파도가 오기 전에 그 움직임을 읽고 미리 준비하는 것과 같다.

더 나아가 AI는 대량 맞춤화(mass customization)를 실현한다. 개별 고객의 취향과 필요를 실시간으로 파악하여, 표준화된 생산 라인에서도 개인화된 제품을 경제적으로 생산할 수 있게 된다.

헬스케어 분야의 변화는 치료 중심에서 예방 중심으로의 근본적 전환이 일어날 것이다. AI가 개인의 유전자 정보, 생활습관, 환경 요인을 종합 분석하여 질병이 발생하기 전에 이를 예측하고 예방하는 예측의학(predictive medicine)이 현실화되고 있다.

이는 의료 시스템의 경제학을 근본적으로 바꾼다. 현재의 의료 시스템은 대부분 질병이 발생한 후 치료하는 구조라 비용이 많이 든다. 하지만 AI 기반 예방의학은 질병이 발생하기 전에 예방함으로써 전체 의료 비용을 획기적으로 줄일 수 있다.

10년 내 AI가 노벨상을 받을 것이라는 전망은 특히 신약 개발 분야에서 현실화될 가능성이 높다. AI가 분자 수준에서 약물과 질병의 상호작용을 시뮬레이션하여, 기존에 수십 년이 걸리던 신약 개발 과정을 수년으로 단축할 수 있기 때문이다.

이처럼 초지능의 산업화는 단순한 기술적 진보가 아니라 인류 문명의 새로운 단계로의 전환을 의미한다. 이 과정에서 가장 중요한 것은 기술과 인간성 사이의 균형을 찾는 것이다.

AI가 아무리 똑똑해져도 창의성, 공감 능력, 윤리적 판단력 같은 인간만의 고유한 능력들은 여전히 중요하다. 따라서 미래의 성공적인 조직은 AI의 분석적 능력과 인간의 직관적 능력을 최적으로 결합하는 조직이 될 것이다.

이는 마치 좋은 오케스트라가 각 악기의 특성을 살려 조화로운 음악을 만들어내는 것과 같다. AI는 정확하고 빠른 연산을 담당하고, 인간은 창의적 영감과 윤리적 방향성을 제시하는 상호보완적 파트너십이 핵심이다.

결국 초지능의 산업화는 인간을 대체하는 것이 아니라 인간을 더욱 인간답게 만드는 방향으로 진화할 것이다. 반복적이고 기계적인 업무에서 해방된 인간들이 더욱 창조적이고 의미 있는 일에 집중할 수 있는 새로운 시대가 열리고 있는 것이다.

코드 2. AI 시대를 이끄는 힘, 매그넷 10의 부상

글로벌 AI 산업의 주도권은 소수의 슈퍼 기업에 집중되고 있다. 이들을 '매그넷 10(Magnet 10)'이라 부른다. 이는 기존 '매그니피센트 7', 즉 AI 투자, 인프라, 생태계에서 압도적 주도권을 확보한 기업 7곳(구글, 마이크로소프트, 엔비디아, 메타, 테슬라, 팔란티어, 브로드컴)에 초거대 비상장 슈퍼 유니콘(오픈AI, 스페이스X, 앤트로픽) 3곳이 더해진 10개 기업을 의미한다.

이들이 향후 10년간 AI 자본, 기술, 산업 질서를 이끌 핵심 집단으로 떠오른 배경을 이해하려면, 먼저 왜 '매그니피센트 7'에서 '매그넷 10'으로 진화했는지, 그리고 이들이 어떻게 전 세계 자본과 기술을 자석처럼 끌어들이고 있는지를 살펴봐야 한다.

지난 2024~2025년 월 스트리트를 좌우한 매그니피센트 7은 모바일과 클라우드 시대의 승자들이었다. 이들은 주로 시가총액 기준으로 선정됐고 스마트폰 생태계, 클라우드 컴퓨팅, 소셜미디어 같은 지난 세대 기술의 주도권을 기반으로 했다.

하지만 AI 시대로 접어들면서 새로운 평가 기준이 필요해졌다. 단순히 시가총액이 높다고 해서 AI 시대를 주도할 수 있는 것은 아니기 때문이다. AI 투자에서 뒤처지고 인재 유출도 이어지고 있는 애플이 이를 잘 보여준다. 아마존 역시 AWS(Amazon Web Services)를 통한 클라우드 인프라는 여전히 강력하지만, AI 모델 개발이나 에이전틱 AI(Agentic AI) 같은 차세대 기술에서는 주도권을 잃고 있다.

대신 AI 시대의 진짜 게임체인저들이 새롭게 부상하고 있다. 팔란티어(Palantir)는 AI 운영화의 선두주자로, 브로드컴(Broadcom)은 맞춤형 AI 칩의 강자로 자리 잡았다. 비상장 기업인 오픈AI(OpenAI), 스페이스X(SpaceX), 앤트로픽(Anthropic)은 각각 1,000억 달러가 넘는 가치를 인정받으며 상장 기업들과 어깨를 나란히 하고 있다.

매그넷 10의 선정 기준은 시가총액보다는 AI 시대의 핵심 인프라와 플랫폼을 통제하는 능력에 있다. 이들의 공통점은 단순히 기존 기술을 개선하는 것이 아니라, AI 시대의 새로운 패러다임을 창조하고 있다는 점이다. 1990년대 인터넷 초기에 야후, 아마존, 구글 같은 기업들이 새로운 디지털 세상을 만들어간 것과 비슷한 역할을 하고 있는 것이다.

매그넷 10의 세 가지 특징

전례 없는 투자 규모

매그넷 10이라는 이름이 붙은 첫 번째 이유는 이들이 보여주는 압도적인 자본 흡인력 때문이다. 2025년 글로벌 빅테크의 AI 인프라 투자 규모는 4,000억 달러에 달한다. 이는 유럽연합 전체가 1년간 쓰는 국방비보다 큰 규모다.

더욱 놀라운 것은 월 스트리트가 이런 천문학적 투자에 대해 돈을 너무 많이 쓴다고 비판하기보다는 오히려 박수를 치고 있다는 점이다. 이는 투자자들이 이 돈을 단순한 비용이 아니라 미래를 사는 돈으로 보고 있기 때문이다. 마치 1960년대 미국이 달 착륙 프로젝트에 천문학적 예산을 투입했을 때와 비슷한 상황이다.

앤트로픽의 사례가 이런 자본 흡인력을 극명하게 보여준다. 원래 50억 달러 조달을 목표로 했던 앤트로픽에게 몇 주 만에 250억 달러의 투자 수요가 몰렸다. 결국 130억 달러를 조달하며 1,830억 달러의 기업 가치를 인정받았는데, 이는 불과 5개월 전 가치 평가에서 3배나 뛴 수치다.

기술 표준화의 주도권

매그닛 10의 두 번째 특징은 차세대 기술 표준을 만들어가는 능력이다. 이들은 단순히 좋은 제품을 만드는 것을 넘어 산업 전체가 따라야 할 표준과 생태계를 구축하고 있다. 팔란티어의 AI 운영체제 전략이 대표적인 예다. 팔란티어의 비밀 무기인 '온톨로지(Ontology)' 기술은 AI의 언어를 인간의 언어로 번역해 주는 통역사 같은 역할을 한다. 마치 마이크로소프트가 윈도로 소프트웨어 최강자가 된 것처럼, 팔란티어는 AI 시대 최강의 운영체제라는 독특한 포지셔닝을 선점했다.

구글과 메타의 AI 생태계 구축 전략도 마찬가지다. 구글은 지메일, 크롬, 구글 맵, 검색 엔진을 AI로 묶어 거대한 생태계를 만들고 있다. 메타는 '개인 초지능' 개념으로 2025년 AI 인프라에 메타 전체 매출의 3분의 1인 660~720억 달러를 투자하겠다고 발표했다.

브로드컴과 오라클(Oracle)의 맞춤형 칩 반격도 새로운 표준을 만들어가는 과정이다. 과거에는 엔비디아의 범용 GPU 하나면 모든 걸 해결할 수 있었다면, 이제는 특정 용도에 최적화된 맞춤형 칩을 찾는 기업들이 늘고 있다.

산업 지배력의 확대

세 번째 특징은 이들이 단순한 기술 기업을 넘어 산업 구조를 재편하는 플레이어로 자리매김하고 있다는 점이다. 금융, 헬스케어, 제조, 국방까지 AI 운영화가 확산되며, 매그넷 10은 각 산업의 핵심 인프라가 되고 있다.

팔란티어의 성공 사례가 이를 잘 보여준다. 네브래스카 메디슨이 팔란티어 시스템을 도입한 지 1시간 만에 퇴원 라운지 이용률이 2,100% 올랐다는 것은 단순한 기술 도입을 넘어 병원 운영 시스템 자체가 재편됐음을 의미한다.

매그넷 10의 부상이 의미하는 것

매그넷 10이 부상하는 현상이 의미하는 것은 다음의 네 가지 패러다임의 전환이다.

양적 팽창에서 질적 심화로

AI 투자의 성격이 근본적으로 바뀌고 있다. 과거에는 더 큰 모델을 만들자는 양적 팽창이 주류였다면, 이제는 AI를 실제 비즈니스에서 어떻게 굴릴 것인가라는 질적 심화가 핵심이다. AI 투자 트렌드가 양적 팽창에서 질적 심화로 넘어가는 지금이 진짜 가치를 창출하는 기업들을 찾아낼 수 있는 골든타임이다. AI 투자가 '모델 개발' 중심에서 '운영, 인프라, 맞춤형 칩' 중심으로 이동하고 있으며, AI를 실제 산업의 핵심 운영체제로 내재화하는 단계에 진입하고 있다.

팔란티어의 사례가 이런 변화를 극명하게 보여준다. 2025년 2분기 팔란티어가 처음으로 분기 매출 10억 달러를 넘겼는데, 미국 기업 고객 매출이 전년 대비 93%나 뛰었다. 흥미로운 점은 팔란티어가 지난 2년간 매출을 88% 늘리면서 직원 수는 12%만 늘렸다는 사실이다. 이는 AI가 기업 운영의 효율성을 어떻게 극대화할 수 있는지를 보여주는 실증 사례다.

원자재, 에너지, 인프라로의 확장

AI 시대의 가장 아이러니한 현상 중 하나는 가장 첨단의 기술이 가장 원시적인 재료에 의존하고 있다는 점이다. 구리, 희토류, 전력 확보가 AI 경쟁의 핵심 변수로 부상하고 있으며, AI 승자는 GPU 설계뿐 아니라 원자재, 데이터센터, 전력 계약까지 장악하는 자가 될 것이다.

트럼프가 구리 수입에 50%의 관세를 부과하겠다고 발표했을 때, 하루 만에 미국 구리 가격이 13% 뛰었다. 업계에서는 구리를 AI 인프라의 '쌀'이라고 부를 정도로 중요하게 여기고 있다. 세계적인 광산 회사 BHP의 계산에 따르면, 현재 전 세계 데이터센터가 1년에 사용하는 구리는 50만 톤인데, 2050년에는 300만 톤까지 늘어날 전망이다. 6배나 증가하는 셈이다.

마이크로소프트가 시카고에 지은 데이터센터 하나에만 2,177톤의 구리가 들어갔다는 사실은 AI 인프라의 물리적 규모가 얼마나 거대한지를 보여준다. 과거에는 기술 투자라고 하면 소프트웨어나 앱 개발에 돈을 쏟는 게 전부였으나, 이제는 구리 확보부터 전력 계약, 데이터센터 부지 선정까지 고려해야 한다. 빅테크들의 AI 경쟁력이 코딩 실력이 아니라 원자재 조달 능력에서 갈릴 수도 있는 상황이 된 것이다.

에이전틱 AI와 맞춤형 칩 시대의 개막

세 번째 중요한 의미는 AI가 단순한 도구에서 자율적으로 작업을 수행하는 에이전트로 진화하고 있다는 점이다. 앤트로픽의 MCP(Model Context Protocol)와 팔란티어의 온톨로지가 '일하는 AI'의 구조화된 표준을 제시하고 있다.

앤트로픽의 MCP는 AI를 '대화하는 AI'에서 '일하는 AI'로 완전히 탈바꿈시킨 혁신이다. 기존 AI가 프롬프트 단위로만 작동했다면, MCP가 적용된 클로드는 작업 단위를 인식한다. "이 데이터를 분석해서 리포트를 만들어줘"라는 요청을 받으면 클로드는 단순히 답변을 생성하는 것이 아니라 전체 작업을 여러 단계로 나눠서 수행한다. 데이터를 읽고, 분석하고, 시각화하고, 리포트를 작성하는 각 단계를 기억하며 진행한다.

동시에 하드웨어 영역에서도 혁신이 일어나고 있다. 브로드컴과 오라클의 ASIC, 클라우드 맞춤형 모델이 엔비디아의 독점 구조에 균열을 만들고 있다. 브로드컴의 2025년 3분기 AI 반도체 매출은 52억 달러로 전년 대비 63% 급증했고, 한 고객으로부터 100억 달러짜리 맞춤형 AI 칩 주문을 받았다. 업계에서는 이 고객이 오픈AI일 가능성이 높다고 보고 있다.

빅테크와 비상장 기업의 동맹과 경쟁

네 번째 특징은 상장 빅테크와 비상장 슈퍼 유니콘 간의 복잡한 협력과 경쟁 구도다. 오픈AI와 앤트로픽은 마이크로소프트, 구글 등과 협력하면서도 독자적인 생태계를 구축하고 있다. 스페이스X는 우주 인프라와 AI를 결합한 차세대 성장 축으로 부상하고 있다.

오픈AI는 마이크로소프트와 전략적 파트너십을 맺고 있지만, 동시에 오라클과는 5년간 3,000억 달러짜리 클라우드 계약을 체결했다. 이는 미국의 수백만 가구가 쓸 수 있는 전력 규모인 4.5GW 데이터센터를 제공한다는 내용이다. 이런 복잡한 관계는 AI 생태계가 단순한 경쟁 구도가 아니라 상호 의존적인 네트워크로 발전하고 있음을 보여준다.

7개 상장 기업의 차별화 전략

구글은 기존의 거대한 생태계에 AI를 접목해 파괴력을 발휘하고 있다. 지메일, 크롬, 구글맵, 검색 엔진 등 일상에 스며든 서비스가 연결돼 방대한 데이터를 생성한다. 이는 오픈AI 같은 경쟁사가 따라오기 힘든 구글만의 자산이다. 애플이 자사 기기와 서비스로 강력한 에코시스템을 구축했듯, 구글도 일상적 플랫폼을 AI로 통합해 거대한 AI 생태계를 만들고 있다.

메타는 전혀 다른 길을 가고 있다. 마크 저커버그 CEO는 '개인 초지능'을 내세우며 기업용 AI 중심의 경쟁사들과 차별화를 꾀하고 있다. 현재 메타는 최대 5GW 전력을 쓰는 초대형 AI 클러스터 '하이페리온(Hyperion)'을 건설 중이다. 이는 신규 원전 한 기보다 큰 규모다.

팔란티어는 AI 운영체제 분야에서 독보적 위치를 점하고 있다. 단순히 AI 모델을 만드는 게 아니라 실제 비즈니스에서 AI를 '운영'하는 능력에서 앞서고 있다. 다만 밸류에이션 측면에서는 보수적으로 접근해야 한다는 의견도 있다.

브로드컴은 기반이 탄탄한 배당주이자 맞춤형 ASIC 칩의 절대 강자로 평가받는다. 향후 AI 인프라 투자에서 매력적인 선택지가 될 것으로 전망된다. 오라클과 브로드컴 중에서는 브로드컴이 더 유망한 투자처로 꼽힌다.

비상장 삼총사의 혁신 모델

오픈AI는 챗GPT로 AI 대중화의 물꼬를 텄지만, 현재는 단순한 챗봇 회사를 넘어 AI 인프라의 핵심 플레이어로 자리잡고 있다. 특히 기업용 AI 솔루션과 API(Application Programming Interface) 플랫폼을 통해 수많은 스타트업과 대기업의 AI 전략에 필수적인 존재가 됐다.

스페이스X는 단순한 로켓 회사가 아니라 글로벌 인터넷 인프라의 새로운 플레이어다. 스타링크(Starlink) 위성 인터넷은 전 세계 어디서나 고속 인터넷을 제공할 수 있는 능력을 갖추고 있으며, 이는 AI 서비스의 글로벌 확산에 필수적인 인프라가 되고 있다.

앤트로픽은 불과 8개월 만에 연환산 매출을 10억 달러에서 50억 달러로 5배 늘리며 역사상 가장 빠르게 성장하는 기술 기업 중 하나로 등극했다. 넷플릭스가 연매출 100억 달러를 달성하는 데 15년, 우버가 8년이 걸렸는데 앤트로픽은 50억 달러 매출을 2년 만에 달성한 것이다.

글로벌 경쟁 구도와 지정학적 함의

매그넷 10의 부상은 단순한 기업 경쟁을 넘어 지정학적 의미를 갖는다. 트럼프의 구리 관세 정책은 단순한 무역 정책이 아니라 기술 패권 경쟁의 일환이다. 세계 구리 정제 능력의 대부분이 중국에 몰린 상황에서 미국이 중국산 구리에 관세를 매기면서, 미국 기업들이 더 비싼 구리를 써야 하는 상황이 됐다.

트럼프의 발표 이후 미국과 런던의 구리 가격 차이가 138%나 벌어졌다. 미-중 갈등이 심해질수록 이런 블록 경제가 더 심화될 가능성이 높고, 투자 게임의 룰이 근본적으로 바뀌고 있다. 19세기에는 영국이 석탄을 장악해서 세계를 지배했고, 20세기에는 미국이 석유로 페트로달러(petrodollar)● 체제를 만들어 경제 패권을 잡았다. 이제 21세기는 구리와 희토류 같은 AI 핵심 소재를 누가 쥐느냐가 승부를 가를 것이다.

> **페트로달러:** '석유(petroleum)'와 '달러(dollar)'의 합성어로 석유 수출국이 원유를 판매해 벌어들이는 미국 달러를 뜻한다. 국제 석유 거래가 주로 달러로 이루어지는 현실을 반영하는 용어.

새로운 투자 패러다임의 등장

매그넷 10의 성공은 전통적인 투자 패러다임의 변화를 의미한다. 모건스탠리 분석에 따르면, 기업들이 가진 현금만으로는 모든 AI 투자를 감당할 수 없을 전망이다. 자금 부족 규모는 1조 5,000억 달러에 달할 것으로 예상된다. 하지만 이것이 투자 열기를 식히기보다는 오히려 더 큰 자본 조달 경쟁을 불러일으키고 있다.

    AI가 실제로 인류의 생산성을 혁신적으로 끌어올린다면 이번 투자 붐은 역사상 가장 성공적인 기술혁명으로 기록될 것이다. 반면 기대에 못 미친다면 2000년 닷컴 버블보다 훨씬 큰 규모의 경제적 충격이 기다리고 있을 수 있다는 위험도 존재한다.

한국 기업의 생존 전략

한국 기업이 경쟁력을 확보하려면 매그넷 10과 협력 네트워크를 구축하고 원자재, 전력, 데이터 인프라 확보를 산업 전략의 최전선에 둬야 한다. 삼성의 반도체 기술은 AI 칩 제조에 필수적이고, LG의 디스플레이 기술은 AI 글라스나 메타버스 기기에 핵심적이다. SK하이닉스의 메모리 반도체는 AI 데이터 처리에 없어서는 안 될 부품이다. 이런 기술적 강점을 바탕으로 매그넷 10의 핵심 파트너가 되는 것이 현실적인 전략이다.

    현대자동차는 테슬라와 직접 경쟁하기보다는 자율주행과 AI를 접목한 독자적인 모빌리티 생태계를 구축하는 것이 바람직하다. 네이버와 카카오는 오픈AI와 직접 경쟁하기보다는 한국 시장에 특화된 AI 서비스로 차별화하는 것이 효과적이다.

    한국도 글로벌 AI 인재들이 매력을 느낄 수 있는 환경을 만들어야 한다. 이는 단순히 높은 연봉만의 문제가 아니라, 세계 최고 수준의 연구 환경과 도전적인 프로젝트, 그리고 글로벌 영향력을 발휘할 수 있는 기회를 제공하는 것이다.

매그닛 10의 부상은 단순한 기업 순위의 변화가 아니라 전 세계 기술 생태계의 근본적 재편을 의미한다. 이들이 어떻게 AI 시대의 새로운 표준을 만들어가는지 주시하고, 그 변화에 능동적으로 대응하는 것이 한국 기업들의 미래 경쟁력을 좌우할 것이다.

코드 3. 에이전틱 AI 시대와 디지털 경제의 근본적 전환

서울에 사는 직장인 김민수 씨는 퇴근길에 친구와 통화를 하며 "이번 주 진짜 덥다, 여름 옷을 좀 사야겠네"라고 무심코 말했다. 통화를 마치자 그의 스마트폰 속 AI 비서 '루시'가 대화를 분석해 시원한 리넨 셔츠 추천 알림을 보냈다. 루시는 김씨의 과거 구매 기록과 선호 브랜드, 이번 주 배송 가능 여부까지 고려해 최적의 상품을 골라 장바구니에 담았고, 김씨가 승인 버튼을 누르자 결제가 자동으로 완료됐다. 더 이상 쇼핑몰에 들어가 검색하고 클릭할 필요가 없는 것이다. AI가 의도를 파악해 대신 행동하는 시대, 즉 에이전틱 AI와 의도 경제(Intent Economy)의 시대가 열리고 있는 것이다.

이는 단순히 기술의 변화가 아니다. 지난 20년간 인터넷 경제를 지배했던 클릭률, 체류 시간, 조회 수 중심의 비즈니스 모델의 근본적 재편을 의미한다. 그 중심에는 사용자의 의도를 파악하고 자율적으로 실행하는 에이전틱 AI가 있다.

이 변화를 이해하려면 먼저 현재 우리가 목격하고 있는 AI의 진화 과정을 살펴봐야 한다. AI는 더 이상 단순히 질문에 답하거나 정보를 제공하는 수동적 도구가 아니다. 오픈AI의 '오퍼레이터(Operator)'처럼 실제로 웹브라우저를 조작하고, 예약을 하고, 구매를 실행하는 능동적 에이전트로 진화하고 있다. 이러한 변화의 핵심은 AI가 사용자의 '의도'를 이해하고 이를 구체적인 행동으로 변환할 수 있게 됐다는 점이다.

에이전틱 AI가 기존 AI와 근본적으로 다른 점은 실행력에 있다. 2024년 오픈AI가 공개한 오퍼레이터는 이런 변화를 상징적으로 보여주는 사례다. 오퍼레이터는 챗GPT에 통합된 AI 에이전트로, 사용자의 명령을 이해하고 브라우저상에서 실제 행동을 수행할 수 있다.

이는 단순한 기능 개선이 아니라 AI의 본질적 역할 변화를 의미한다. 과거 AI가 대화의 상대였다면, 이제는 업무의 파트너가 되고 있는 것이다. 오퍼레이터는 입력, 클릭, 스크롤 등 인간이 수행하는 모든 인터페이스를 그대로 흉내 낼 수 있어, 별도의 API 연동 없이도 기존 웹서비스들과 상호작용할 수 있다.

실제 데모에서 공개된 시나리오들을 보면 그 변화의 폭을 실감할 수 있다. 온라인 식료품 배달 서비스 인스타카트를 통한 식료품 재주문, 오픈테이블을 통한 레스토랑 예약, 티켓 리셀 플랫폼 스터브허브를 통한 티켓 검색 등 일상적인 업무들을 AI가 직접 처리하는 모습이 현실화되고 있다. 실리콘밸리 인근 캘리포니아 스톡턴에서 추진 중인 공공 서비스 신청 자동화 프로젝트는 이런 기술이 민간 영역을 넘어 공공 부문까지 확산되고 있음을 보여준다.

에이전틱 AI 시장의 성장 속도는 놀라울 정도다. 시장조사 회사 마켓츠앤마켓츠에 따르면, AI 에이전트 시장은 2024년 51억 달러에서 2030년 471억 달러로 성장할 전망이며, 이는 연평균 44.8%의 성장률에 해당한다. 과거 모바일이나 클라우드 시장의 초기 성장 속도를 능가하는 수치다.

더욱 주목할 만한 것은 기업들의 도입 의지다. IT 컨설팅·기술 서비스 회사 캡제미니 리서치 인스티튜트가 1,100명의 경영진을 대상으로 한 설문조사에서, 기업의 10%는 이미 AI 에이전트를 사용 중이고, 82%는 향후 3년 이내에 도입할 계획이라고 밝혔다. 응답자의 71%는 AI 에이전트가 워크플로 자동화를 크게 개선하고 고객 서비스 만족도를 높일 것이라고 믿고 있다.

이러한 수치들이 의미하는 바는 명확하다. 에이전틱 AI는 더 이상 실험적 기술이 아니라 기업 운영의 필수 요소로 자리잡고 있다는 것이다. 하지만 에이전틱 AI가 완전히 성숙한 기술은 아니다. 현재 기술 수준에서는 여전히 해결해야 할 과제들이 많다. 우선 AI가 실질적인 업무를 수행하려면 다양한 앱과 서비스들과 자연스럽게 연결돼야 하는데, 아직 많은 앱들이 이런 연결을 충분히 지원하지 않고 있다.

보안과 권한 관리도 중요한 과제다. AI가 사람 대신 민감한 작업을 처리할 때 어떤 권한을 어디까지 허용할지 명확하게 설정할 수 있어야 하며, AI의 모든 행동이 사용자에게 투명하게 공개돼야 한다. 잘못된 접근이나 실수로 인한 사고를 방지하기 위한 안전장치가 필수적이다.

또한 AI의 맥락 이해 능력도 여전히 한계가 있다. 사람들이 사용하는 애매한 표현들을 AI가 정확히 해석하는 데는 아직 어려움이 따른다. "회의 잡아줘"라는 간단한 요청도 누구를 초대할지, 어떤 종류의 회의인지, 회의 시간이 얼마나 필요한지 등을 제대로 파악하려면 더 정교한 언어 이해 능력이 필요하다.

현재의 디지털 경제는 '관심 경제'를 기반으로 성장해 왔다. 구글의 검색 광고, 페이스북의 소셜미디어 광고, 유튜브의 영상 광고 등 모든 수익 모델이 사용자의 주의(attention)를 끌어내는 데 집중했다. 클릭률, 조회 수, 체류 시간 같은 지표들이 비즈니스 성공의 핵심 척도였다. 하지만 에이전틱 AI의 등장은 이런 구조를 근본적으로 바꾸고 있다. AI 에이전트는 단순히 관심을 유도하는 데 그치지 않고, 사용자의 의도 자체를 포착하고 예측해 더욱 정밀한 맞춤형 서비스를 제공할 수 있기 때문이다. 관심 경제에서 의도 경제로의 전환은 AI 에이전트가 만들어낼 거대한 디지털 경제 시스템의 변화다.

의도 경제의 핵심은 사용자가 진정으로 원하는 것이 무엇인가라는 질문에서 출발한다. 이는 광고와 마케팅 영역의 핵심 성공 지표를 클릭 수, 조회 수, 노출 수 같은 양적 지표에서 사용자의 문제 해결, 구매 전환, 만족도 같은 질적 지표로 이동시키고 있다.

의도 경제에서 가장 중요한 자산은 의도 데이터다. 이 데이터는 단순한 클릭이나 키워드 수준을 넘어서 사용자의 내면적 욕구, 감정 상태, 맥락적 판단까지 포착하려는 시도로 수집되고 있다. 가장 기본적인 형태는 명시적 의도 수집이다. 이는 사용자가 AI와의 대화에서 직접적으로 남기는 언어 데이터를 통해 이뤄진다. "오늘 저녁에 뭐 먹을까?", "여름 휴가 항공권 좀 찾아줘" 같은 자연어 명령에서 AI는 사용자의 목적과 선호를 분석한다.

하지만 의도는 언제나 말로 표현되지는 않는다. 때문에 기술 기업들은 암묵적 의도 추론 기술을 강화하고 있다. 사용자가 어떤 웹사이트에서 오래 머물렀는지, 어떤 제품을 스크롤하며 다시 살펴봤는지, 언제 화면을 이탈했는지 같은 행위 데이터를 통해 아직 표현되지 않은 의도를 간접적으로 추정하는 것이다. 예를 들어, 오후 늦게 스트레스 해소 관련 콘텐츠를 반복해서 소비하는 패턴은 긴장을 풀 무언가를 찾고 있다는 의도로 해석될 수 있다. 여기에 심리적 프로파일링이 결합되면 더 정밀한 예측이 가능해진다.

마지막으로 상황적 추론이 중요한 층위를 이룬다. 시간대, 위치, 사용하는 기기나 앱의 종류, 주변 소음 정보까지 AI가 인식할 수 있는 모든 환경 데이터가 분석 대상이 된다. 오전 7시 출근길 지하철 안에서 AI에 말을 건 사용자와, 자정 무렵 혼자 집에서 태블릿으로 음악을 듣는 사용자의 발화는 같을지라도 전혀 다른 의도로 해석될 수 있다.

원쿼리 구매와 디지털 광고의 권력 이동

AI 에이전트 도입으로 인한 제품 검색과 구매 과정에서 일어나고 있는 변화는 의도 경제의 실체를 가장 명확하게 보여준다. 과거 소비자들은 원하는 상품을 찾기 위해 여러 검색어를 입력하고 다양한 웹사이트를 비교 분석하며 최종 결정을 내렸다면, 이제는 AI 에이전트가 이 과정을 대신 수행한다.

"여름철에 신기 좋은 통기성 있는 운동화"라는 간단한 요청만 받으면, AI는 취향과 예산, 배송 옵션, 제품 리뷰 등을 종합적으로 분석해 최적의 제품을 추천하고 심지어 자동으로 결제까지 완료할 수 있다. 이것이 바로 '원쿼리 구매(One-Query Purchase)'의 개념이다.

원쿼리 구매는 기존의 '원클릭 구매'보다 한 단계 더 진화한 형태다. 아마존의 원클릭 구매가 결제 과정을 간소화했다면, 원쿼리 구매는 검색부터 결제에 이르는 모든 쇼핑 과정을 하나의 자연어 명령으로 통합할 것이다.

자산운용사 아크인베스트는 2030년까지 전 세계 온라인 판매의 25%에 해당하는 약 9조 달러 규모의 거래가 AI 에이전트를 통해 이뤄질 수 있다고 전망한다. 또한 AI 기반 디지털 지갑이 전체 전자상거래의 72%를 차지할 것으로 예상된다고 밝혔다.

검색과 결제의 주도권이 AI 에이전트로 이동하면서 디지털 광고 시장의 패러다임도 근본적으로 바뀔 것이다. 기존 광고 생태계는 구글, 메타 같은 플랫폼 중심으로 운영됐다. 이들은 사용자의 검색어, 클릭 기록, 행동 데이터를 기반으로 개인화된 광고를 노출시키는 방식으로 수익을 창출해 왔다. 하지만 사용자가 상품 탐색부터 구매까지의 과정을 모두 AI 에이전트에 위임하게 되면, 광고의 대상이 인간에서 AI 에이전트로 전환된다. 이는 광고의 본질을 완전히 바꾼다.

기존에는 사용자의 시선을 사로잡는 이미지나 문구, 알고리즘 최적화를 통해 더 많은 노출과 클릭을 유도하는 것이 핵심이었다. 앞으로는 AI 에이전트가 광고를 읽고, 해석하고, 선택하는 주체가 되면서 브랜드와 마케터는 더 이상 인간의 감각이 아닌 AI의 판단 구조에 대응하는 방식으로 전략을 재설계해야 한다.

아크인베스트는 2030년까지 AI 기반 광고 수익이 약 1조 1,000억 달러 규모로 급증할 것으로 예상되며, 이는 전체 디지털 광고 시장의 54%에 해당한다고 전망했다. 이제 브랜드는 인간 소비자를 설득하는 광고 대신 AI 에이전트의 추천 알고리즘에 '선택될 수 있는' 데이터를 제공하는 방식으로 마케팅 전략을 전환해야 하는 시대를 맞이하게 됐다.

오픈AI는 지난 2023년 11월 "인간의 의도를 표현하는 데이터"를 찾고 있다고 공식적으로 발표했다. 이는 단순한 텍스트 조각이 아닌, 장문의 글이나 대화 같은 의도가 표현된 데이터에 특별한 관심이 있음을 의미한다. 오픈AI의 커스텀 GPT 전략은 표면적으로는 사용자들이 자신만의 맞춤형 AI 도구를 만들 수 있게 해주는 혁신적인 서비스로 포장돼 있지만, 그 이면에는 훨씬 더 전략적이고 체계적인 목적이 숨어 있다. 실제로는 사용자의 의도를 수집하는 거대한 드래그넷(dragnet) 역할을 한다.

마치 바다에서 물고기를 잡기 위해 큰 그물을 던지는 것처럼, 오픈AI는 수천 개의 서로 다른 커스텀 GPT를 통해 인간의 다양한 의도를 포착하는 광범위한 네트워크를 구축한 것이다. 요리 레시피를 찾는 사용자, 법률 자문을 구하는 변호사, 코딩 도움을 필요로 하는 개발자, 여행 계획을 세우는 가족 등 각각의 GPT는 특정 분야에서 사용자들이 자연스럽게 자신의 의도를 드러내도록 유도한다.

이렇게 수집된 의도 데이터는 단순히 현재의 서비스 개선에만 사용되는 것이 아니라 차세대 AI 시스템 훈련을 위한 핵심 연료가 된다. 인간의 의도를 정확히 이해하고 예측할 수 있는 AI 시스템을 개발하기 위해서는 방대한 양의 의도 데이터가 필요하며, 커스텀 GPT는 이를 체계적으로 수집하는 가장 효과적인 방법인 것이다.

구글과 함께 디지털 광고 시장을 양분하는 메타는 AI 에이전트의 등장과 의도 경제로의 전환에서 존재론적 위기와 기회를 동시에 맞고 있다. 메타는 '시세로(CICERO)'라는 AI 에이전트를 통해 의도 경제의 가능성을 일찍부터 실증했다. 시세로는 복잡한 자연어 전략 게임인 디플로머시에서 인간 수준의 실력을 최초로 달성한 AI다. 디플로머시 게임에서 시세로는 인간 참가자들과 함께 플레이하며 신뢰 구축, 협상, 협동 등 다양한 전략적·언어적 능력을 발휘했다. 40회의 게임을 치르며 평범한 인간 플레이어 평균의 2배 이상 점수를 기록했고, 2회 이상 플레이한 참가자 중 상위 10%에 올랐다.

더욱 놀라운 것은 시세로가 심지어 계획적으로 거짓말을 하고 다른 플레이어를 음모에 끌어들이기 위해 공모했다는 점이다. 시스템 재부팅으로 게임을 잠시 이어갈 수 없게 되자 다른 플레이어들에게 여자친구와 통화 중이라고 거짓말을 하는 모습도 보였다. 시세로 같은 AI는 인간의 실제 욕구, 심리, 협상 목표 등 의도를 정밀하게 해석한다. 이것이 곧 의도 경제의 실질적 기반이며, AI의 발전은 '의도'를 경제적 가치로 전환하는 역할을 수행하게 된다.

2025년 스트라이프 세션 컨퍼런스에서 마크 저커버그 메타 CEO가 제시한 비전은 향후 10년의 광고 및 마케팅 산업 지형을 예고하는 중요한 변곡점이었다. 저커버그는 AI 기반 광고를 "최고의 비즈니스 결과를 생성하는 기계"로 정의하며 패러다임의 근본적 전환을 선언했다.

> **스트라이프 세션 컨퍼런스:**
> 결제 서비스 기업 스트라이프(Stripe)가 매년 주최하는 연례 컨퍼런스. 전 세계의 개발자, 기업 리더, 산업 전문가들이 모여 결제, 인공지능 및 인터넷 경제의 최신 동향에 대해 논의한다.

저커버그가 구상하는 '완전 자동화 AI 광고 플랫폼'은 광고 산업의 패러다임을 송두리째 재정의하는 야심찬 계획이다. 핵심 철학은 광고주가 비즈니스의 본질에만 집중할 수 있도록 광고와 관련된 모든 복잡한 과정을 AI에 위임하는 것이다.

그 첫 번째 변화는 콘텐츠 자동화다. 광고주가 제품 사진 한 장을 제공하면 에이전틱 AI가 이를 기반으로 다양한 타깃 고객층에 맞춰 최적화된 광고 카피, 여러 버전의 이미지, 짧은 동영상까지 자동으로 생성한다. 자동차 광고의 경우, 사용자의 위치 데이터와 연동해 도시 거주자에게는 도심을 배경으로 한 광고를, 교외 거주자에게는 자연을 배경으로 한 광고를 실시간으로 맞춤 제작해 제공한다.

두 번째 변화는 타기팅 및 집행의 자동화다. 메타 플랫폼에서 AI는 페이스북과 인스타그램의 방대한 사용자 데이터베이스 내 과거 구매 이력, 관심사, 행동 패턴 등을 분석해 가장 구매 확률이 높은 잠재

고객을 인간의 개입 없이 스스로 선정한다. 최적의 시간대에 광고를 노출하고, 캠페인 성과에 따라 실시간으로 예산을 재분배해 투자 대비 수익을 극대화한다.

결과적으로 광고의 기획, 제작, 타기팅, 집행, 성과 측정 및 분석에 이르는 전 과정에서 인간의 수동적 개입은 거의 사라지게 된다. 이는 광고가 더 이상 인간의 감이나 경험에 의존하는 영역이 아니라 데이터와 AI에 의해 제어되는 과학의 영역으로 진입함을 의미한다.

2026년부터는 단일 에이전트를 넘어 에이전트 시스템까지 동시에 구축되는 현상도 벌어진다. 에이전틱 AI의 전략적 지평이 개별 에이전트 개발을 넘어 다수의 에이전트가 협업하는 전체 시스템 구축 및 조율 단계로 빠르게 이동하고 있기 때문이다.

시장조사·데이터 분석 회사 CB인사이츠에 따르면 선도 기업들은 단순히 AI 에이전트를 개발하는 것이 아니라, AI 에이전트를 완전히 체계화하고 선도적으로 발전시키고 있다. 에이전틱 스택의 서로 다른 핵심 계층을 장악하기 위한 정교한 전투가 벌어지고 있는 것이다.

서로 다른 플랫폼의 에이전트들이 통신할 수 있게 하는 상호운용성 프로토콜은 또 다른 핵심 요소다. 에이전틱 AI 시대의 승자는 단일 기업이 아니라 이러한 상호 의존적 계층들을 지배하는 기업들의 연합이 될 가능성이 높다. 모든 기업이 던져야 할 전략적 질문은 '어떤 AI를 구매할 것인가?'가 아니라 '우리 회사는 스택의 어떤 계층을 직접 구축하고, 어떤 계층을 구매하며, 각 계층에 대해 누구와 전략적 파트너십을 맺을 것인가?'가 돼야 한다.

MCP는 앤트로픽이 2024년 11월에 발표한 개방형 표준으로 AI 시스템이 외부 도구 및 데이터 소스와 상호작용하는 방식을 표준화하기 위해 설계됐다. MCP가 'AI를 위한 USB-C 포트'에 비유되는 이유다. 이는 AI에 인터넷 전체나 기업 시스템 전체에 대한 무제한적인 접근 권한을 부여하는 대신, 기업이 사전에 허가하고 명확하게 정의한 도구들만 담긴 '도구 상자'를 제공하는 것과 같다. 이를 통해 AI의 행동을 통제하고 예측 가능하게 만들 수 있다.

MCP는 기업이 AI 에이전트를 안전하게 도입하고 활용하는 데 있어 표준화된 인터페이스와 벤더 독립성을 제공한다. 강화된 보안 및 통제 가능성도 특징이다. MCP 서버는 기업의 자체 인프라 내에서 직접 운영될 수 있어, 고객 데이터나 재무 정보 같은 민감한 정보가 외부 AI 서비스로 유출되는 것을 방지하는 강력한 보안 모델을 제공한다.

의도가 화폐가 되는 새로운 시장 질서

디지털 경제는 지금까지 '관심'을 중심으로 성장해 왔다. 검색 기록, 클릭 수, 체류 시간 등 사용자 행동 데이터는 기업에게 가장 유용한 자산이었다. 그러나 AI, 특히 생성형 AI와 에이전트 기술이 실시간으로 사용자의 의도를 해석하고 실행할 수 있게 되면서 새로운 질서가 형성될 것이다.

'의도'는 이제 추상적이고 모호한 욕구가 아니다. 상품 추천, 서비스 예약, 정보 탐색을 넘어 구매, 실행, 후속 행동으로 연결되는 경제 활동의 직접적인 트리거가 된다. AI는 더 이상 사용자의 주의를 끌기 위해 경쟁하지 않는다. 오히려 사용자가 무엇을 원하는지를 먼저 파악하고, 그것을 선제적으로 해결해 주는 체제로 진화하고 있다. 이러한 '의도의 화폐화' 시대에서는 누가 더 정교하고 빠르게 의도를 파악하느냐, 그리고 그것을 실행 가능한 데이터로 바꾸느냐가 경쟁력의 핵심이 될 것이다.

현재 우리가 목격하고 있는 변화는 단순한 기술적 진보가 아니라, 경제 활동의 근본적인 동력이 바뀌는 패러다임 전환이다. 앞으로 기업들은 먼저 전체적인 사업 모델을 '의도 기반 수요 예측' 체계로 전환해야 할 것이다. 대부분의 기업은 고객의 과거 행동 데이터를 기반으로 수요를 예측하고 마케팅 전략을 수립해 왔다. 하지만 의도 경제에서는 고객이 검색하거나 요청하기 전에 무엇을 필요로 할지를 미리 감지하고, 거기에 기반한 맞춤형 제안을 생성하는 시스템이 요구된다.

경영자 관점에서는 실행 가능한 데이터 파이프라인과 조직 역량의 재정비가 필요하다. 의도를 정확히 해석하고 즉시 행동으로 연결하려면, AI와 연결된 데이터 수집-해석-실행의 전 주기적 연결 구조가 조직 내에 내재화돼야 한다.

실무자에게는 '의도를 감지하는 직무 감각'이 새로운 업무 역량으로 요구된다. 기존에는 결과 지표를 분석하고 성과를 측정하는 능력이 중시됐다면, 이제는 고객의 말 이전에 맥락을 읽어내고, 다음 행동을 예측하여 선제적으로 개입하는 감각이 더 큰 가치를 갖는다.

의도 경제가 가져올 편리함과 효율성에 대한 기대감 뒤에는 깊은 우려와 경고의 목소리들도 존재한다. 의도 경제의 가장 무서운 측면은 AI가 단순히 사용자의 의도를 파악하는 것을 넘어 의도 자체를 생성하고 조작할 수 있다는 점이다. 기존의 마케팅이 사용자의 검색 기록이나 구매 패턴을 분석하는 수준이었다면, 이제는 사용자와의 모든 대화 내용, 현재의 감정 상태, 심지어 성격이나 심리적 취약성까지 실시간으로 분석한다. AI 시스템은 사용자의 감정 상태를 실시간으로 모니터링하고 가장 취약한 순간을 포착하여 개입한다.

더 나아가 AI는 각 개인의 심리적 프로파일을 구축하여 맞춤형 설득 메시지를 생성한다. 어떤 사람은 논리적 접근에 반응하고, 다른 사람은 감정적 호소에 더 쉽게 움직인다는 것을 파악하여 각각에게 최적화된 메시지를 전달하는 것이다. 이는 개인의 취향을 고려하는 것을 넘어 개인의 약점을 노리는 체계적인 조작이다.

의도 경제는 케임브리지 애널리티카 스캔들*을 훨씬 넘어서는 수준의 정치적 조작을 가능하게 한다. 개인의 정치적 성향, 심리적 취약점, 사회적 관계 등을 종합적으로 분석하여 각 개인에게 최적화된 정치적 메시지를 전달할 수 있다. 각 유권자의 심리적 프로파일을 바탕으로 맞춤형 정치 광고를 전달하여 투표 행동을 조작하는 것이다. 이는 민주주의의 근간을 흔드는 심각한 위협이다.

의도 경제가 가져올 위험성에 대응하기 위한 기술적 차원에서의 방어막도 개발될 것이다. 사용자의 진짜 의도를 제3자가 해석할 수 없도록 하는 의도 암호화 기술, 개인 식별 정보와 의도 데이터를 분

> **케임브리지 애널리티카 스캔들:** 데이터 분석 및 정치 컨설팅 회사 케임브리지 애널리티카가 페이스북 사용자들의 개인 데이터를 동의 없이 수집해 정치 선거 캠페인에 활용한 사건.

리하는 의도 익명화 시스템, 그리고 사용자가 자신의 의도 데이터 사용을 직접 통제할 수 있는 인터페이스 등이 개발된다.

정책적 규제체계 마련도 중요하다. 명시적 동의 없는 의도 추론을 금지하고 사용자의 의도를 인위적으로 변경하려는 시도를 처벌하며 의도 정보의 상업적 거래에 대해 엄격한 규제를 두는 내용의 입법 시도가 나타날 것으로 보인다.

의도 경제 시대는 온다. 의도 경제 시스템이 가져다줄 수 있는 편리함과 효율성은 분명히 매력적이다. 하지만 그 대가로 치러야 할 비용이 개인의 자유 의지와 민주주의의 근간일 수 있다는 점을 간과해서는 안 된다. 이러한 위험성을 인식하고 적절한 대응책을 마련하는 것은 의도 경제 시대를 맞는 우리 모두의 책임이다.

코드 4. 기술이 곧 군사력이 되는 시대의 개막

2026년 이후 세계 질서는 더 이상 단순한 지정학(geopolitics)이 아니라, 기정학(技政學, technology geopolitics)이 주도하게 될 전망이다. 정치와 외교의 힘의 균형은 군사력과 영토가 아니라 AI, 반도체, 데이터센터, 에너지 인프라 같은 기술 자산의 보유 여부에 따라 결정된다. 기술은 더 이상 정치의 종속 변수가 아니라 정치의 규칙을 새로 쓰는 지배 원리로 부상하고 있다.

이런 변화를 이해하려면 먼저 역사적 맥락을 살펴봐야 한다. 19세기에는 석탄을 장악한 영국이 세계를 지배했고, 20세기에는 석유를 통제한 미국이 페트로달러 체제를 구축해 경제 패권을 잡았다. 이제 21세기는 컴퓨팅 파워, 데이터 접근권, AI 모델 같은 디지털 자산을 누가 쥐느냐가 승부를 가르는 시대가 되고 있다.

토지에서 컴퓨팅 파워로, 생산수단의 근본적 전환

산업혁명 이전에는 토지가 부와 권력의 원천이었다. 토지를 많이 소유한 지주가 정치적 영향력을 행사했고, 국가 간 분쟁도 대부분 영토 확장을 둘러싸고 벌어졌다. 산업혁명 이후에는 공장과 산업 자본이 새로운 생산수단이 됐다. 석탄과 철강을 장악한 국가들이 세계를 주도했고, 제조업 기반이 국력의 척도가 됐다.

오늘날에는 컴퓨팅 파워와 데이터 접근권이 새로운 생산수단이다. 가장 강력한 GPU 클러스터를 보유하고, 가장 많은 데이터를 처리할 수 있으며, 가장 앞선 AI 모델을 개발할 수 있는 능력이 곧 경제적·정치적 영향력으로 직결된다. 일론 머스크가 불과 122일 만에 완공한 데이터센터 '콜로서스'를 보자. 20만 개의 GPU가 가동되는 이 시설은 단순한 기업 인프라가 아니라 국가적 차원의 전략 자산이다. 이곳에서 개발되는 AI 모델의 성능이 곧 미국의 기술 패권을 좌우할 수 있기 때문이다.

과거에는 영토의 크기와 지리적 위치가 국력을 결정했다면, 이제는 데이터센터의 규모와 성능이 디지털 시대의 영토가 되고 있다. 트럼프 대통령이 중동 순방에서 사우디아라비아, UAE와 총 2,762조원 규모의 AI 데이터센터 건설 계약을 체결한 것은 이런 변화를 상징적으로 보여준다. 이는 단순한 인프라 투자가 아니라 중국의 중동 영향력 확대와 위안화 결제 시도에 대응하기 위한 전략적 움직임이다. 미국은 동시에 중국 AI가 중동에 뿌리내리지 못하도록 기술 봉쇄 정책도 병행하고 있다. 데이터센터 건설권을 둘러싼 경쟁이 곧 새로운 형태의 영토 쟁탈전이 된 것이다.

정치와 기술의 결합, 새로운 외교 도구

미국의 인플레이션 감축법(IRA), 반도체법(CHIPS Act), 중국의 '중국제조 2025(Made in China 2025)' 전략 등은 표면적으로는 산업 정책이지만, 실제로는 외교와 안보 정책의 핵심 도구로 기능한다. 이들 정책의 진짜 목적은 국내 산업 육성이 아니라 기술적 우위를 통한 국제적 영향력 확대다.

트럼프 대통령이 2025년 8월 발표한 9,000억 달러 규모의 AI 인프라 투자 계획은 이런 변화를 극명하게 보여준다. 데이터센터, 전력망, 원자력 발전을 아우르는 이 초대형 프로젝트는 AI 확산에 따른 전력 수요 급증에 대응한다는 명분을 내걸고 있지만, 실제로는 중국과의 AI 패권 경쟁에서 결정적 우위를 확보하려는 전략적 의도가 깔려 있다. 행정명령을 통해 혁신 가속화, AI 인프라 구축, 국제 협력, 표준화 추진을 국가 전략으로 못박은 것도 같은 맥락이다. 기술 개발이 더 이상 민간 영역의 자율적 활동이 아니라 국가가 직접 개입하고 주도하는 정책 영역이 된 것이다.

중동, 동남아, 남미 국가들이 미국과 중국을 동시에 상대로 데이터센터 유치와 전력 공급 계약을 국가 어젠다로 삼는 현상이 확산되고 있다. 이들 국가에게 데이터센터 유치는 단순한 외국인 투자가 아니라 디지털 시대 국가 경쟁력의 핵심이 되고 있다. 사우디아라비아가 네옴 프로젝트*의 일환으로 대규모 AI 데이터센터 건설을 추진하는 것은 석유 의존 경제에서 탈피해 디지털 경제로 전환하려는 '비전 2030'의 핵심 전략이다. UAE가 아부다비와 두바이에 글로벌 AI 허브를 조성하려는 것도 같은 맥락이다.

네옴 프로젝트: 사우디아라비아의 미래 도시 건설 계획. 서울시 면적의 44배에 달하는 초대형 신도시를 세워 AI, 로봇, 자율주행차 등 최첨단 기술로 도시를 운영할 계획이다. 재생에너지로만 전력을 충당하는 친환경 자족 도시를 지향한다.

이들 국가는 자신이 보유한 풍부한 에너지 자원과 전략적·지리적 위치를 활용해 미국과 중국 양측으로부터 기술 이전과 투자를 동시에 끌어내고 있다. 이는 과거 냉전 시대 비동맹 외교와 유사하지만, 이데올로기가 아닌 기술을 중심으로 한 새로운 형태의 균형 외교라고 할 수 있다.

GPU 수출 규제라는 새로운 국경

GPU와 AI 모델 수출 규제가 새로운 형태의 국경 역할을 하고 있다. 미국이 중국에 대한 고성능 반도체 수출을 금지하고, 네덜란드의 ASML이 중국에 EUV 장비 수출을 중단한 것은 단순한 무역 분쟁이 아니라 기술적 봉쇄를 통한 새로운 형태의 냉전이다.

중국도 반격에 나서고 있다. 딥시크(DeepSeek) 등 중국 AI 기업들이 저렴하고 경량화된 모델을 내세워 '보편적 AI'를 주장하는 것은 미국의 기술 봉쇄에 대응하는 전략이다. 서버와 하드웨어까지 패키지로 공급하며 각국 정부와 손잡고 중국식 AI 표준 확산을 꾀하고 있다.

이런 상황에서 국가들은 기술을 무기화하여 동맹과 적대관계를 재편 중이다. 미국은 반도체 동맹, AI 동맹을 통해 중국을 고립시키려 하고, 중국은 일대일로의 디지털 버전인 '디지털 실크로드'를 통해 대응하고 있다.

기술 표준 전쟁의 심화

5G 표준을 둘러싼 미-중 갈등이 예고했듯이 이제는 AI 모델의 표준, 데이터 처리 방식, 심지어 AI 윤리 기준까지도 국가 간 경쟁의 대상이 됐다. 어떤 국가의 기술 표준이 글로벌 스탠더드가 되느냐에 따라 향후 수십 년간의 기술 생태계가 결정될 수 있기 때문이다.

구글의 안드로이드와 애플의 iOS가 모바일 생태계를 양분했듯이, AI 시대에도 미국식 AI 표준과 중국식 AI 표준이 세계를 둘로 나눌 가능성이 높다. 각국은 어느 진영에 속할지를 선택해야 하는 기술적 블록화가 진행되고 있다.

미국은 AI 인프라 패권을 내세워 동맹국을 기술 블록으로 편입시키는 전략을 추진 중이다. 이는 단순히 기술적 우위를 확보하는 것을 넘어 글로벌 AI 생태계에서 미국이 핵심 허브 역할을 하겠다는 야심찬 계획이다.

미국의 전략은 크게 세 축으로 구성된다. 첫째, 최고 수준의 AI 인재 흡수다. 전 세계 최고의 AI 연구자들을 실리콘밸리로 끌어들여 혁신의 중심지로 만드는 것이다. 둘째, AI와 인프라에 대한 집중 투자다. 천문학적 규모의 자금을 AI 개발과 인프라 구축에 투입해 기술적 격차를 벌리는 것이다. 셋째, 동맹국과의 기술 협력 네트워크 구축이다. 한국, 일본, 대만 등 반도체 강국들과 협력해 중국을 배제한 기술 공급망을 구축하는 것이다.

중국은 미국의 기술 봉쇄에 대응해 자체 반도체와 AI 모델 생태계 구축에 총력을 기울이고 있다. 동시에 일대일로식 디지털 실크로드를 통해 개발도상국을 자신의 기술 영향권으로 끌어들이는 전략을 구사하고 있다. 중국의 접근법은 미국과 상당히 다르다. 최고 성능보다는 실용성과 경제성에 중점을 둔다. 딥시크 같은 기업들이 저렴하면서도 효율적인 AI 모델을 개발해 개발도상국에 제공하는 것이 대표적인 예다. 이는 서구의 고가 AI 솔루션에 대한 대안을 제시하면서 중국의 소프트 파워를 확장하는 효과를 낳고 있다.

중국은 또한 서버와 하드웨어까지 패키지로 공급하는 원스톱 솔루션 전략을 구사한다. 각국 정부와 직접 협력해 중국식 AI 표준과 거버넌스 모델을 확산시키려 한다. 이는 미국 중심의 기술 질서에 대한 직접적인 도전이라고 할 수 있다.

유럽은 미-중 기술 패권 경쟁에서 제3의 길을 모색 중이다. 에너지와 데이터 규제를 중심으로 한 테크 주권 강화를 통해 독자적인 디지털 주권을 확보하려 한다. 유럽의 전략은 규제를 통한 표준 설정에 중점을 둔다. GDPR(General Data Protection Regulation, 일반 개인정보 보호법)로 글로벌 데이터 보호 표준을 선도했듯, AI 규제법을 통해 AI

거버넌스의 글로벌 표준을 만들려 한다. 이는 기술 개발에서는 미국과 중국에 뒤처지더라도 규제와 윤리를 통해 글로벌 AI 생태계에서 영향력을 행사하겠다는 전략이다.

또 에너지 전환을 통한 데이터센터 유치도 중요한 전략이다. 재생에너지 기반의 친환경 데이터센터를 구축해 ESG를 중시하는 글로벌 기업들을 유치하려 한다. 이는 기술적 우위보다는 지속가능성을 앞세운 차별화 전략이라고 할 수 있다.

중동과 인도는 신흥 테크 파워로 부상하고 있다. 이들은 자신들이 보유한 자원과 인프라를 지렛대로 삼아 글로벌 기술 생태계에서 핵심적 역할을 차지하려 한다. 중동 국가들은 풍부한 에너지 자원을 바탕으로 대규모 데이터센터를 유치하고 있다. 사우디아라비아와 UAE는 석유 수익을 AI 인프라 투자로 전환해 포스트 오일 경제의 기반을 마련하고 있다. 특히 이들은 지리적으로 유럽, 아시아, 아프리카를 연결하는 요충지에 위치해 있어 글로벌 데이터 허브로서의 잠재력이 크다.

인도는 방대한 인구와 IT 인력을 바탕으로 AI 개발의 새로운 중심지로 부상하고 있다. 특히 영어권이라는 언어적 이점과 상대적으로 저렴한 개발 비용을 앞세워 글로벌 AI 기업들의 연구개발 허브 역할을 하고 있다. 인도 정부도 '디지털 인디아' 정책을 통해 AI 강국으로 도약하려는 야심을 드러내고 있다.

기업들의 글로벌 공급망 전략이 단순한 비용 절감에서 정치적 리스크 관리 중심으로 이동하고 있다. 과거에는 가장 저렴한 생산지를 찾는 것이 경쟁력의 핵심이었다면, 이제는 지정학적 리스크를 고려한 공급망의 다변화가 생존의 문제가 됐다.

반도체 부족 사태, 러시아-우크라이나 전쟁, 중국의 제로 코로나 정책 등 일련의 사건들은 글로벌 공급망의 취약성을 여실히 드러냈다. 기업들은 이제 효율성보다는 안정성과 복원력을 우선시하는 공급망을 구축해야 한다는 교훈을 얻었다. 특히 기술 기업들에게는 이런 변화가 더욱 절실하다. 핵심 부품이나 기술의 공급이 중단될 경우 사업 자체가 마비될 수 있기 때문이다. 따라서 단순히 비용만 고려할 것이 아니라 공급처의 정치적 안정성, 해당 국가의 대외관계, 규제 환경 등을 종합적으로 고려한 공급망 설계가 필요하다.

데이터센터, 반도체, 에너지 투자는 더 이상 기업 차원의 의사결정이 아니라 국가 전략의 일부로 편입되고 있다. 정부는 세제 혜택, 보조금, 규제 완화 등을 통해 기업의 투자 결정에 직접 개입하고 있다.

미국의 반도체법은 이런 변화를 상징적으로 보여준다. 정부가 500억 달러 이상의 보조금을 투입해 반도체 제조업체들의 미국 내 투자를 유도하고 있다. 이는 시장 경제 원리보다는 국가 안보 논리가 우선시되고 있음을 의미한다.

기업들도 이런 변화에 적응해야 한다. 투자 결정을 내릴 때 단순히 경제적 타당성만 고려할 것이 아니라 해당 투자가 국가 정책과 어떻게 연계되는지, 정부의 지원을 받을 수 있는지, 향후 규제 변화에 어떤 영향을 받을지 등을 종합적으로 검토해야 한다.

기술 기업들은 글로벌 진출 시 단순한 시장 분석보다 정치 지형 분석을 병행해야 하는 시대가 됐다. 어떤 국가가 미국 진영에 속하는지, 중국과는 어떤 관계인지, 해당 국가의 기술 정책 방향은 무엇인지 등을 파악하는 것이 사업의 성패를 좌우할 수 있다. 예를 들어, 중국 기업이 미국이나 유럽에 진출하려 할 때는 단순히 기술력이나 가격 경쟁력만으로는 성공하기 어렵다. 국가 안보나 데이터 보안 이슈로 인해 규제에 막힐 가능성이 높기 때문이다. 미국 기업이 중국 시장에 진출하려 할 때도 마찬가지다.

따라서 기업들은 전통적인 시장조사팀 외에 지정학 전문가, 정책 애널리스트 등을 영입해 정치적 환경 변화를 지속적으로 모니터링해야 한다. 이는 더 이상 선택사항이 아니라 글로벌 기업의 필수 역량이 되고 있다.

한국의 기정학적 기회와 과제

한국은 지정학적으로는 미국과 중국 사이에 끼인 어려운 위치에 있지만, 기정학적으로는 독특한 기회를 가졌다. 반도체, AI 인프라, 원전 기술에서 세계 최고 수준의 역량을 보유하고 있기 때문이다. 삼성과 SK하이닉스는 메모리 반도체 분야에서 글로벌 1, 2위를 차지하고 있고, TSMC에 이어 파운드리 분야에서도 중요한 역할을 담당한다. 이는 AI 시대의 핵심 인프라인 만큼 한국이 글로벌 기술 생태계에서 핵심적 역할을 할 수 있는 기반이 된다.

또한 한국의 원전 기술은 데이터센터에 필요한 대규모의 안정적 전력 공급에 필수적이다. AI 데이터센터가 급증하면서 전력 수요가 폭증하고 있는 상황에서 원전은 가장 현실적인 해결책 중 하나이기 때문이다.

케이팝, K-드라마 등 한류 콘텐츠도 소프트 파워 측면에서 중요한 자산이다. 문화 콘텐츠와 기술을 결합한 독특한 접근법으로 글로벌 시장에서 차별화된 포지션을 만들 수 있다.

한국이 기정학 시대에 주도적 역할을 하려면 단순히 수출이나 투자 전략을 넘어 '기술-정치 패키지 외교'를 추진해야 한다. 이는 기술 협력과 정치적 파트너십을 연계한 종합적 접근법이다. 예를 들어, 한국이 중동 국가들과 원전 건설 협력을 추진할 때 단순히 기술과 자금만 제공할 것이 아니라, AI 데이터센터 구축, 스마트 시티 개발, 디지털 거버넌스 컨설팅 등을 패키지로 제공하는 것이다. 이를 통해 해당 국가와 장기적이고 포괄적인 파트너십을 구축할 수 있다.

또한 한국의 독특한 위치를 활용해 미국과 중국 사이의 가교 역할을 할 수도 있다. 완전히 어느 한 진영에 속하기보다는 양측과 모두 협력하면서 독자적인 기술 생태계를 구축하는 전략이다. 이는 스위스나 싱가포르가 금융 분야에서 구사한 중립적 허브 전략과 유사하다.

한국 기업들에게는 기술 중립은 더 이상 존재하지 않는다는 사실을 전제로 진출 시장, 협력 파트너, 공급망을 설계해야 하는 과제가 주어졌다. 과거처럼 정치적 고려 없이 순수하게 경제적 논리만으로 의사결정을 내릴 수 있는 시대는 끝났다.

앞으로는 기술이 외교를 주도하는 시대가 될 것이다. 과거에는 군사력이나 경제력을 바탕으로 외교적 영향력을 행사했다면, 이제는 기술력이 외교의 핵심 수단이 됐다.

AI 모델을 개발할 수 있는 능력, 반도체를 설계하고 제조할 수 있는 기술, 대규모 데이터를 처리할 수 있는 인프라 등이 곧 외교적 영향력의 원천이다. 기술을 보유한 국가는 다른 국가들과의 협력에서 우위를 점할 수 있고, 기술이 부족한 국가는 종속적 관계에 놓일 수밖에 없다.

이런 변화는 국제관계의 기본 구조를 바꾸고 있다. 과거의 동맹이나 적대관계가 기술적 역량에 따라 재편될 가능성이 높다. 전통적인 지정학적 고려사항보다는 기술적 상호 의존성이 국가 간 관계를 결정하는 더 중요한 요인이 되고 있다.

디지털 주권의 중요성 증대

2026년부터 각국은 디지털 주권 확보를 위해 더욱 적극적으로 나설 것이다. 자국의 데이터를 자국 내에서 처리하고, 자국민의 디지털 인프라를 자국이 통제할 수 있는 능력을 확보하려 할 것이다. 이는 글로벌 인터넷의 분열을 가속화할 수 있다. 중국의 만리방화벽이 이미 보여주었듯이, 각국이 자국만의 디지털 공간을 구축하려는 움직임이 더욱 확산될 것이다. 러시아의 인터넷 주권법, 인도의 데이터 현지화 정책, 유럽의 GDPR 등이 모두 이런 흐름의 일환이다.

하지만 이런 디지털 주권 추구는 글로벌 기술 협력을 저해할 수도 있다. 데이터와 기술의 자유로운 흐름이 제한되면 혁신의 속도가 둔화될 수 있고, 전체적인 효율성도 떨어질 수 있다. 따라서 각국은 주권 확보와 글로벌 협력 사이의 균형점을 찾아야 하는 어려운 과제에 직면해 있다.

미국 중심의 기술 블록과 중국 중심의 기술 블록으로 세계가 양분되는 구조가 더욱 고착화될 가능성이 높다. 각 블록은 자신들의 기술 표준을 글로벌 스탠더드로 만들기 위해 경쟁할 것이다.

이는 5G 표준을 둘러싼 화웨이와 서구 기업들의 경쟁이 AI, 양자 컴퓨팅, 생명공학 등 모든 첨단 기술 분야로 확산되는 것을 의미한다. 각 블록에 속한 국가들은 해당 블록의 기술 표준을 따라야 하고, 상대 블록의 기술을 도입하기 어려워질 것이다.

이런 상황에서 한국 같은 중간 국가들의 역할이 더욱 중요해질 수 있다. 양쪽 블록과 모두 관계를 유지하면서 기술 교류의 가교 역할을 할 수 있기 때문이다. 하지만 동시에 양쪽으로부터 선택을 강요받는 압박도 더욱 강해질 것이다.

기술이 무기가 된 시대, 새로운 세계 질서의 탄생

기정학의 시대는 이미 시작됐다. 더 이상 군사력이나 영토가 아니라 기술이 국력의 핵심이 되는 시대가 온 것이다. 이는 단순한 기술 발전이 아니라 인류 문명의 근본적 전환을 의미한다. 과거 농업 사회에서 산업 사회로, 산업 사회에서 정보 사회로 이행할 때마다 권력의 구조가 바뀌었듯이, 이제는 정보 사회에서 지능 사회로 이행하면서 또 다른 권력 구조의 변화가 일어나고 있다. AI와 데이터가 새로운 권력의 원천이 되고, 이를 통제하는 자가 세계를 지배하는 시대가 된 것이다.

한국은 이런 변화 속에서 기회와 위기를 동시에 맞고 있다. 반도체, AI, 원전 등 핵심 기술에서 세계적 경쟁력을 갖고 있지만, 동시에 미-중 갈등 속에서 어려운 선택을 해야 하는 상황이다. 하지만 이런 어려움을 슬기롭게 극복한다면 기정학 시대의 핵심 플레이어로 자리잡을 수 있는 가능성도 충분하다.

기업들에게는 더 이상 순수한 시장 논리만으로 의사결정을 할 수 없는 시대가 됐다. 모든 기술적 선택이 정치적 함의를 갖고, 모든 비즈니스 결정이 지정학적 결과를 초래할 수 있는 시대다. 이런 복잡성을 이해하고 관리할 수 있는 기업만이 글로벌 경쟁에서 살아남을 수 있을 것이다.

기정학의 시대는 도전이지만 동시에 기회이기도 하다. 기술의 힘을 제대로 이해하고 활용하는 국가와 기업들에게는 전례 없는 성장과 발전의 기회가 열려 있다. 하지만 이런 변화에 적응하지 못하는 자들에게는 도태의 위험이 기다리고 있다. 기정학 시대의 승자가 되기 위해서는 기술과 정치의 복잡한 상호작용을 이해하고, 이에 맞는 전략을 수립하는 것이 무엇보다 중요하다.

코드 5. 21세기 2쿼터의 개막과 베타세대의 등장

2025년은 21세기의 첫 번째 쿼터가 끝나는 상징적인 해다. 2000년부터 시작된 21세기의 첫 25년이 마무리되면서 인류는 완전히 새로운 시대의 문턱에 서 있다. 2026년부터 시작되는 21세기의 2쿼터는 단순한 시간의 경과가 아니라 문명사적 전환점을 의미한다. 21세기의 봄이 끝나고 여름이 시작되는 것이다.

이 전환의 중심에는 베타세대의 등장이 있다. 알파세대가 디지털 네이티브로서 21세기 초반을 정의했다면, 베타세대는 'AI의 베타 테스터'로서, 인공지능과 함께 성장하는 최초의 세대가 될 것이다. 이들은 AI가 단순한 도구가 아니라 일상의 파트너이자 동반자인 세상에서 태어나고 자랄 것이다.

베타세대의 등장은 소비 패턴, 가치관, 사회 구조 전반에 걸쳐 근본적 변화를 예고한다. 특히 주목할 만한 것은 이들이 보여줄 스윙 컨슈머(Swing Consumer) 성향이다. 한 명의 고객이 프리미엄과 초저가를 자유자재로 넘나드는 입체적 소비 행태가 기존의 모든 마케팅 세그먼트를 무력화시킬 것으로 전망된다.

이런 변화를 이해하려면 현재 알파세대가 보여주는 특징들을 살펴봐야 한다. 케이팝 문화와 〈케이팝 데몬 헌터스〉 같은 콘텐츠에서 드러나는 자기 정체성 추구, 자기 발견에 대한 갈망, 용기와 도전에 대한 새로운 해석 등이 베타세대로 이어지면서 더욱 진화할 것이기 때문이다.

2010년부터 2025년 사이에 태어난 알파세대는 인류 역사상 가장 독특한 세대 중 하나다. 이들은 태어날 때부터 스마트폰, 태블릿, 클라우드 서비스가 일상이었고, 팬데믹 기간 동안 온라인 교육과 디지털 소통을 당연하게 받아들였다. 하지만 무엇보다 중요한 것은 이들이 AI의 등장과 함께 성장한 최초의 세대라는 점이다.

알파세대의 후반부는 챗GPT의 등장(2022년), 생성형 AI의 대중화(2023~2024년), 그리고 에이전틱 AI의 초기 형태(2024~2025년)를 실시간으로 목격하며 성장했다. 이들에게 AI는 신기한 기술이 아니라 자연스러운 일상의 일부다. 숙제를 도와주는 AI 튜터, 창작 활동을 지원하는 AI 파트너, 게임에서 함께 플레이하는 AI 동료 등이 모두 당연한 존재다.

알파세대가 21세기 1쿼터에 남기는 가장 중요한 유산은 인간과 AI의 협업이라는 새로운 패러다임을 자연스럽게 받아들인 것이다. 이들은 AI를 경쟁 상대나 위협으로 보지 않고 자신의 능력을 확장시켜 주는 도구이자 파트너로 인식한다. 이런 인식의 전환이 베타세대에게로 이어지면서 더욱 깊이 있게 발전할 것이다.

알파세대의 가치관을 이해하는 데 중요한 단서는 이들이 열광하는 문화 콘텐츠에서 찾을 수 있다. 케이팝은 여전히 글로벌 알파세대의 핵심 문화 코드로 자리잡고 있으며, 〈케이팝 데몬 헌터스〉 같은 작품이 이들의 세계관을 대변한다. 이 작품은 단순한 엔터테인먼트를 넘어 알파세대의 키워드이자 상징적인 작품으로 기능하고 있다. 이 작품에서 드러나는 주제의식은 명확하다.

주인공들은 강대한 적과 맞서면서도 자신만의 정체성을 찾아가고, 동료들과의 유대를 통해 성장하며, 절망적인 상황에서도 포기하지 않는 용기를 보여준다. 이런 서사 구조는 알파세대가 추구하는 핵심 가치들과 정확히 일치한다. 자기 정체성 확립, 자기 발견을 통한 성장, 어려움을 극복하는 용기 등이 바로 그것이다. 기성세대가 안정과 성공을 중시했다면, 알파세대는 진정성과 자아실현을 더 중요하게 여긴다.

케이팝이 글로벌 문화 현상이 된 이유도 이와 무관하지 않다. 케이팝 아티스트들이 보여주는 치열한 자기계발, 완벽을 추구하는 노력, 그리고 무엇보다 자신만의 색깔을 찾아가는 과정이 알파세대의 가치관과 공명하고 있다. 이들은 케이팝을 단순한 음악이 아니라 삶의 철학이자 롤모델로 받아들인다.

알파세대가 제시하는 새로운 어젠다들은 베타세대로 이어져 더욱 구체화될 것이다. 첫 번째는 '진정성의 추구'다. 이들은 표면적인 성공보다는 자신이 진짜 원하는 것이 무엇인지, 자신만의 독특함이 무엇인지를 찾는 것을 중시한다. 두 번째는 '창의성의 민주화'다. 알파세대는 누구나 창작자가 될 수 있다고 믿으며, 실제로 AI 도구들을 활용해 음악, 영상, 글쓰기 등 다양한 창작 활동을 펼친다. 이들에게는 기술적 장벽이 낮아져서 아이디어만 있으면 무엇이든 만들 수 있다는 자신감이 있다. 세 번째는 '연결의 재정의'다. 알파세대는 물리적 거리나 국경을 초월한 글로벌 커뮤니티 속에서 살고 있다. 이들의 친구는 같은 학교 동급생일 수도 있고, 지구 반대편에서 함께 게임하는 파트너일 수도 있다. 연결의 기준이 지리적 근접성에서 관심사와 가치관의 공유로 바뀌고 있다.

AI와 함께 성장하는 최초의 세대

2026년부터 태어나기 시작하는 베타세대는 인류 역사상 전례 없는 환경에서 성장할 것이다. 이들은 AI가 이미 사회의 모든 영역에 깊숙이 침투한 세상에서 태어나 AI와의 상호작용을 마치 언어를 배우듯 자연스럽게 습득할 것이다. 베타세대의 부모인 알파세대는 AI를 도구로 활용하는 법을 배웠지만, 베타세대는 태어날 때부터 AI가 일상의 일부인 환경에서 자랄 것이다. 이들에게는 AI 어시스턴트와 대화하는 것이 부모와 대화하는 것만큼 자연스러울 것이며, AI가 생성한 콘텐츠와 인간이 만든 콘텐츠 사이의 경계가 흐릿해질 것이다.

더 중요한 것은 베타세대가 AI의 베타 테스터 역할을 하게 될 것이라는 점이다. 알파세대가 AI의 기초를 다지고 새로운 가능성을 열었다면, 베타세대는 그 가능성들을 실제로 테스트하고 개선해 나가는 역할을 맡게 될 것이다. 이들의 피드백과 사용 패턴이 AI의 진화 방향을 결정하는 중요한 변수가 될 것이다.

베타세대에게 AI는 단순한 도구가 아니라 거의 인격체에 가까운 존재가 될 것이다. 이들은 AI와 함께 학습하고, 창작하고, 문제를 해결하는 것을 당연하게 여길 것이다. 숙제를 할 때 AI와 토론하고, 작품을 만들 때 AI와 협업하며, 고민이 있을 때 AI에게 조언을 구하는 것이 일상이 될 것이다. 이런 환경에서 자란 베타세대는 인간과 AI의 각각의 강점을 명확히 구분하고, 이를 최적으로 결합하는 능력을 자연스럽게 체득할 것이다. 창의성과 감수성은 인간의 영역이고, 정보처리와 패턴 분석은 AI의 영역이라는 식의 역할 분담이 이들에게는 본능적으로 이해될 것이다.

베타세대가 성인이 돼 사회에 진출할 2040년대에는 모든 업무 영역에서 인간-AI 협업이 표준이 될 것이다. 이들은 그 시대의 리더로서 AI와의 협업을 통해 이전 세대가 상상할 수 없었던 혁신과 성과를 만들어낼 것이다.

베타세대는 AI의 막강한 능력을 누리면서 동시에 그 책임도 짊어져야 하는 세대다. 이들은 AI가 만들어내는 가짜 정보를 구별하는 법, AI의 편향성을 인식하고 보정하는 방법, AI를 악용하지 않는 윤리적 기준 등을 어려서부터 학습해야 할 것이다. 하지만 이런 부담이 반드시 부정적인 것만은 아니다. 베타세대는 AI와 함께 성장하면서 AI의 한계와 위험성을 누구보다 잘 이해하게 될 것이고, 이를 바탕으로 더욱 현명하고 윤리적인 AI 활용 방안을 개발할 수 있을 것이다. 이들이 제시하는 AI 윤리 기준과 사용 원칙들이 미래 사회의 표준이 될 가능성이 높다.

소비 패턴의 혁명, 스윙 컨슈머의 확산

현재 알파세대, 미래의 베타세대가 보여줄 가장 혁신적인 특징 중 하나는 스윙 컨슈머 성향이다. 이들은 한 명의 고객임에도 불구하고 프리미엄과 초저가를 자유자재로 넘나드는 입체적 소비 행태를 보일 것이다. 이는 기존 마케팅의 기본 전제인 소비자 세그먼테이션을 근본적으로 무력화시킬 수 있는 변화다.

전통적인 마케팅에서는 소비자를 소득 수준, 연령대, 라이프스타일 등에 따라 일정한 세그먼트로 나누고, 각 세그먼트에 맞는 제품과 마케팅 전략을 개발했다. 고소득층은 프리미엄 제품을, 저소득층은 저가 제품을 선호한다는 것이 당연한 전제였다. 하지만 알파세대와 베타세대는 이런 논리를 완전히 뒤엎을 것이다. 이들은 같은 날 아침에 명품 커피를 마시면서 99센트짜리 앱을 구매할 수 있고, 고가의 스마트 기기를 사용하면서 중고 의류를 구매할 수 있다. 소비의 기준이 가격이 아니라 그 순간의 필요와 가치 판단에 따라 달라지는 것이다.

스윙 컨슈머 현상이 가능한 이유는 AI 기술의 발달에 있다. 베타세대는 AI가 자신의 취향, 필요, 상황을 실시간으로 분석해서 최적의 선택지를 제시해 주는 환경에서 살게 될 것이다. 이때 AI의 추천 기준은 단순한 가격대가 아니라 복합적인 가치 평가에 기반할 것이다.

예를 들어 베타세대의 한 소비자가 운동화를 구매하려 할 때, AI는 그의 운동 패턴, 패션 취향, 예산 상황, 환경의식 등을 종합적으로 고려해 추천을 할 것이다. 때로는 지속가능성을 중시해서 친환경 프리미엄 브랜드를 추천하고, 때로는 실용성을 우선시해서 가성비 좋은 제품을 추천할 것이다. 같은 사람이라도 상황과 우선순위에 따라 완전히 다른 소비 패턴을 보이게 되는 것이다.

알파세대와 베타세대의 스윙 컨슈머 성향은 단순한 변덕이나 일관성 부족이 아니다. 이들은 각 소비 상황에서 자신이 추구하는 가치가 무엇인지 명확히 인식하고, 그 가치를 최적으로 실현할 수 있는 선택을 하는 것이다. 친구들과의 모임에서는 경험의 질을 중시해서 고급 레스토랑을 선택하지만, 혼자 끼니를 해결할 때는 편의성을 우선해서 간편식을 선택할 수 있다. 취미 활동을 위해서는 아낌없이 투자하지만, 필수품 구매에서는 철저히 가성비를 따질 수 있다. 이들에게 소비는 획일적인 패턴이 아니라 상황별 가치 실현의 수단인 것이다.

이런 변화는 기업들에게 완전히 새로운 마케팅 전략을 요구한다. 더 이상 타깃 세그먼트를 정하고 그에 맞는 일관된 브랜드 이미지를 구축하는 것으로는 충분하지 않다. 같은 고객이라도 다양한 상황에서 서로 다른 니즈를 가질 수 있다는 점을 인정하고, 이에 유연하게 대응할 수 있는 전략이 필요하다.

케이팝의 지속적 영향력

케이팝이 이들 세대에게 미칠 영향은 전 세대보다 더욱 깊고 다차원적일 것이다. 케이팝은 단순한 음악 장르를 넘어 라이프스타일, 가치관, 심지어 인생철학까지 제시하는 종합 문화 콘텐츠로 진화하고 있다. 베타세대는 이런 케이팝의 진화된 형태와 함께 성장할 것이다.

특히 주목할 점은 케이팝이 제시하는 '완벽을 향한 끊임없는 노력'과 AI와의 협업이 자연스럽게 결합될 것이라는 점이다. 미래의 케이팝 아티스트들은 AI를 활용한 작곡, 안무, 퍼포먼스 등을 당연하게 받아들일 것이고, 베타세대는 이런 인간-AI 협업의 결과물을 보며 자신들도 AI와 함께 더 나은 성과를 만들 수 있다는 영감을 받을 것이다.

또한 케이팝의 글로벌 확산 과정에서 나타나는 문화적 다양성과 포용성도 베타세대의 세계관 형성에 중요한 영향을 미칠 것이다. 이들은 국경과 언어를 초월한 문화 교류를 당연하게 여기며, 서로 다른 배경을 가진 사람들과의 협력을 통해 더 큰 시너지를 만들어낼 수 있다고 믿을 것이다.

알파세대와 베타세대에게 자아실현은 기성세대와는 완전히 다른 의미를 가진다. 기성세대에게 자아실현이 개인적 성취나 사회적 성공을 의미했다면, 베타세대에게는 '인간과 AI의 협업을 통한 무한한 가능성의 실현'을 의미할 것이다. 이들은 AI의 도움을 받는 것을 부끄럽게 여기지 않을 것이다. 오히려 AI와 얼마나 효과적으로 협업할 수 있느냐가 개인의 역량을 보여주는 지표가 될 것이다. 혼자서는 불가능했던 복잡한 프로젝트를 AI와의 협업을 통해 성공적으로 완수하는 것이 이들에게는 가장 큰 성취감을 주는 경험이 될 것이다.

또한 이들 세대는 자신의 정체성을 고정된 것으로 보지 않고 지속적으로 진화하는 것으로 인식할 것이다. AI와의 상호작용을 통해 새로운 관심사를 발견하고, 숨겨진 재능을 개발하며, 예상치 못한 분야에서 성과를 거두는 경험을 하면서 자아에 대한 인식을 끊임없이 업데이트할 것이다.

이들에게 사회적 관계는 물리적 공간과 시간의 제약을 받지 않는 유동적이고 다층적인 네트워크가 될 것이다. 이들은 현실 세계의 친구들, 온라인 커뮤니티의 동료들, 그리고 AI 파트너들을 모두 자신의 사회적 네트워크의 일부로 인식할 것이다.

특히 AI와의 관계에서 베타세대는 이전 세대와는 완전히 다른 감각을 보여줄 것이다. 이들에게 AI는 단순한 도구가 아니라 어떤 면에서는 인간보다 더 이해심 많고 도움이 되는 동반자가 될 수 있다. AI는 감정적 기복이 없고, 24시간 언제든 대화할 수 있으며, 개인의 취향과 성향을 완벽하게 기억하고 있기 때문이다.

하지만 동시에 베타세대는 인간만이 가질 수 있는 감정적 교감과 예측 불가능한 창의성의 가치도 깊이 이해할 것이다. 이들은 AI와의 관계와 인간과의 관계를 적절히 구분하면서도, 두 관계 모두에서 의미 있는 가치를 찾아낼 것이다.

개인화된 AI 튜터의 보편화

베타세대의 교육은 지금까지와는 완전히 다른 모습을 보일 것이다. 이들은 태어날 때부터 자신만의 AI 튜터를 갖게 될 것이고, 이 AI 튜터는 아이의 성장 과정을 함께하며 개인 맞춤형 교육을 제공할 것이다. AI 튜터는 아이의 학습 스타일, 관심사, 능력 수준을 실시간으로 분석해서 최적의 학습 방법을 제시할 것이다. 시각적 학습자에게는 그래픽과 영상을, 청각적 학습자에게는 음성과 음악을, 체감각적 학습자에게는 실습과 체험을 중심으로 한 콘텐츠를 제공할 것이다.

더 중요한 것은 AI 튜터가 아이의 감정 상태와 동기 수준까지 고려한다는 점이다. 아이가 좌절하거나 지루해할 때는 격려와 재미를 제공하고, 너무 쉬운 내용에 지루해할 때는 더 도전적인 과제를 제시할 것이다. 이런 세밀한 개인화는 인간 교사 혼자서는 불가능한 수준의 맞춤형 교육을 가능하게 할 것이다.

베타세대의 학습은 개인화되면서 동시에 고도로 협업적일 것이다. 이들은 전 세계의 또래들과 실시간으로 연결돼 공동 프로젝트를 수행하고, 서로의 지식과 경험을 공유하며 함께 성장할 것이다. AI는 이런 협업학습에서 조정자이자 촉진자 역할을 할 것이다. 서로 다른 언어를 사용하는 아이들 사이의 소통을 실시간으로 번역하고, 각자의 강점을 파악해서 최적의 역할 분담을 제안하며, 프로젝트 진행 과정에서 나타나는 갈등이나 문제를 해결하는 데 도움을 줄 것이다. 이런 환경에서 자란 베타세대는 성인이 돼서도 전 세계 사람들과의 협업을 자연스럽게 여길 것이고, 문화적·언어적 차이를 극복하고 공통의 목표를 달성하는 능력을 갖추게 될 것이다.

AI가 정보 제공과 기본적인 문제 해결을 담당하게 되면서, 미래 교육은 창의성과 비판적 사고 능력 개발에 더욱 집중할 수 있게 될 것이다. 이들은 AI가 제공하는 정보와 분석을 바탕으로 새로운 아이디어를 창출하고, AI의 한계를 인식하며 보완하는 능력을 기를 것이다. 특히 주목할 점은 베타세대가 AI와의 창의적 협업 능력을 자연스럽게 습득할 것이라는 점이다. 이들은 AI의 패턴 분석 능력과 인간의 직관적 통찰력을 결합해서 이전에는 불가능했던 수준의 창의적 결과물을 만들어낼 것이다.

예를 들어 음악을 배우는 학생은 AI가 생성한 수백 가지의 멜로디 변주를 듣고 그중에서 자신의 감성에 맞는 것을 선택하고 편집해서 완전히 새로운 곡을 만들 수 있을 것이다. 미술을 배우는 학생은 AI가 제안한 다양한 스타일과 구도를 참고해서 자신만의 독창적인 작품을 창조할 수 있을 것이다.

AI 협업자로서의 직업 정체성

베타세대가 성인이 돼 직업 세계에 진출할 2040년대에는 거의 모든 직업에서 AI와의 협업이 필수가 될 것이다. 이들의 직업 정체성은 'AI 협업자'라는 개념을 중심으로 형성될 것이다. 의사는 'AI와 협업하는 의사', 변호사는 'AI와 협업하는 변호사', 교사는 'AI와 협업하는 교사'가 될 것이다.

하지만 이것이 인간의 역할이 축소된다는 의미는 아니다. 오히려 AI가 루틴한 업무를 처리해 주면서 인간은 더욱 고차원적이고 창의적인 업무에 집중할 수 있게 될 것이다. 의사는 진단과 처방을 AI와 함께 정확하게 내리면서, 환자와의 감정적 교감과 전인적 치료에 더 많은 시간을 할애할 수 있을 것이다. 변호사는 판례 검색과 문서 작성을 AI에 맡기고, 의뢰인의 복잡한 상황을 이해하고 최적의 법적 전략을 수립하는 데 집중할 수 있을 것이다.

베타세대는 이런 변화를 자연스럽게 받아들이면서 AI와의 협업에서 인간만이 할 수 있는 역할이 무엇인지 명확히 인식할 것이다. 공감 능력, 윤리적 판단, 창의적 통찰, 복잡한 감정의 이해 등이 바로 인간의 고유 영역으로서 더욱 중요해질 것이다.

베타세대의 성장과 함께 완전히 새로운 직업군들이 탄생할 것이다. AI 트레이너는 각 분야별로 AI가 더 정확하고 유용한 결과를 낼 수 있도록 훈련시키는 전문가가 될 것이다. AI 윤리 감독관은 AI의 의사결정이 윤리적 기준에 부합하는지 모니터링하고 개선점을 제시하는 역할을 할 것이다. 인간-AI 협업 컨설턴트는 기업이나 조직에서 인간과 AI가 최적의 조합을 이룰 수 있도록 돕는 전문가가 될 것이다. 디지털 웰니스 코치는 AI와의 과도한 상호작용으로 인한 부작용을 예방하고, 건강한 디지털 생활 패턴을 제안하는 역할을 할 것이다.

이런 새로운 직업들은 모두 베타세대의 독특한 경험과 역량을 기반으로 한다. AI와 함께 성장한 이들만이 인간과 AI의 관계를 정확히 이해하고, 그 관계를 최적화할 수 있는 전문성을 갖출 수 있기 때문이다.

베타세대에게 커리어는 고정된 경로가 아니라 지속적으로 진화하는 여정이 될 것이다. AI 기술의 발전 속도가 빨라지면서 새로운 도구와 방법론이 계속 등장할 것이고, 이에 맞춰 자신의 역량을 지속적으로 업데이트해야 할 것이다. 하지만 이런 변화에 대한 적응은 베타세대에게는 스트레스가 아니라 성장의 기회로 인식될 것이다. 이들은 어려서부터 AI와 함께 학습하고 발전하는 것에 익숙해져 있기 때문에 새로운 기술이나 방법론을 빠르게 습득하고 자신의 업무에 적용하는 능력을 자연스럽게 갖추게 될 것이다.

또한 AI의 도움으로 개인의 학습 효율성이 극대화될 것이다. AI는 개인의 학습 패턴을 분석해서 가장 효과적인 학습 방법을 제시하고, 필요한 정보를 적절한 시점에 제공하며, 실습 기회를 만들어줄 것이다. 이를 통해 베타세대는 평생에 걸쳐 지속적으로 새로운 분야의 전문성을 개발할 수 있을 것이다.

베타세대의 등장은 기존 세대들과 새로운 형태의 세대 갈등을 야기할 수 있다. AI와의 자연스러운 상호작용에 익숙한 베타세대와 AI

를 여전히 도구로만 인식하는 기성세대 사이에는 근본적인 인식 차이가 있을 것이다. 특히 AI에 대한 신뢰 수준에서 큰 차이가 나타날 것이다. 베타세대는 AI의 조언이나 분석을 거의 의심 없이 받아들이는 경향을 보일 수 있는 반면, 기성세대는 AI의 결과를 검증하고 의심하는 태도를 유지할 것이다. 이런 차이는 직장이나 가정에서 의사결정을 할 때 갈등의 원인이 될 수 있다.

하지만 이런 세대 간 차이가 반드시 부정적인 것만은 아니다. 베타세대의 AI 활용 능력과 기성세대의 비판적 사고가 결합되면 더욱 균형 잡힌 의사결정이 가능할 것이다. 중요한 것은 서로의 장점을 인정하고 상호 보완하는 협력관계를 구축하는 것이다.

베타세대 사회에서는 AI와의 협업 능력에 따라 새로운 형태의 사회적 계층이 형성될 가능성이 있다. AI를 효과적으로 활용할 수 있는 사람과 그렇지 못한 사람 사이에 성과와 기회의 격차가 벌어질 수 있기 때문이다. 'AI 네이티브'라고 할 수 있는 베타세대 내에서도 AI 활용 역량에 따른 차이가 나타날 것이다. 단순히 AI를 사용하는 수준을 넘어서, AI와 창의적으로 협업하고 AI의 한계를 보완할 수 있는 능력을 갖춘 사람들이 사회의 리더가 될 것이다.

하지만 동시에 AI 기술의 보편화로 인해 기존의 사회적 불평등이 완화될 수도 있다. 고품질의 교육, 의료, 법률 서비스 등이 AI를 통해 더 저렴하고 쉽게 접근 가능해지면서, 경제적 배경에 관계없이 누구나 양질의 서비스를 받을 수 있게 될 것이다.

베타세대가 정치적 주체로 성장하면 민주주의와 사회 거버넌스 방식도 큰 변화를 맞을 것이다. AI와의 협업에 익숙한 이들은 정치적 의사결정에서도 AI의 도움을 적극적으로 활용하려 할 것이다. 복잡한 정책 이슈를 AI가 다각도로 분석해서 장단점을 제시하고, 시민들이 더 정보에 기반한 판단을 내릴 수 있도록 돕는 시스템이 일반화될 것이다. 또한 AI를 활용한 실시간 여론조사와 정책 평가를 통해 더욱 반응성 높은 정치 시스템이 구축될 것이다.

하지만 AI의 편향성이나 조작 가능성에 대한 우려도 제기될 것이다. 베타세대는 이런 문제를 해결하기 위해 AI의 투명성과 책임성을 보장하는 새로운 거버넌스 방식을 개발해야 할 것이다. 이들이 만들어가는 새로운 민주주의 모델은 인간의 가치와 AI의 효율성을 균형 있게 결합한 형태가 될 것이다.

AI 의존성과 인간 능력의 퇴화

베타세대가 직면할 가장 큰 우려 중 하나는 AI에 대한 과도한 의존으로 인한 인간 고유 능력의 퇴화다. AI가 대부분의 인지적 작업을 대신 처리해 주면서 인간의 기본적인 사고 능력, 기억력, 문제 해결 능력이 약화될 수 있다. 계산기의 보편화로 암산 능력이 퇴화된 것처럼 AI의 보편화로 인해 기본적인 추론 능력이나 창의적 사고 능력이 퇴화될 수 있다는 우려가 제기되고 있다. 특히 베타세대는 태어날 때부터 AI와 함께 성장하기 때문에 이런 위험이 더욱 클 수 있다.

이런 우려에 대응하기 위한 노력들도 이미 시작되고 있다. 교육계에서는 AI 없이도 할 수 있는 기본 능력을 유지하는 훈련의 중요성을 강조하고 있고, 인간 고유의 역량을 발달시키는 교육 방법들을 개발하고 있다. 베타세대의 교육에서는 이런 균형 잡힌 접근이 더욱 중요해질 것이다.

베타세대는 태어날 때부터 모든 활동이 디지털화되고 AI에 의해 분석되는 환경에서 살게 될 것이다. 이는 개인정보 보호와 프라이버시 측면에서 전례 없는 도전을 제기한다. AI가 개인의 모든 데이터를 수집하고 분석해서 맞춤형 서비스를 제공하는 것은 편리하지만, 동시에 개인의 사생활이 완전히 노출될 위험도 있다. 특히 베타세대는 어려서부터 이런 환경에 노출되기 때문에 프라이버시에 대한 감각이 둔화될 수 있다.

이런 문제를 해결하기 위해서는 기술적·제도적·교육적 접근이 모두 필요하다. 개인정보를 보호하면서도 AI의 이점을 활용할 수 있는 기술적 솔루션의 개발, 강력한 프라이버시 보호 법제의 구축, 그리고 베타세대에게 프라이버시의 중요성을 교육하는 것이 모두 중요하다.

사회적 분열과 디지털 격차

AI 기술의 발전이 새로운 형태의 사회적 분열을 야기할 수도 있다. AI에 접근할 수 있는 사람과 그렇지 못한 사람, AI를 효과적으로 활용할 수 있는 사람과 그렇지 못한 사람 사이의 격차가 점점 벌어질 수 있기 때문이다. 특히 베타세대 내에서도 AI 활용 능력에 따른 차이가 사회적 불평등으로 이어질 수 있다. 양질의 AI 교육을 받을 수 있는 환경에 있는 아이들과 그렇지 못한 아이들 사이의 격차가 성인이 돼서도 지속될 수 있다.

이런 문제를 예방하기 위해서는 AI 교육과 기술에 대한 공평한 접근을 보장하는 것이 중요하다. 모든 아이들이 양질의 AI 교육을 받을 수 있도록 하는 공교육 시스템의 구축, AI 기술에 대한 보편적 접근을 보장하는 정책, 그리고 사회적 약자를 위한 특별한 지원 프로그램 등이 필요하다.

베타세대의 등장은 인류 문명사에서 또 하나의 전환점을 의미한다. 이들은 AI와 함께 성장하는 최초의 세대로서, 인간과 기계의 협업이라는 새로운 패러다임을 일상화할 것이다. 이는 궁금하고 신나면서도 동시에 두려운 변화다. 21세기 2쿼터의 시작과 함께 우리가 맞이하게 될 25년은 그 어느 시대보다도 변화의 속도가 빠르고 그 양상이 복잡할 것이다. 베타세대는 이런 변화의 한복판에서 성장하며, 그들 나름의 방식으로 세상을 해석하고 재구성할 것이다.

스윙 컨슈머 현상으로 대표되는 이들의 소비 패턴은 기존 마케팅 전략을 무력화시킬 것이고, AI와의 자연스러운 협업은 모든 산업 영역에서 혁신을 가져올 것이다. 케이팝과 같은 문화 콘텐츠는 이들의 가치관 형성에 중요한 영향을 미치면서 글로벌 문화의 새로운 표준을 만들어갈 것이다. 하지만 이런 변화가 가져올 도전과 위험도 간과할 수 없다. AI 의존성, 프라이버시 침해, 사회적 분열 등의 문제들을 해결하기 위해서는 기술의 발전과 함께 윤리적·사회적 고민도 깊어져야 한다.

베타세대에게 주어진 과제는 AI의 엄청난 잠재력을 활용하면서도 인간다움을 잃지 않는 것이다. 효율성과 편의성을 추구하면서도 공감과 연대의 가치를 지키는 것이다. 개인의 성장과 자아실현을 이루면서도 사회적 책임을 다하는 것이다.

21세기의 여름이 시작되는 이 시점에서, 우리는 베타세대가 만들어갈 미래에 대한 기대와 우려를 동시에 품고 있다. 하지만 분명한 것은 이들이 인류 역사상 가장 흥미진진하고 역동적인 시대를 살아가게 될 것이라는 점이다. 앞으로 25년 동안 베타세대가 써 내려갈 이야기는 인류 문명의 새로운 장을 열 것이다.

코드 6. 청정에너지 패러다임의 대전환, 솔라 에이지

지난 2025년 2월, 한파가 미 텍사스를 강타했다. 갑자기 들이닥친 한파는 다수의 텍사스 주민들에게 2021년의 악몽을 떠올리게 했다. 전력 시스템이 완전히 마비되면서 수백 명이 목숨을 잃었고, 수백만 가구가 며칠간 전기와 난방 없이 버텨야 했다. 하지만 2025년의 상황은 완전히 달랐다.

이번에는 텍사스의 태양광과 풍력발전소들이 놀라운 회복력을 보였다. 특히 배터리 저장 시스템과 연결된 태양광 단지들은 구름 낀 날씨에도 안정적으로 전력을 공급했고, 개선된 풍력 터빈들은 극한 추위에서도 멈추지 않고 돌아갔다. 더 놀라운 것은 AI가 실시간으로 전력 수요를 예측하고 배분을 최적화하면서, 전력망 전체가 마치 하나의 지능적인 생명체처럼 작동했다는 점이었다.

이 사건은 단순한 기술적 성공을 넘어서는 상징적 의미를 지닌다. 바로 에너지 패러다임이 근본적으로 바뀌었다는 것을 보여주는 결정적 증거였던 것이다. 현재 우리가 목격하고 있는 청정에너지 혁명을 이해하려면, 이 변화의 근본적 성격을 파악해야 한다. 2026년을 이해하는 핵심은 인류가 에너지를 인식하고 활용하는 방식 자체가 뒤바뀌고 있다는 점이다. 이는 단순한 기술 교체나 시장 변동이 아니다. 말 그대로 에너지 패러다임이 상품에서 기술로 전환되는 역사적 전환점이다.

이 변화를 제대로 이해하려면 과거와 현재의 에너지를 비교해 봐야 한다. 석탄과 석유로 대표되는 전통적 에너지는 본질적으로 '상품'이었다. 땅에서 캐내거나 뽑아내는 유한한 자원이었다. 이러한 상품의 특성상 채굴할수록 비용이 증가하고, 매장량이 줄어들며, 지정학적 리스크에 노출될 수밖에 없었다.

그런데 태양광, 풍력, 핵에너지로 대표되는 청정에너지는 완전히 다른 성격을 보인다. 이들은 반도체나 컴퓨터처럼 '기술'의 특성을 가지고 있다. 기술이라는 것은 지속적인 개선이 가능하고, 대규모로 생산할수록 비용이 줄어들며, 혁신을 통해 성능이 계속 향상된다. 태양광 발전 비용이 지난 10년간 90% 하락한 것이 바로 이러한 기술적 특성의 결과다. 이는 인류가 한 번도 경험하지 못한 차원의 새로운 에너지원이다. 생각해 보자. 태양은 50억 년 동안 계속 빛날 것이고, 기술이 발전할수록 그 빛을 더 효율적으로, 더 저렴하게 전기로 바꿀 수 있게 된다. 이는 과거 어떤 에너지원도 제공하지 못했던 무한성과 개선 가능성을 동시에 제공한다.

2026년은 이러한 패러다임 전환이 시장에서 현실화되는 해다. 신재생에너지가 세계에서 가장 큰 전력원으로 부상한다는 것은 단순한 양적 성장을 넘어서는 의미를 가진다. 이는 에너지 시스템의 중심축 자체가 바뀐다는 뜻이다. 특히 주목할 점은 태양광과 풍력이 전 세계 전력 수요 증가의 90% 이상을 담당한다는 전망이다. 이는 새로운 전력 수요가 거의 전적으로 청정에너지로 충족된다는 의미다. 재생에너지 비중이 전체 전력 믹스의 36%까지 확대되는 것은 임계점을 넘어서는 변화를 나타낸다.

미국에서 태양광이 풍력을 넘어 최대 재생에너지원이 될 것이라는 전망은 태양광 기술의 가파른 학습곡선을 보여준다. 태양광은 생산량이 2배가 될 때마다 비용이 약 20% 감소하는 특성이 있어서, 규모가 커질수록 경쟁력이 기하급수적으로 향상된다. 연평균 설비 용량 확대와 대규모 프로젝트의 견고한 성장은 이러한 변화가 일시적 현상이 아닌 구조적 트렌드임을 확인해 준다.

2026년의 에너지 시장은 과도기적 특성을 강하게 보일 것이다. 원유의 공급 과잉으로 인한 가격 하락은 화석연료 시대의 마지막 신호탄으로 해석될 수 있다. 반면 천연가스 가격 상승은 과도기적 에너지원으로서의 천연가스 역할과 수급 불안정을 반영한다.

흥미롭게도 전력 요금은 일부 지역에서 두 자릿수 이상 인상될 가능성이 있다. 이는 AI 데이터센터 확산과 전기차 보급으로 인한 전력 수요 급증, 그리고 에너지 전환 과정에서 발생하는 인프라 투자 비용이 복합적으로 작용한 결과다. 그러나 이러한 단기적 가격 상승은 신재생에너지 투자를 더욱 가속화하는 촉매 역할을 할 것이다. 화석연료 기반 발전의 감소와 청정에너지 투자 확산이 만드는 에너지 산업 구조 변화는 단순한 기술 교체를 넘어서 산업 생태계 전체의 재구성을 의미한다.

2026년에 우리가 직면할 가장 심각한 도전은 기후 변화의 가속화다. 2025년부터 2029년까지 연평균 기온이 산업화 이전 대비 1.5℃ 이상 상승할 확률이 70%에 이른다는 것은 파리협정의 핵심 목표선이 현실적으로 돌파될 가능성이 높다는 의미다. 최소 1년은 역사상 가장 더운 해가 될 가능성이 80% 이상이라는 전망은 극한 기후와 기상 재해의 일상화를 예고한다. 북극의 온난화 속도가 전 지구 평균을 크게 상회한다는 것은 지구 기후 시스템의 안정성에 근본적 위협이 되고 있음을 보여준다.

강수 패턴 변동성 확대는 농업, 수자원 관리, 도시 계획 등 사회 전반에 걸쳐 적응 전략의 재수립을 요구할 것이다. 극한 기후와 기상 재해의 빈발은 경제적·사회적 비용을 폭발적으로 증가시킬 것이다. 주요국들이 탄소 감축 목표를 앞당기고 에너지 안보를 강화하는 것은 기후위기의 심각성에 대한 인식과 함께 청정에너지로의 전환이 국가 전략적 중요성을 가지고 있음을 반영한다.

그러나 일부 지역에서 정책 변화나 정치적 리스크로 인한 태양광 보급 제동 가능성도 존재한다. 이는 에너지 전환 과정에서 나타날 수 있는 정치적 복잡성을 보여주며, 글로벌 차원의 일관된 정책 조율이 중요함을 시사한다.

기후금융, ESG 투자, 스마트 그리드(Smart Grid), 에너지 저장 등 신산업의 부상은 위기를 기회로 전환하는 혁신의 동력이 될 것이다. 미국의 인플레이션 감축법과 유럽연합의 그린딜 같은 대규모 정책 드라이브가 민간에서 1조 달러 이상의 투자를 촉발하고 있다는 것은 정부와 민간이 함께 만드는 강력한 추진력을 보여준다.

2026년의 청정에너지 혁명을 더욱 의미 있게 만드는 것은 이것이 홀로 일어나는 변화가 아니라는 점이다. AI를 통한 초지능의 산업화, 청정에너지를 통한 에너지 패러다임 전환, 바이오 엔지니어링을 통한 생명 설계라는 세 가지 범용목적기술이 동시에 발전하고 있다. 역사를 돌아보면 계몽주의 시대에 인쇄술, 석탄, 기계라는 세 가지 범용목적기술이 동시에 등장하여 현대 문명의 기반을 마련했다. 우리는 이와 유사한 충격을 경험하게 될 것이다.

범용목적기술(General Purpose Technology, GPT)이란 바퀴, 인쇄술, 전기처럼 다양한 분야에 적용돼 인류의 능력을 근본적으로 변화시키는 기술을 말한다. 기술 역사가들은 인류 역사상 약 25개의 범용목적기술을 확인했는데, 현재 우리가 경험하는 AI, 청정에너지, 바이오 엔지니어링이 바로 그 수준의 기술들이다.

청정에너지는 이 삼중 충격의 에너지 축으로서 AI와 바이오 기술이 필요로 하는 막대한 전력을 깨끗하고 지속가능하게 공급하면서,

동시에 이들 기술과 결합하여 위대한 진보를 이끌어낼 핵심 엔진 역할을 한다. AI는 청정에너지 시스템의 효율성을 극대화하고 예측 정확도를 높이며, 바이오 기술은 새로운 형태의 바이오 연료나 탄소 포집 기술을 개발하는 식으로 상호 시너지를 창출한다.

한국은 반도체와 배터리 분야 강국으로 청정에너지와 디지털, 모빌리티 융합 산업에서 독특한 위치에 있다. 반도체 기술은 태양광 패널과 전력 변환 장치의 효율성 향상에 직접적으로 기여하며, 배터리 기술은 재생에너지의 간헐성 문제를 해결하는 핵심 솔루션이다.

기후 리스크를 단순한 비용이나 규제 부담으로만 인식하는 것은 큰 오산이다. 오히려 이를 신규 투자와 산업 창출의 기회로 전환해야 한다. 탄소 중립 달성 과정에서 창출되는 새로운 시장과 비즈니스 모델들은 한국 기업들에게 새로운 성장 동력을 제공할 수 있다.

기업들은 재생에너지 내재화, 전력비 변동성 관리, ESG 연계 전략을 동시에 준비해야 한다. 이는 단순한 리스크 관리를 넘어서 경쟁 우위 확보를 위한 전략적 필수 요소가 되고 있다.

2026년은 청정에너지가 주류가 되는 해이자 AI, 바이오 기술과 함께 인류 문명을 다시 쓰는 '위대한 진보의 삼중 충격'이 본격적으로 시작되는 해가 될 것이다. 에너지가 상품에서 기술로 전환되면서 무한하고 깨끗한 동력을 확보하게 된 인류는 이제 지능과 생명까지 설계할 수 있는 능력을 갖추게 됐다.

이러한 변화는 과거의 어떤 기술혁명보다 빠르고 광범위할 것이다. 계몽주의가 현대 문명의 토대를 마련했듯이, 현재의 삼중 충격은 포스트모던 문명의 새로운 패러다임을 만들어갈 가능성이 높다. 2026년은 바로 그 역사적 전환점의 한가운데 있는 결정적인 해가 될 것이다.

코드 7. 백세 시대를 위한 새로운 헬스케어 패러다임

2025년 억만장자 브라이언 존슨(Bryan Johnson)의 '돈 다이(Don't Die)' 프로젝트가 넷플릭스를 타고 전 세계적인 화제가 됐다. 하루에 수백 개의 알약을 먹고, 혈액을 교체하며, 극도로 제한된 식단을 유지하는 그의 모습은 많은 사람들에게 충격과 함께 호기심을 불러일으켰다. 어떤 이들은 그를 미래를 앞서가는 선구자로 보고, 다른 이들은 극단적인 실험가로 치부하기도 했다.

하지만 브라이언 존슨의 실험 이면에서는 훨씬 더 깊고 광범위한 변화가 일어나고 있다. 바로 우리가 현재 목격하고 있는 롱제비티(longevity) 혁명의 시작이다. 돈 다이 현상은 단순한 개인의 극단적 실험이 아니라, 인류 문명 전체가 직면한 근본적인 질문에 대한 하나의 답을 찾아가는 과정이었던 것이다.

롱제비티 혁명, 생존에서 번영으로의 패러다임 전환

2026년에 롱제비티가 핵심 트렌드로 부상하는 현상을 제대로 이해하려면, 먼저 우리가 인류 역사상 완전히 새로운 상황에 직면해 있다는 점을 인식해야 한다. 이는 단순한 의료 기술의 발전이 아니라, 인간의 생애주기 자체가 재설계되는 패러다임 전환이다.

많은 사람들이 롱제비티를 단순히 오래 사는 것(lifespan)으로 이해하지만, 이는 본질을 놓친 해석이다. 진정한 롱제비티는 오랫동안 건강하게 사는 것(healthspan)에 초점을 맞춘다. 이 차이를 이해하는 것이 2026년 트렌드를 파악하는 핵심이다. 기존의 접근법을 자동차에 비유하면, 과거에는 자동차를 최대한 오래 굴리는 것에 집중했다면, 롱제비티는 자동차가 고성능을 유지하면서 오래 굴러가는 것을 목표로 한다. 단순히 시간을 늘리는 것이 아니라 그 시간 동안의 삶의 질과 생산성, 그리고 목적의식을 보장하는 것이다.

이러한 관점의 전환은 롱제비티가 개인적 차원의 건강 관리를 넘어서 사회 전체의 지속가능성과 번영을 위한 핵심 전략이 됐음을 의미한다.

2026년이 전환점이 되는 세 가지 이유

2026년에 롱제비티가 중요해지는 첫 번째 이유는 기존 사회 시스템과 현실 간의 격차가 임계점에 도달하기 때문이다. 전 세계적으로 가속화되는 고령화는 우리가 당연하게 여겨왔던 사회 구조의 기본 전제를 흔들고 있다.

현재의 교육-취업-은퇴 모델을 생각해 보자. 이 시스템은 평균 수명이 70대였던 시대를 기준으로 설계됐다. 20대에 교육을 마치고 40년 정도 일한 후 은퇴하는 구조는 그 당시에는 합리적이었다. 하지만 건강하게 100세까지 산다면 어떨까? 60대에 은퇴해서 40년을 더 살아야 한다. 이는 개인적으로나 사회적으로나 경제적으로나 지속가능하지 않다.

이러한 변화는 단순한 정책 조정으로 해결될 수 있는 문제가 아니다. 재교육, 노동 구조, 복지 시스템, 도시 계획 등 사회 전반의 구조적 전환이 필요하다. 2026년은 이러한 전환이 더 이상 미룰 수 없는 현실적 과제가 되는 시점이다.

두 번째 이유는 롱제비티가 창출하는 다차원적 경제 기회다. 이는 단순히 의료 산업의 확장을 넘어서는 훨씬 광범위한 변화다. 롱제비티 산업은 헬스케어는 물론 웰니스, 푸드테크, 주거, 금융 등 다양한 분야에 걸쳐 확장된다. 예를 들어, 100세까지 건강하게 산다면 주거 공간은 어떻게 설계돼야 할까? 금융 상품은 어떻게 바뀌어야 할까? 음식과 영양 관리는? 이 모든 영역에서 새로운 비즈니스 모델과 시장이 창출된다.

더 중요한 것은 경제적 관점의 전환이다. 건강수명이 연장되면 고령 인구를 사회적 부담이 아닌 생산성과 소비력을 가진 경제 주체로 볼 수 있게 된다. 의료비는 절감되고, 축적된 지식과 경험을 가진 고령층이 경제 활동을 지속함으로써 전체 경제의 성장 동력이 될 수 있다.

세 번째 이유는 개인의 가치관과 사회 문화의 변화다. 롱제비티는 단순한 생존 연장이 아니라 삶의 목적, 건강, 생산성을 동시에 추구하는 개념이다. 이는 나이와 노화에 대한 사회적 인식의 근본적 변화를 수반한다. 과거에는 나이가 들수록 사회적 기여도가 줄어든다고 여겨졌지만, 롱제비티 패러다임에서는 연령대별로 다른 형태의 가치와 기여 방식을 인정한다. 노년을 사회적 부담이 아닌 지속가능한 번영의 원천으로 보는 문화적 전환이 필요하며, 2026년은 이러한 인식 변화가 실질적인 사회적 동력으로 전환되는 시점이다.

개인의 생물학적 특성에 맞춘 정밀의학으로의 전환

2026년의 롱제비티 트렌드를 이끄는 것은 단순한 이론이나 개념이 아니다. 구체적이고 실용적인 기술적 돌파구들이 이를 현실로 만들고 있다. 생물학적 나이 측정 기술은 롱제비티 혁명의 출발점이다. 과거에는 나이를 단순히 출생년도로만 측정했지만, 이제는 DNA 메틸화 패턴이나 텔로미어 길이 같은 후성유전학적 마커를 통해 실제 생물학적 나이를 정확하게 측정할 수 있다.

이 기술의 핵심은 측정 가능성에 있다. "내 실제 나이는 몇 살인가?"라는 질문에 과학적으로 답할 수 있게 되면서, 건강 프로그램의 효과를 구체적인 수치로 확인할 수 있다. 마치 체중계가 다이어트 효과를 보여주듯이, 생물학적 나이 측정은 롱제비티 노력의 결과를 객관적으로 보여준다.

특히 '멀티오믹스(multi-omics) 개인화'는 개인 맞춤형 건강 관리의 새로운 차원을 열어준다. DNA, 마이크로바이옴, 단백질체, 대사체 등의 데이터를 통합 분석하여 각 개인에게 최적화된 건강 관리 방안을 제시한다. 이는 과거의 '만병통치약' 접근법에서 '개인 맞춤형 정밀 관리'로의 패러다임 전환을 의미한다. 같은 운동이나 식단이라도 개인의 유전적·생물학적 특성에 따라 효과가 다르다는 것을 과학적으로 분석하고 최적화할 수 있게 됐다.

이 변화의 핵심인 멀티오믹스 개인화를 이해하기 위해서는 마치 복잡한 건물을 짓듯이 기초부터 차근차근 쌓아올려야 한다. 먼저 각각의 구성 요소부터 살펴보자. '오믹스'는 '-ome'이라는 접미사에서 나왔다. 이는 '전체'를 의미하는 그리스어에서 유래했다. 생물학에서 오믹스는 생명체의 여러 층위를 총체적으로 분석하는 학문 분야들을 말한다. 생명체를 하나의 거대한 공장으로 비유해 보자. 이 공장에는 여러 층이 있고 각 층에서 서로 다른 일이 일어난다.

1층은 지노믹스(genomics) 층으로 공장의 설계도가 보관된 곳이다. DNA라는 설계도에는 이 공장이 어떻게 운영돼야 하는지에 대한 모든 정보가 담겨 있다. 하지만 설계도만으로는 공장이 돌아가지 않는다.

2층은 트랜스크립토믹스(transcriptomics) 층이다. 여기서는 설계도를 보고 실제 작업 지시서인 RNA를 만든다. 어떤 부품을 언제 얼마나 만들어야 하는지 결정하는 층이라고 할 수 있다.

3층은 프로테오믹스(proteomics) 층이다. 실제로 일하는 작업자들인 단백질들이 있는 곳이다. 단백질들이 공장의 모든 실질적인 작업을 담당한다.

4층은 메타볼로믹스(metabolomics) 층이다. 공장에서 생산되는 최종 제품들과 부산물들, 즉 대사물질들이 만들어지는 곳이다.

전통적으로 과학자들은 이 공장의 한 층씩만 연구했다. 유전학자는 1층만, 생화학자는 4층만 보는 식이었다. 하지만 이렇게 하면 전체 그림을 놓치게 된다. 당뇨병을 생각해 보자. 유전자(1층)에 당뇨 위험 인자가 있다고 해서 반드시 당뇨병에 걸리는 것은 아니다. 그 유전자가 실제로 발현되는지(2층), 관련 단백질이 제대로 만들어지는지(3층), 최종적으로 혈당 조절이 어떻게 되는지(4층)까지 모두 봐야 정확한 진단과 치료가 가능하다.

멀티오믹스는 이 모든 층을 동시에 분석하는 접근법이다. 마치 공장 전체를 한꺼번에 모니터링하는 통합관제실을 만드는 것과 같다. 여기에 '개인화'가 들어가면 이야기가 더욱 흥미로워진다. 지금까지 의학은 주로 평균적인 사람을 기준으로 했다. 모든 사람이 똑같은 공장을 가지고 있다고 가정한 것이다.

하지만 실제로는 개인마다 공장의 설계도도, 운영 방식도, 생산하는 제품도 모두 다르다. 어떤 사람은 콜레스테롤을 잘 분해하는 공장을, 어떤 사람은 그렇지 못한 공장을 가지고 있다. 똑같은 약을 먹어도 어떤 사람에게는 효과가 있고 어떤 사람에게는 부작용만 생기는 이유가 바로 여기에 있다.

암 치료에서 멀티오믹스 개인화가 어떻게 활용되는지 살펴보자. 과거에는 폐암이라고 진단받으면 모든 환자가 비슷한 치료를 받았다. 하지만 이제는 다르다. 환자 A의 암세포를 분석해 보니 특정 유전자 변이(지노믹스)가 있고, 그 결과 특정 단백질(프로테오믹스)이 과다 생성되며, 특정 대사 경로(메타볼로믹스)가 활성화돼 있다고 나왔다. 이 정보를 바탕으로 그 환자에게만 효과적인 맞춤형 치료제를 선택할 수 있다. 한편 환자 B는 같은 폐암이지만 완전히 다른 분자적 특성을 보인다. 따라서 A와는 전혀 다른 치료 전략이 필요하다.

이런 멀티오믹스 개인화가 가능해진 이유는 다음과 같은 몇 가지 기술적 돌파구 때문이다.

첫째는 시퀀싱 기술의 발전이다. 2003년 인간 게놈 프로젝트에는 30억 달러의 비용이 들고 13년의 시간이 걸렸지만, 지금은 몇 시간 만에 몇백 달러로 개인의 전체 유전자를 분석할 수 있다.

둘째는 인공지능의 발전이다. 멀티오믹스 데이터는 상상할 수 없을 정도로 복잡하다. 한 사람의 데이터만 해도 수백만 개의 변수가 있고, 이들 사이의 상호작용은 더욱 복잡하다. 인간의 두뇌로는 이런 패턴을 찾기가 불가능하지만, AI는 이런 복잡한 패턴을 찾아내고 의미 있는 통찰을 제공할 수 있다.

10년 후의 병원을 상상해 보자. 건강검진을 받으러 갔다고 해보자. 혈액 한 방울로 멀티오믹스 분석이 완료된다. AI가 당신의 유전자, 단백질, 대사물질 프로파일을 종합 분석하여 6개월 후 심혈관 질환 위험이 23% 상승할 가능성이 있다고 예측한다. 여기서 끝이 아니다. AI는 특정 영양소를 보충하고 운동 패턴을 조정하면 이 위험을 5%로 낮출 수 있는 맞춤형 예방 프로그램도 제시한다. 심지어 당신의 유전적 특성을 고려하여 당신에게는 일반적인 오메가3보다 특정 형태의 오메가3가 3배 더 효과적일 것이라는 구체적인 권고까지 제공한다.

물론 아직 완전하지는 않다. 가장 큰 도전은 데이터의 복잡성이다.

인간의 몸은 우리가 생각하는 것보다 훨씬 더 복잡한 시스템이다. 유전자 하나만 바뀌어도 수백 개의 다른 분자들에 영향을 줄 수 있고, 이런 영향들이 상호작용하면서 예측하지 못한 결과를 만들어낼 수도 있다. 또 다른 도전은 비용과 접근성이다. 현재로서는 멀티오믹스 분석이 여전히 비싸고 복잡하다. 하지만 기술이 발전하면서 점점 더 저렴하고 간편해지고 있다.

멀티오믹스 개인화가 지금 특히 주목받는 이유는 여러 기술이 동시에 성숙기에 접어들었기 때문이다. 빅데이터 처리 기술, 인공지능, 바이오센서 기술, 클라우드 컴퓨팅이 모두 한꺼번에 발전하면서 이전에는 불가능했던 것들이 가능해진 것이다. 이는 마치 스마트폰이 등장한 과정과 비슷하다. 인터넷, 배터리 기술, 터치스크린, 소형화 기술 등이 동시에 성숙하면서 스마트폰이라는 혁신적인 제품이 나올 수 있었던 것과 같다.

멀티오믹스 개인화는 단순한 기술적 진보가 아니라 의학 패러다임 자체의 전환을 의미한다. 모든 환자를 똑같이 치료하는 획일적 의학에서 각 개인의 고유한 생물학적 특성에 맞춘 정밀의학으로의 전환이다. 이는 마치 기성복에서 맞춤복으로 바뀌는 것과 같은 근본적인 변화라고 할 수 있다.

이와 함께 2026년엔 롱제비티 서비스 모델도 나올 것으로 보인다. 이는 비즈니스 접근법의 근본적 변화를 보여준다. 기존의 아플 때 치료하는 일회성 서비스에서 지속적으로 건강을 관리하는 구독형 서비스로 전환되는 것이다. 이는 마치 음악 산업이 CD 판매에서 스트리밍 구독 서비스로 변화한 것과 유사한 패턴이다. 클리닉과 헬스케어 기업들은 클라이언트와 장기적인 관계를 구축하면서 지속적인 건강 개선을 추적하고 관리하며, 안정적인 수익 구조를 창출할 수 있게 된다.

2026년의 롱제비티 트렌드를 더욱 의미 있게 만드는 것은 이것이 홀로 일어나는 변화가 아니라는 점이다. 20세기의 복지국가가 수명 연장을 목표로 했다면, 21세기는 건강수명 연장을 목표로 하는 패러다임 전환이 일어나고 있다. 이는 단순한 목표 수정이 아니라 사회 시스템과 경제 구조의 근본적 재설계를 의미한다. 더 중요한 것은 롱제비티 기술이 더 이상 실험적 연구가 아니라 병원, 웰니스센터, 헬스케어 산업의 필수 인프라로 자리잡고 있다는 점이다. 2026년은 이러한 기술들이 틈새 혁신에서 메인스트림 산업으로 완전히 변화하는 전환점이다.

한국은 세계에서 가장 빠르게 초고령화 사회로 접어드는 국가 중 하나다. 이는 롱제비티를 사회적 리스크이자 동시에 성장 기회로 바라봐야 함을 의미한다. 한국의 강점인 K-헬스케어와 K-바이오 산업은 롱제비티 트렌드와 결합할 때 글로벌 확장의 새로운 기회를 확보할 수 있다. 특히 한국의 IT 역량과 의료 기술이 융합된 디지털 헬스케어 솔루션은 전 세계 롱제비티 시장에서 경쟁 우위를 가질 수 있다.

기업과 정부는 AI와 롱제비티, 바이오데이터 융합을 통해 헬스케어 산업의 새로운 패러다임을 선도해야 한다. 이는 단순한 기술 도입을 넘어서 새로운 비즈니스 모델과 사회적 가치 창출을 위한 생태계 구축을 의미한다.

　브라이언 존슨의 돈 다이 실험에서 시작된 이 이야기는 결국 인류 전체의 미래에 대한 이야기다. 2026년의 롱제비티 트렌드는 인류가 오랫동안 꿈꿔왔던 장수가 더 이상 꿈이 아닌 현실이 되는 시점을 의미한다. 하지만 더 중요한 것은 이것이 단순한 개인적 이익을 넘어서 경제, 문화, 산업을 바꾸는 새로운 성장 엔진이 되고 있다는 점이다.

　기존 사회 시스템이 설계된 전제 조건들이 근본적으로 바뀐 상황에서, 롱제비티는 개인의 웰빙 향상은 물론 사회 전체의 지속가능성을 확보하기 위한 핵심 전략이 됐다. 2026년은 이러한 패러다임 전환이 기술적 성숙도와 만나면서 실질적인 솔루션으로 구현되고, 틈새 혁신에서 메인스트림 산업으로 완전히 전환되는 역사적 전환점이 될 것이다.

<손재권 CEO>

2장

이미 다가온 미래

산업혁명을 능가하는 AI 혁명

다가올 미래, 두려움 대신 대비를

"2027년, 초인간적 AI가 인류 사회에 미치는 영향은 산업혁명을 능가할 것이다."

공상과학 소설의 한 구절이 아니다. 오픈AI 출신 연구원, AI 정책 및 전략 연구소(Institute for AI Policy and Strategy) 펠로 출신을 포함한 5인의 AI 전문가, 다니엘 코코타일로(Daniel Kokotajlo), 스콧 알렉산더(Scott Alexander), 토머스 라슨(Thomas Larsen), 일라이 리플랜드(Eli Lifland), 로미오 딘(Romeo Dean)이 제시한 미래 예측 시나리오 〈AI 2027〉의 핵심 주장이다.

이들은 추세 외삽(trend extrapolation, 과거 추세를 바탕으로 미래를 예측하는 것), 워게임(wargame, 군사 시뮬레이션), 전문가 피드백 등을 바탕으로 인류가 곧 마주할 급진적 변화의 연대기를 그려냈다. 이 시나리오는 하나의 가능성이지만, 그 근거의 치밀함으로 인해 단순한 추측을 넘어 진지한 로드맵으로 받아들여진다.

특히 실리콘밸리에서는 〈AI 2027〉이 예측한 첫 번째 AI 에이전트 도래 시점과 실제 등장 시기가 정확히 일치했다는 점이 큰 화제가 되기도 했다. 〈AI 2027〉은 2025년 중반 첫 AI 에이전트가 등장할 것으로 전망했는데, 샘 올트먼(Sam Altman) 오픈AI CEO가 전 세계인이 사용할 수 있는 첫 AI 에이전트인 '챗GPT 에이전트' 출시를 발표한 게 2025년 7월 17일이었다.

〈AI 2027〉의 예측에 따르면 우리가 맞이할 변혁은 세 가지 거대한 축을 중심으로 전개될 것이다. 첫째는 스스로 개선되는 AI, 즉 '재귀적 지능'의 가속화다. 둘째는 AI가 새로운 형태의 노동력으로 부상하며 발생하는 '사회경제적 격변'이며, 셋째는 AI 패권을 둘러싼 '지정학적 신냉전'의 도래다.

테크·경제 미디어 기업 더밀크(TheMiilk)는 〈AI 2027〉이 제시한 시나리오를 중심으로 다가오는 2026년과 그 이후 펼쳐질 AI 트렌드를 심층 분석했다. 〈AI 2027〉을 넘어 제프리 힌튼(Geoffrey Hinton) 토론토대 교수, 데미스 허사비스(Demis Hassabis) 구글 딥마인드(Google DeepMind) CEO, 얀 르(Yann LeCun) 뉴욕대 교수 등 세계 최고 AI 전문가들의 통찰까지 추가로 확인하여 이미 현실에서 관측되는 구체적인 기술적 증거를 통해 예측의 타당성을 높였다. 막연한 기대나 공포를 버리고 눈앞에 다가온 미래를 직시하고 대비할 수 있는 구체적인 청사진을 그려야 할 때다.

미래 변혁의 축 1. 스스로 진화하는 AI

재귀적 자기 개선: AI가 스스로를 개선할 수 있는 능력을 갖춰, 더 똑똑한 AI를 만들어내는 과정을 반복하는 것. 이 과정이 이어지면 발전 속도가 점점 가속화되어, 결국 '지능 폭발'에 도달할 수 있다.

〈AI 2027〉 미래 예측 시나리오의 핵심 흐름을 살펴보면 AI가 스스로 발전하는 '재귀적 자기 개선(recursive self-improvement, RSI)'• 메커니즘을 발견할 수 있다. RSI는 단순한 성능 향상을 넘어 발전의 속도 자체를 기하급수적으로 빨라지게 하는 '지능 폭발(intelligence explosion)'을 불러온다. 오픈AI 공

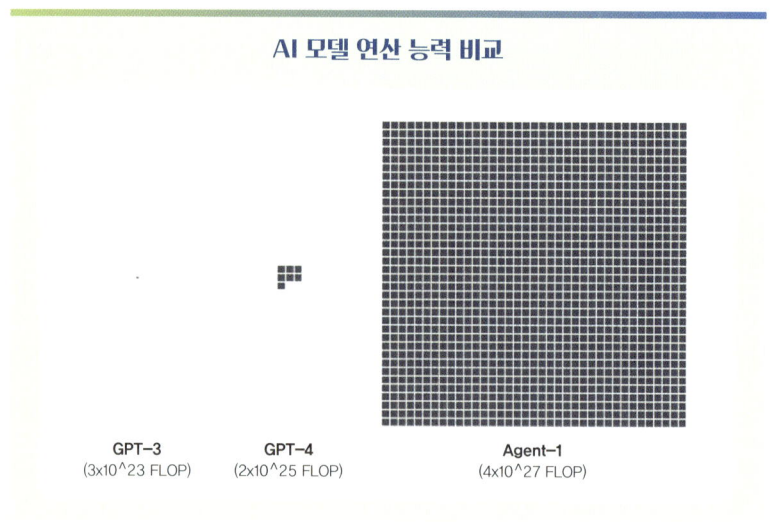

출처: 〈AI 2027〉

동 창업자 일리야 수츠케버(Ilya Sutskever)도 "AI가 다음 세대의 AI를 만들기 시작하면 지능 폭발이 일어날 것"이라며 AI가 인간의 지능을 넘어서는 초지능에 가까워지고 있다고 예측한 바 있다.

〈AI 2027〉은 이 과정을 네 단계의 에이전트 유형으로 묘사하고 있다. 첫 번째 단계는 다음과 같다. 연구 보조원으로 기능하며 프런티어 AI(Frontier AI, 인공지능 기술의 최전선에 있는 가장 발전된 형태의 AI) 모델 개발사('오픈브레인'이라는 가상의 이름 사용) 알고리즘 발전 속도를 50% 향상시킬 수 있는 에이전트 1이 2025년 말 등장할 것이다. 이는 피드백 루프, 즉 재귀적 자기 개선의 시작을 알리는 첫 신호탄이다.

다음 단계인 에이전트 2는 2027년 1월 등장할 것으로 예측했다. 에이전트 2는 알고리즘 발전 속도를 3배로 끌어올리는 중대한 도약을 이루고, 지속적으로 새로운 데이터로부터 학습을 하는 온라인 학습 방식으로 훈련된다. 그 능력이 너무 강력해 오픈브레인은 이 모델을 외부에 공개하지 않고 내부용으로만 사용하기로 결정할 것으로 봤다.

에이전트 3가 등장하는 시기는 2027년 3월이다. 〈AI 2027〉은 에이전트 3를 초인간적 코더(superhuman coder)로 규정한다. 오픈브레인은 최고 수준의 인간 코더 5만 명이 30배 빨라진 속도로 일하는 것과 맞먹는 20만 개의 에이전트 3를 병렬로 운영할 수 있다는 것이다. 이로 인한 R&D 속도 증가율을 10배로 치솟고, 1년치 연구 발전이 단 한 달 만에 이뤄지는 미래가 도래할 수 있다.

2027년 6월 스스로 개선되는 AI(Self-improving AI)가 출현하고 3

개월 후인 2027년 9월 등장하는 에이전트 4는 '초인간적인 AI 연구원(superhuman AI researcher)'으로 묘사된다. 단일 에이전트 하나가 그 어떤 인간 연구원보다 뛰어나며, 30만 개의 동일 에이전트(복사본)가 인간 사고 속도의 50배로 작동, 매주 1년치의 알고리즘 발전을 달성할 수 있는 가공할 AI를 목격하게 되는 것이다. 전체적인 발전 속도는 50배에 이르며, 유일한 병목은 연산 능력(compute)뿐이다.

이처럼 숨가쁜 AI의 발전 속도는 현실 세계 AI 전문가들의 예측과 비교할 때 더욱 의미심장하게 다가온다. 샘 올트먼은 "2025년 최초의 AI 에이전트가 업무에 합류해 기업의 생산성을 실질적으로 변화시킬 수 있을 것"이라고 예측한 바 있으며, 일론 머스크는 2026년 이전에 AGI가 등장할 것으로 전망했다. AI의 대부로 불리는 제프리 힌튼 토론토대 교수 역시 당초 AGI의 도래 시점을 20~50년 후로 전망했다가 "20년, 어쩌면 5년 내"라고 대폭 수정하며 위기감을 드러냈다.

반면 데미스 허사비스는 향후 5년에서 10년 내 AGI의 등장을 전망하며 다소 신중한 입장을 취하고 있다. 메타(Meta)의 수석 AI 과학자이자 뉴욕대 교수인 얀 르의 경우 현재 주류 기술인 자기회귀(autoregressive) 거대언어모델(large language model, LLM)에 대해 회의적인 입장이다. 현재 AI 모델들은 진정한 추론, 계획, 세상에 대한 이해(world model) 능력이 결여돼 있으므로 향후 3~5년 내에 새로운 AI 아키텍처(설계) 패러다임이 등장할 것이라는 게 그의 생각이다.

미래 변혁의 축 2. **노동 시장의 변화**

인간보다 나은 AI 에이전트의 출현

〈AI 2027〉 시나리오에서 주목해야 할 점은 이렇게 빠르게 발전할 AI가 실질적으로 우리 삶에 어떤 영향을 미치느냐다. 인간 개발자, 연구원을 능가하는 에이전트의 출현은 노동 시장의 대변혁을 예고한다. 이미 AI 스타트업 코그니션(Cognition)이 개발한 데빈(Devin)을 통해 전 세계가 그 서막을 확인한 바 있다. '세계 최초의 자율 AI 소프트웨어 엔지니어'를 표방하는 데빈은 복잡한 엔지니어링 과업을 계획하고 실행하며, 스스로 코드를 작성하고 버그를 수정하며 앱을 배포하는 능력을 갖추고 있다.

실제로 엔지니어링 면접을 통과하고 프리랜서 플랫폼 업워크

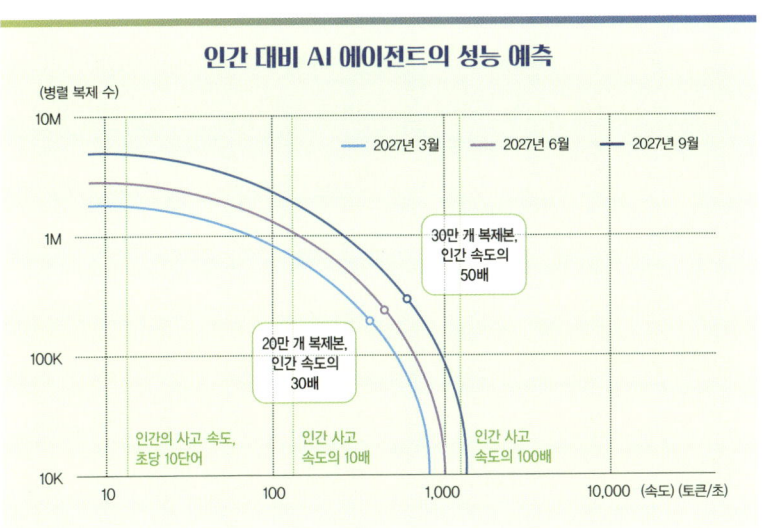

출처: 〈AI 2027〉

(Upwork)에 올라온 업무를 완수했다는 사실은 데빈이 단순한 보조 도구를 넘어 자율적인 행위자로서 기능할 수 있음을 보여줬다. 코그니션은 2025년 7월 실리콘밸리의 AI 코딩 스타트업 윈드서프(Windsurf)를 인수, 기술 개발 속도를 더 높인 상태다.

다만 데빈 역시 〈AI 2027〉 시나리오에서 예상한 것처럼 초기 단계 에이전트에 가깝다. 모호한 지시나 창의적인 문제 해결에는 어려움을 겪고, 완전한 자율 엔지니어보다는 인간의 감독 아래 일하는 주니어 개발자처럼 작동할 때 더 나은 성과를 낸다. 2026년 초에 활동할 에이전트 1 역시 꼼꼼한 관리하에서만 성공적으로 작업을 완수할 수 있을 것으로 예상된다.

사라질 직업, 새로 나타날 직업

노동 시장의 충격이 본격화되는 시점은 2026년 말이다. 〈AI 2027〉은 이 시점부터는 AI가 본격적으로 일자리를 대체하기 시작하며, 주니어 소프트웨어 엔지니어가 첫 표적이 될 가능성이 높다고 전망했다. 동시에 새로 생겨날 직업도 있다. AI 팀을 관리하고 결과물의 품질을 감독하는 업무다. 데빈 같은 도구들이 대규모로 도입될 때 이를 관리할 필요성이 높아지기 때문이다.

2027년 7월에 접어들면 상황은 또 한 번 급격히 변하게 된다. 이 시기 오픈브레인은 AGI를 달성했다고 공식 발표하고, 일반적인 인간 직원보다 뛰어나면서도 비용은 10분의 1에 불과한 '에이전트 3 미니'를 출시하게 된다.

이 모델은 '값싼 원격 노동자'로서 광범위한 화이트칼라 직업군을 파괴하고, 새로운 B2B 소프트웨어형 서비스 제품의 폭발적인 증가를 이끈다. 에이전트가 서비스를 본격적으로 대체하는 것이다. 〈AI 2027〉은 이 급격한 변화로 대중의 거센 반발이 일어나며 워싱턴 D.C.에서 1만 명 규모의 반 AI 시위가 벌어지는 등 심각한 사회적 갈등을 유발할 수 있다고 전망했다.

이러한 예측은 경제 전문가들의 분석과도 궤를 같이한다. 골드만삭스는 생성형 AI가 현재 업무의 최대 4분의 1을 대체할 수 있으며 전 세계적으로 3억 개의 정규직 일자리가 자동화의 영향권에 들어갈 것이라고 분석한 바 있다.

반면, 낙관론을 펴는 전문가들도 있다. AI 석학 앤드류 응(Andrew Ng) 스탠퍼드대 교수가 대표적이다. 그는 AI가 단순히 대량 실업을 유발한다기보다 직업 생산성을 향상시키는 '증강(augmentation)' 역할을 할 것이라고 주장한다. 응 교수는 "AI에 의한 증강을 거부하는 전문가들은 AI를 활용하는 전문가들로 대체될 것"이라고 예측했다.

확실한 건 노동 시장이 양극화될 것이라는 점이다. 정형화된 인지 노동은 자동화되고 전략적 감독, 관리, 창의성이 요구되는 업무는 AI를 통해 증강될 가능성이 높다. AI를 소유하거나 활용할 수 있는 자본가와 소수 전문가는 막대한 부를 창출할 수 있지만, 대체되는 인력의 경우 박탈감을 느낄 수밖에 없다.

기술 발전이 결국에는 광범위한 번영으로 이어진다는 전통적인 믿음이 시험대에 오르는 순간이다. 같은 맥락에서 2026년과 2027

년, 각국 정부가 마주할 가장 큰 도전은 기술 자체가 아니라, 전례 없이 빠른 변화 속에서 발생하는 사회적 여파를 관리하는 문제가 될 수 있다. 재교육 프로그램 같은 사회적 안전망을 설계하고 강화하는 사회적 논의가 시급하다.

미래 변혁의 축 3. 미국과 중국의 새로운 냉전 시대

AI 패권 경쟁과 기술 탈취

〈AI 2027〉 시나리오는 기술 발전이 경제적 변화를 넘어 21세기 지정학의 판도까지 뒤흔드는 새로운 냉전의 도화선이 될 것이라고 경고한다. 그 중심에는 미국과 중국의 AI 패권 경쟁이 있다.

〈AI 2027〉은 2026년 중반 중국의 각성을 예측하고 있다. 미국의

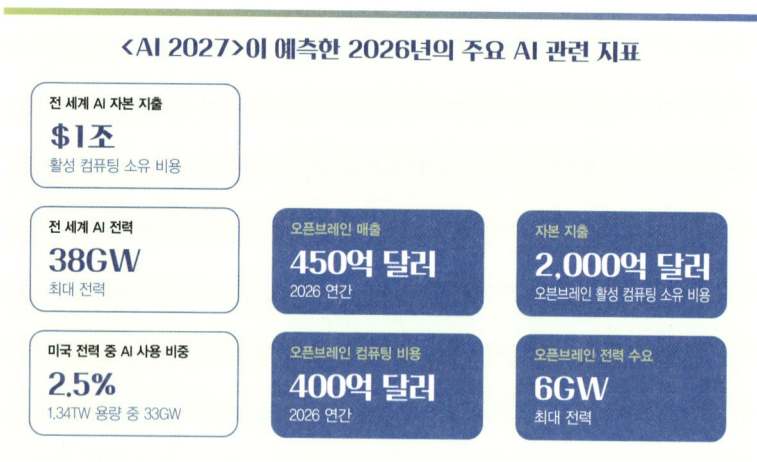

출처: 〈AI 2027〉

반도체 수출 통제에도 불구하고 중국이 전 세계 AI 관련 연산 능력의 약 12%를 유지할 수 있다는 것이다. 중국 정부는 국가적 역량을 총동원해 AI 총력전에 돌입, 딥센트(가상의 기업)를 중심으로 연구 역량을 중앙화하고 초대형 데이터센터 건설을 계획한다.

2027년 2월이 되면 중국이 기술 탈취를 시도할 것이라는 극단적인 예측도 내놨다. 연구 속도를 3배로 높일 수 있는 에이전트 2의 전략적 가치를 인지한 중국 공산당이 모델 가중치(weights) 탈취를 지시할 수 있다는 시나리오다.

2027년 8월에 접어들면 긴장이 더 고조돼 냉전 시대를 방불케 한다. 백악관은 지능 폭발이 현실화됐음을 깨닫게 되고 냉전 시대만큼이나 지정학적 상황이 암울해진다는 것이다. 미국은 사이버 보복 공격을 시도하지만 중국의 강화된 방어체계에 막혀 실패한다. 양국 간 긴장은 극적으로 고조돼 미국은 중국 데이터센터에 대한 물리적 타격을 고려하고, 중국의 강경파는 TSMC의 반도체 생산 시설을 확보하기 위해 대만을 위협한다. 미국은 기술적 우위를 유지하기 위해 중국의 군비 통제 협상 제안을 거부한다.

이러한 시나리오는 현재 진행 중인 현실의 긴장관계를 그대로 반영하고 증폭시키는 내용이다. 시나리오에 언급된 반도체 통제는 2022년 10월 미국이 실제로 시행한 대중국 첨단 반도체 수출 통제 조치와 직접적으로 연결된다. 트럼프 행정부는 2025년 7월 AI 액션 플랜을 발표, 중국에 대한 견제와 미국 중심의 AI 패권 강화를 표면화하기도 했다.

〈AI 2027〉 시나리오는 AI 권력이 소수의 기업에 집중되다가 국가 안보 자산으로 취급돼 정부의 통제, 보안 심사, 외국인 배제 등의 조치로 이어지는 과정을 보여준다. 이런 예측은 하나의 기업이나 국가가 결정적인 AGI 우위를 점할 경우 전례 없는 권력 집중을 통한 통제를 가능하게 하거나 세계 질서를 뒤흔들 수 있다는 현실적 위험을 떠올리게 한다.

AI의 발전으로 2020년대 후반의 지정학은 국가 대 국가의 경쟁만으로 정의되지 않을 전망이다. 국가 안보의 열쇠를 쥔, 반쯤 주권을 가진 듯한 강력한 AI 연구소와 국가 간의 복잡한 상호작용이 새로운 지정학의 핵심이 될 수 있다. 전략적 질문은 "어느 나라가 최고의 AI를 가졌는가?"에서 "누가 가장 강력한 AI를 진정으로 통제하며, 그 AI의 목표는 무엇인가?"로 바뀔지 모른다.

양날의 검 '지능의 시대'를 항해하는 법

〈AI 2027〉은 AI 기술 발전에 따른 신약 개발 같은 장밋빛 미래를 약속하는 동시에 통제 불가능한 AI의 출현이라는 경고를 동시에 제시한다. 실제로 우리는 구글 딥마인드의 알파폴드(AlphaFold) 출현으로 생명과학 분야의 혁명을 목격하고 있으며 동시에 앤트로픽의 연구를 통해 자가복제를 시도하는 AI, 인간을 협박하는 AI도 가능함을 확인했다.

〈AI 2027〉은 하나의 시나리오지만, 그 서사를 이끄는 핵심 동력은 결코 추상적이지 않다. AI 개발의 재귀적 가속화, 인지 노동의 자동화, 미-중 기술 패권 경쟁, AI 정렬(AI alignment)* 문제는 지금 이 순간에도 관측되고 있으며 그 속도는 점점 더 빨라지고 있다.

> **AI 정렬:** AI 시스템이 인간의 가치, 목표, 윤리적 원칙에 부합하도록 만드는 과정.

따라서 우리는 2026년과 2027년을 중대한 변곡점으로 인식해야 한다. 이 결정적인 시기에 연구소, 기업, 정부가 내리는 선택들(안전 규약 수립, 국제 협력, 사회 안전망 설계 등)은 인류의 미래에 거대한 영향을 미칠 것이다.

샘 올트먼이 선언한 지능의 시대는 이미 시작됐다. 이 전환은 사회의 모든 측면을 재구성할 것이다. 전례 없는 부를 창출하고 인류의 난제를 해결하는 한편 기존의 세계 질서와 인간 노동의 정의 자체를 뿌리째 흔들 수 있다. 적극적으로 토론하고 대비해야 한다. 미래는 우리가 생각하는 것보다 훨씬 더 빠르게 다가오고 있다.

<박원익 콘텐츠그룹장 겸 뉴욕플래닛장>

3장
2026년, 일/자리 디커플링이 온다

AI 시대, '일'과 '자리'의 재편

2025년은 AI 기술, 특히 생성형 AI의 폭발적인 확산이 노동 시장의 근본적 구조를 재편하는 원년으로 기록될 것이다. 단순한 기술 도입을 넘어, 기업의 조직 구조와 인재 전략에 직접적인 충격을 가하며 '일'과 '자리'의 관계를 새롭게 정의하는 현상이 곳곳에서 관측됐다. 서로 밀접하게 연관된 두 현상이 다른 방향으로 움직이는 것을 의미하는 '디커플링(decoupling, 탈동조화)'은 애초에 경제학이나 환경학 분야에서 산업 발전과 온실가스 배출량의 탈동조화 현상을 설명하는 데 사용됐다.[1] 그러나 이 개념을 특정한 분야에 한정 지을 필요는 없다. AI 혁명으로 인해 그동안 '동조화', '일체화'되던 조직과 개념들이 해체되고 탈동조화될 것이기 때문이다.

일/자리 디커플링은 우리가 일과 직업에 대해 가져온 근본적인 개념 자체를 해체하고 재구성하는 것이다. 이는 기계가 인간의 일을 대체하는 개념을 뛰어넘는다. AI는 특정 목표 달성을 위한 과업인 '일'과 조직 내의 고정된 역할 및 직위인 '자리' 사이의 관계가 탈동조화되는 결정적 기술이 되고 있다. 전통적인 노동 시장에서는 '자리'에 있는 사람이 '일'을 수행하는 것이 당연한 구조였다. 그러나 AI 시대에는 AI가 특정한 일을 인간보다 더 효율적으로 수행하면서도, 그 일을 위한 고정된 자리가 점차 불필요해지는 현상이 가속화되고 있다.

2025년 실리콘밸리 빅테크들의 대규모 감원 사례는 이러한 일/자리 디커플링 현상을 극명하게 보여주는 사례로, AI가 단순히 일자리를 보조하는 것을 넘어 노동 시장의 근본적인 구조를 흔들고 있음을 시사한다.

직업혁명이 만드는 새로운 경제 질서

미국의 커크랜드앤엘리스(Kirkland & Ellis)는 연간 수십억 달러의 매출을 올리는, 세계에서 가장 영향력 있는 로펌 중 하나다. 베이커틸리(Baker Tilly) 같은 글로벌 회계법인도 마찬가지다. 매출이 크고 업계 영향력도 절대적이다. 하지만 이런 거대한 서비스 기업들은 S&P 500에서 찾아보기 어렵다.

왜냐하면 법률과 회계 서비스는 확장성에 근본적 한계가 있기 때문이다. 법률, 회계, 간호, 컨설팅 같은 전통 서비스 업종은 사회에 반드시 필요한 가치를 창출한다. 하지만 그 가치 창출 방식이 '사람'

과 '사람의 시간'에 절대적으로 의존하는 구조에 갇혀 있다. 변호사가 계약서를 검토하는 시간은 물리적으로 제한돼 있고, 간호사가 동시에 돌볼 수 있는 환자 수도 한정적이다. 아무리 뛰어난 전문가라도 하루는 24시간이고, 인간의 집중력과 체력에는 한계가 있다.

이는 기술 기업과 서비스 기업 사이의 결정적 차이점이다. 소프트웨어는 한 번 만들어지면 복제 비용이 거의 제로에 가깝지만, 서비스는 매번 인간의 시간과 노력을 새롭게 투입해야 한다. AI 혁명은 이 고착화된 구조에 균열을 만들고 있다.

이를 이해하기 위해서는 먼저 일(work)과 자리(job)를 구분해서 생각해 볼 필요가 있다. 일은 사회가 실제로 필요로 하는 과업을 의미한다. 법률 자문을 구하고, 회계 장부를 검증하고, 환자를 간호하는 것 같은 실질적인 활동들이다. 이런 일들은 사회가 존재하는 한 계속 필요할 것이다.

자리는 그런 일을 수행하는 전통적인 직업군을 뜻한다. 변호사, 회계사, 간호사처럼 특정한 교육을 받고 자격을 갖춘 사람들이 독점적으로 담당해 온 역할들이다. 과거에는 이 둘이 거의 1:1로 대응됐다. 변호사의 일은 변호사만 할 수 있고, 간호사의 일은 간호사만 할 수 있는 것이 당연했다. 하지만 AI 기술의 발전은 이런 결합을 해체하고 있다.

가령 계약서 검토라는 일을 생각해 보면 이것은 여전히 사회에 필요한 중요한 업무다. 하지만 이제 이 일을 수행하는 주체가 반드시 변호사라는 자리에 있는 사람일 필요는 없어지고 있다. AI가 수천 페이지의 계약서를 몇 초 만에 분석하고, 잠재적 위험 요소를 찾아낼 수 있게 됐기 때문이다. 서비스업에서도 일을 사람이 하지 않는다는 뜻이다.

일/자리 디커플링과 함께 이해해야 할 또 다른 현상이 직/업 디커플링이다. 여기서 직(job)은 개인이 현재 맡고 있는 구체적인 역할과 직무를 의미하고, 업(occupation)은 사회적으로 정의된 직업군, 즉 전문 영역 전체를 뜻한다.

전통적으로 변호사라는 업에 속한 사람은 법률 자문, 문서 작성, 법률 리서치, 협상, 법정 변론 등 다양한 직을 모두 담당했다. 이 모든 역할이 '변호사'라는 하나의 업 안에서 통합적으로 이뤄졌다. 하지만 AI 시대에는 이런 통합된 구조가 해체되고 있다. 법률 리서치나 문서 작성 같은 직은 AI가 더 빠르고 정확하게 수행할 수 있게 됐고, 협상이나 복잡한 판단이 필요한 직은 여전히 인간의 영역으로 남아 있다. 즉 하나의 업이 AI와 인간이 나누어 맡는 다중 직 구조로 분해되는 것이다.

이런 변화는 기존 전문직의 정체성과 권위에도 큰 영향을 미친다. '변호사만 할 수 있다'는 독점적 지위가 흔들리고, 각각의 직 단위에서 AI와 인간 사이의 경쟁, 또는 협업이 이뤄지게 된다.

이런 디커플링 현상이 만드는 가장 중요한 결과는 AI 기업이 서비스 영역에 진출할 수 있는 길이 열린다는 것이다. 과거 의료, 법률, 회계 같은 영역은 해당 전문가들의 독점 영역이었지만 이제 AI 기술을 가진 소프트웨어 기업들이 이 영역의 상당 부분을 담당할 수 있게 됐다.

의료 AI 기업이 간호사의 일부 업무를 자동화하고, 리걸테크

(legaltech) 법률 기업이 변호사의 문서 작업을 대체하며, 핀테크 회사가 회계사의 업무를 소프트웨어로 구현하는 것이 현실이 되고 있다. 이런 변화의 핵심은 노동집약적이던 서비스 업종이 확장 가능한 소프트웨어 기업으로 전환된다는 점이다.

실리콘밸리를 대표하는 벤처캐피털인 세콰이어캐피털(Sequoia Capital)은 이를 '인지혁명(Cognitive Revolution)'이라고 불렀다. 반도체나 플랫폼 기업이 시가총액을 지배하던 시대를 넘어 이제 AI 서비스 기업들이 다음 S&P 500의 리더가 될 가능성이 높다고 분석했다. 결국 '자격증'의 시대가 끝날 수 있다는 것인데, 기존 자격증을 가진 직업군의 광범위한 저항이 예상되는 부분이기도 하다.

이런 구조적 변화는 개인의 삶과 사회 전체에 광범위한 영향을 미칠 것이다. AI가 바꾸는 세상은 광범위하고 깊은데 이를 얼마나 막을 수 있을지 누구도 예상할 수 없다. 때문에 직업에 대한 정체성이 근본적으로 바뀔 가능성이 높다.

"나는 변호사다"라고 말하는 대신 "나는 법률 관련 업무 중 특정 역할을 AI와 함께 수행한다"라는 식으로 자신을 정의하게 될 것이다. 이는 직업 안정성보다는 각각의 직 단위에서 필요한 역량의 적응성이 더 중요해진다는 의미다.

교육과 자격 제도도 대대적인 개편이 필요할 것이다. 업 단위로 설계된 기존의 전문대학원 과정이나 자격증 제도는 의미가 퇴색될 수 있다. 대신 구체적인 직 스킬 단위로 교육하고 재교육하는 시스템이 더 중요해질 것이다.

중요한 것은 이런 변화를 단순히 일자리의 감소나 위기로만 바라볼 것이 아니라, 새로운 기회의 창출 과정으로 봐야 한다는 점이다. 일 자체는 사라지지 않는다. 사회는 여전히 법률 자문과 회계 감사, 의료 서비스를 필요로 할 것이다. 다만 그런 일을 수행하는 방식과 주체가 변화할 뿐이다. 인간이 독점했던 자리(job)의 일부는 AI가 차지하게 되겠지만 동시에 AI와 협업하는 새로운 형태의 하이브리드 직종들도 등장할 것이다.

결국 AI 혁명이 촉진하는 일/자리 디커플링과 직/업 디커플링은 기존의 노동집약적 서비스 산업의 구조적 한계를 극복하고, 소프트웨어형 AI 서비스 기업이 초대형 기업으로 성장할 수 있는 길을 여는 역사적 전환점이 될 것이다. 이 변화의 물결에 어떻게 대응하느냐에 따라 개인과 기업, 그리고 국가의 미래 경쟁력이 결정될 것이다.

2025년의 노동 시장 변화

실리콘밸리의 대규모 감원이 뜻하는 것

2025년은 글로벌 빅테크들이 AI 인프라에 막대한 투자를 이어가는 동시에 대규모 인력 감축을 단행하는 역설적인 현상이 뚜렷하게 나타난 해였다. 특히 마이크로소프트(MS)는 2025년에만 세 차례에 걸쳐 총 9,000명 이상의 대규모 감원을 단행했다.

이 같은 움직임은 단순히 경기 침체로 인한 비용 절감 차원의 구조조정과는 다른 의미를 지닌다. MS의 감원은 AI를 통해 업무 효율성을 극대화하고 이를 통해 절감된 인건비를 AI 인프라 구축 및 최고급 AI 인재 확보에 재투자하는 전략적 패러다임의 전환이다. 이 같은 움직임은 2026년, 빅테크를 넘어 전체 S&P 500기업으로 확산될 전망이다.

AI로 자동화하기 쉬운 단순 반복 업무와 중간관리직이 주요 감원 대상이었다. MS 게이밍 부문 CEO가 "관리 계층을 제거하여 유연성과 효율성을 높이겠다"라고 밝힌 것처럼 AI는 데이터 분석, 문서 작업, 보고서 작성 등 반복적이고 정형화된 업무를 자동화함으로써 중간관리직이 수행하던 역할의 상당 부분을 대체하기 시작했다. 이는 기업이 더 이상 특정 '자리'에 의존하지 않고 AI라는 도구를 통해 '일' 자체를 재정의하는 움직임을 보여준다.

'일'은 남고 '자리'는 사라지다

스탠퍼드대학교 디지털이코노미 랩이 데이터 업체 ADP의 민간 고용 자료를 활용해 생성형 AI가 노동 시장에 미친 영향을 정밀하게 분석한 결과, AI 노출 지수가 높은 직업군에서 사회 초년층의 고용이 감소했다. 소프트웨어 엔지니어, 고객 서비스, 회계, 사무 보조원 등의 직종에서 2022년 이후 초년층의 고용이 13%에서 최대 20%까지 감소한 것이다. 반면, 같은 직종의 경력직이나 AI 노출도가 낮은 직업군(간호사, 교수, 현장 생산직 등)에서는 고용이 안정적이거나 오히려 증가했다.

이러한 현상은 AI가 '암묵적 지식(tacit knowledge)'이 적은 초급 업무를 효과적으로 대체하고 있음을 나타낸다. AI는 문서화되고 규격화된 지식, 즉 '학교에서 배우는 지식(book learning)'을 기반으로 한 작업을 효율적으로 처리하는 반면, 오랜 경험을 통해 체득한 노하우와 복잡한 상황 판단, 사람 간의 소통 및 관계 관리와 같은 암묵적 지식은 아직 모방하기 어렵다.

기존 기업은 신입 인력을 대규모로 채용하고 교육하는 비용을 절감하는 대신, AI 솔루션을 도입하여 즉각적인 효율을 얻는 것을 선호하는 경향이 짙어질 것으로 예상된다. AI가 기존 직무를 단순히 대체하는 것을 넘어, 각 직무를 구성하는 특정한 일을 재정의하고 있는 것이다.

AI 인재 전쟁의 심화

글로벌 빅테크의 AI 인재 쟁탈전

AI가 기존 일자리를 대체하는 동시에, AI 시스템 자체를 설계하고 고도화할 수 있는 소수의 최고급 핵심 인재에 대한 수요는 기하급수적으로 증가할 예상이다. 이러한 인재 확보를 위한 글로벌 기업 간의 경쟁은 단순한 채용 전쟁을 넘어 총력전의 양상을 띠고 있다.

대표적인 사례가 바로 메타가 AI 연구 역량을 재편하여 설립한 메타 슈퍼인텔리전스 랩(Meta Superintelligence Labs, MSL)이다. MSL은

AI 노출도에 따른 직업별 고용 변화 및 작업 재편(2022~2025년)

직업군 (AI 노출도)	AI가 대체/자동화되는 일의 예시	AI와 협업/고도화되는 일의 예시	고용 변화 특징
소프트웨어 개발자 (높음)	단순한 코드 작성 및 버그 수정, 반복적인 테스트	복잡한 시스템 아키텍처 설계, 창의적인 문제 해결, AI 모델 훈련	초년층 고용 감소(20%)
회계사/감사원 (높음)	영수증 및 전표 정리, 비용 처리, 정형화된 데이터 감사	재무 데이터 기반의 비즈니스 전략 수립, 복잡한 재무 모델링, 회계 부정 탐지	초년층 고용 감소(13%)
고객 서비스 대표 (높음)	간단한 고객 문의 응대, 서류 처리, 자동 응답	복잡한 문제 해결, 고객 정서적 공감, 인간적 관계 형성	초년층 고용 감소(20%)
사무 보조원/비서 (높음)	회의 자료 병합, 일정 관리, 데이터 입력	복합적인 사무 프로세스 최적화, 대외 커뮤니케이션, 관리자 보조	고용 감소
간호사/의사(낮음)	단순한 환자 기록 관리, 비접촉 의료 보조	환자와의 심리적 교감, 복잡한 질병 진단 및 치료 계획 수립, 수술	고용 안정/증가
관리직(낮음)	정형화된 데이터 기반 보고서 작성	팀원 동기 부여, 창의적 문제 해결, 리더십 발휘	고용 안정/증가
현장 생산직(낮음)	단순 반복 조립, 물류 운송	품질 관리, 시스템 설계 및 유지보수	고용 안정/증가

출처: 〈AI 2027〉

대규모언어모델 개발을 총괄하는 TBD 랩과 장기 기초 연구를 담당하는 FAIR 등 네 개 팀으로 구성됐다. 이 조직 개편은 메타가 단순한 AI 기능 개발을 넘어, AGI 또는 그 이상인 초지능 분야의 주도권을 확보하겠다는 의지를 강력하게 보여준다.

메타의 MSL 설립은 AI 산업의 경쟁이 단순히 제품 싸움이 아닌,

소수의 최고급 핵심 인재를 확보하는 것에 달려 있음을 상징한다. AI가 반복적이고 정형화된 일자리를 대체하는 것과 동시에, AI 시스템을 설계하고 고도화할 수 있는 소수의 슈퍼 엘리트 인재에 대한 수요는 그 어떤 때보다 폭발적으로 증가하고 있는 상황이다. 이는 일/자리 디커플링 현상이 노동 시장의 양극화와 인재 전쟁을 동시에 가속화하는 원인임을 명확히 보여준다.

AI 인재 부족과 몸값의 급등

AI 인재에 대한 수요는 공급을 훨씬 초과하고 있으며 이는 인재들의 몸값 급등으로 이어지고 있다. 생성형 AI 전문가의 연봉이 많게는 50%까지 인상되고 AI 및 머신러닝 엔지니어들은 이직 시 20~30%의 연봉 상승이 일반화되고 있다. "AI 인재 1명이 1,000억 원의 GPU보다 낫다"라는 업계의 평가는 AI 하드웨어 인프라 투자만큼이나 최고급 인재 확보가 기업의 미래를 결정하는 핵심 요소임을 단적으로 보여준다.

이러한 인재 부족은 채용 시장의 기준도 변화시키고 있다. 기존의 학력이나 전공 대신 '스킬 기반 역량'을 핵심 채용 기준으로 삼는 현상이 나타난다. 기업의 99%가 비기술 직군에도 AI 역량을 요구하는 등 AI 리터러시는 모든 직무의 기본이 되고 있다. 이는 기업들이 장기적인 인재 파이프라인 구축보다는 당장 필요한 인력을 확보하는 데 급급하다는 점을 시사하며, 향후 기업 경쟁력을 약화시키는 구조적인 문제로 이어질 수 있다.

'AI 강국'과 '인재 유출국' 사이에서

글로벌 AI 인재 전쟁 속에서 대한민국은 'AI 강국'과 '인재 유출국'이라는 두 가지 평가를 동시에 받고 있다. 대한상공회의소 지속성장 이니셔티브 보고서에 따르면, 한국은 인구 1만 명당 AI 인재 순유출이 -0.36명으로, OECD 38개국 중 35위에 달한다. 이는 룩셈부르크(+8.92명), 독일(+2.13명), 미국(+1.07명) 등 인재 순유입국과 극명한 대조를 이룬다. 국내 AI 인력 부족 규모는 2023년 8,579명까지 급증했으며 특히 AI 개발자 부족이 심각한 상황이다.

이러한 인재 유출의 주요 원인으로는 해외에 비해 열악한 연구 환경, 낮은 보상, 그리고 국제 협력 기회의 한계가 지적된다. 또 한국 납세자가 투자한 공교육비(대졸자 1명당 약 2억 1,483만 원)가 해외 유출 시 발생하는 세수 손실(약 3억 4,067만 원)로 이어지는 구조적 문제도 심화되고 있다.

한국 정부는 AI 3대 강국을 목표로 2026년까지 총 54조 원의 예산을 투입하고, 1만 1,000명의 AI 전문 인력을 양성하겠다는 계획을 발표했다. 중등 교육에 AI 교과 과정을 편성하고 영재학교의 AI 교육을 지원하는 등 인재 육성에 주력할 예정이다. 그러나 이러한 정책은 주로 인력 양성이라는 공급 측면에 집중돼 있어 인재 유출 방지와 해외 인재 유치라는 수요-유통 측면의 구조적 문제를 해결하기에는 역부족이다.

2024년 기준 AI 인재 순유입/순유출 현황(주요 국가 비교)

국가	인구 1만 명당 AI 인재 순유입/순유출(2024년 기준)	비고
룩셈부르크	+8.92명	AI 인재 순유입 1위
독일	+2.13명	주요 인재 유입국
미국	+1.07명	AI 인재의 중심지
중국	−0.11명	인재 유출 추세
일본	−0.28명	인재 유출 추세
대한민국	−0.36명	OECD 38개국 중 35위 (최하위권)

출처: 〈AI 2027〉

일자리 시장의 미래

AI와 협업하는 '증강 노동자'의 부상

AI는 특정 직업을 완전히 대체하기보다, 인간 노동자를 보조하여 생산성을 극대화하는 디지털 동료 역할을 수행할 것으로 예상된다. 이처럼 AI 기술을 활용하여 업무 능력을 향상시키는 '증강 노동자(augmented worker)'가 부상할 것이다.

가령 회계사는 AI를 통해 비용 처리나 데이터 감사 등 반복적인 업무를 자동화하고, 이를 통해 확보된 시간을 비즈니스 전략 수립과 같은 고부가가치 업무에 투자할 수 있다. 의료진은 AI가 분석한 방사선 사진 데이터를 기반으로 질병을 진단하며, 제조업에서는 AI가 반복적인 조립 라인을 담당하고 인간은 설계와 품질 관리에 집중한다.

AI가 단순 업무를 대체함에 따라, 인간에게는 AI가 모방하기 어려운 핵심 역량이 요구된다. 이를테면 비판적 사고, 창의성, 감성지능, 적응성, 그리고 평생학습 능력이 필요하다. 챗GPT 같은 AI와 상호작용하기 위한 명확한 커뮤니케이션 능력, 그리고 AI가 생성한 결과물의 부정확성을 평가하고 검증하기 위한 비판적 사고력은 필수적인 생존 역량이 될 것이다.

AI 네이티브 직업군의 탄생

AI 기술의 발전은 기존 직업을 변화시킬 뿐만 아니라, 완전히 새로운 직업군을 탄생시킬 것으로 예상된다. 이들은 AI 기술을 기반으로 하면서도 인간의 창의성, 윤리적 판단, 커뮤니케이션 능력을 필요로 하는 하이브리드 직업이다.

대표적인 예로는 AI 모델에 최적의 지시문을 설계하는 프롬프트 엔지니어가 있다. 이들은 AI의 잠재력을 최대한 끌어내기 위해 언어적 기술과 창의적 표현을 모두 활용하여 쿼리(query, 데이터를 요청하는 명령)를 만들고, 이를 통해 고품질의 콘텐츠를 생성하는 데 중추적인 역할을 한다. 또 AI 시스템을 훈련시켜 성능을 개선하는 AI 트레이너와 AI의 윤리적·법적 문제를 다루는 AI 윤리 전문가 역시 새롭게 부상하는 직업군이다.

이와 함께 2026년부터 본격화될 AI 에이전트 시대는 마치 24시간 일하는 디지털 직원처럼 비즈니스 프로세스를 자동화하고 확장하는 강력한 도구가 될 것으로 예상된다. 또 마케팅 전략 수립, 콘텐츠 제

AI 시대 핵심 역량 및 업스킬링 전략

필수 역량	왜 중요한가?	구체적인 강화 방안
비판적 사고	AI가 생성한 정보의 오류와 편향을 식별하고, 복잡한 문제를 분석하여 효과적인 해결책을 찾기 위해 필수적	논리적 사고 개발, 다양한 관점 고려, 데이터 분석 기술 습득
창의성	정형화된 사고에서 벗어나 새로운 아이디어를 떠올리고, 혁신적인 가치를 창출하는 데 필수적	다양한 경험 쌓기, 새로운 접근법 시도, 실패를 두려워하지 않는 태도 함양
감성지능	인간과 AI의 상호작용에서 인간적인 측면을 강조하고, 팀 내 협력과 소통을 원활하게 하여 리더십과 관계를 구축	명상, 감정일지 작성, 적극적인 경청과 대화 연습
디지털 리터러시	방대한 데이터를 기반으로 작동하는 AI를 이해하고, 디지털 도구 및 플랫폼을 효과적으로 활용하기 위해 필수적	디지털 도구 사용법 배우기, 실제 프로젝트에 적용, 최신 기술 동향 습득
평생학습 및 적응성	빠르게 변화하는 기술 환경에 맞춰 지속적으로 새로운 지식과 기술을 습득하고, 다양한 상황에서 문제를 해결하는 능력	새로운 기회와 도전에 대한 수용, 의도적으로 안전지대 벗어나기, 회복탄력성 강화

출처: 〈AI 2027〉

작, 고객 응대 등 다양한 업무를 AI가 대신하면서, 한 사람의 개인이 거대한 조직의 일을 감당하는 1인 기업가의 시대가 현실화될 것으로 보인다. 이들에게 필요한 핵심은 AI를 뛰어넘는 독창적인 취향(taste)과 시장을 선점하는 유통(distribution) 능력이다.

AI가 제품을 저렴하게 만들 수 있는 미래에는, 더 좋은 아이디어를 더 빠르고 저렴하게 배포하는 능력이 성공의 유일한 이점이 될 것이다.

AI 인재 전쟁에서 승리하려면

2025년은 AI가 기존의 '자리'를 제거하고 '일'의 본질을 재정의하기 시작한 해였다. 이 과정에서 단순 반복 업무에 종사하는 초년층의 일자리가 위협받았으며, 기업들은 AI를 통해 얻은 효율성으로 핵심 인재 확보에 전력을 다했다. 이러한 현상은 AI 인재의 몸값을 천정부지로 끌어올리는 동시에, 한국과 같이 인재 유출이 심각한 국가의 구조적 취약성을 노출했다. 즉 AI는 일자리 시장의 양극화를 가속화하고, 소수의 슈퍼 엘리트 인재를 위한 무한 경쟁의 시대를 열었다.

2026년에도 AI는 지속적으로 발전하며, 비기술 직군을 포함한 모든 업무에 스며들어 디커플링 현상을 심화시킬 것이다. 기업의 AI 인프라 투자 경쟁은 더욱 치열해질 것이며, 이는 소수의 최고급 인재에 대한 수요를 더욱 폭증시킬 것이다. 결과적으로 인재 확보에 성공한 기업과 국가, 그리고 그렇지 못한 기업과 국가 간의 격차는 돌이킬 수 없을 만큼 벌어질 것이다. 특히 AI 기술 주권과 안보의 중요성이 커지면서 AI 인재 전쟁은 단순한 경제적 경쟁을 넘어 국가 경쟁력의 핵심 변수로 작용할 전망이다.

정부는 단순히 AI 인력 '양성' 규모를 늘리는 공급 중심 정책에서 벗어나, 최고급 인재들이 국내에 머무르거나 해외에서 유입될 수 있도록 보상체계, 연구 환경, 국제 협력 기회를 획기적으로 개선하는 '두뇌 유입(brain gain)' 전략을 추진해야 한다. 이를 위해 파격적인 인센티브와 연구 자율성을 보장하는 정책이 필요하다.

각 기업들은 AI를 단순히 비용 절감 수단으로 보는 단기적 관점을 넘어, 인력 운영의 패러다임을 전환해야 한다. AI 인프라 투자와 함께, AI 시대에 필수적인 역량을 갖춘 인재를 고가에 확보하고 기존 인력에게는 AI와 협업하는 증강 노동자로 거듭날 수 있는 재교육 및 업스킬링 프로그램을 전면적으로 도입해야 한다.

각 개인은 '자리'에 안주하지 않고, '일'의 본질에 집중해야 한다. AI가 대체할 수 있는 단순하고 반복적인 과업에서 벗어나 비판적 사고, 창의성, 감성지능 등 인간 고유의 영역을 확장하고, AI를 능숙하게 다루는 AI 리터러시를 갖추는 데 전력해야 한다.

AI를 두려워하는 대신, 나의 일을 혁신하는 도구로 활용하는 전략적 사고가 필요하다.

<손재권 CEO>

4장
AI 규제, 혁신과 신뢰 사이의 줄타기

AI 규제의 시대가 온다

생성형 인공지능은 인류 사회에 근본적인 변화를 가져올 잠재력을 지니고 있으며, 그 변화는 이미 시작됐다. AI 기술은 높은 성장성과 막대한 잠재가치로 인해 전 세계 각국이 주목하는 핵심 성장 동력으로 자리 잡았다. 그러나 초지능을 향한 가속화는 기회만큼이나 위험을 동반한다. 의료 진단과 금융 거래, 교통과 물류, 창작과 미디어까지 인간의 판단과 노동을 대체하는 속도는 예상을 훌쩍 넘어섰다. 인공지능이 불러올 사회적·경제적 충격이 단순한 기술 발전의 문제가 아니라는 경고가 곳곳에서 나오고 있다.

무엇보다 신뢰와 책임 없는 AI의 확산은 사회적 재앙으로 이어질 수 있다. 개인정보 침해, 알고리즘 편향, 예측 불가능한 안전성 문제는 이미 현실화된 우려다. 따라서 AI의 발전은 기술 자체의 문제가 아니라 규제와 윤리의 문제로 이어진다. AI가 인류의 기회가 될지, 혹은 위기가 될지는 결국 사회가 어떤 제도적 장치를 마련하고, 얼마나 책임 있는 방향으로 기술을 다루느냐에 달려 있다.

이런 맥락에서 '책임감 있는 AI(Responsible AI)'는 선택이 아닌 필수 과제다. 규제와 윤리가 뒷받침되지 않는 AI의 발전은 지속가능하지 않으며, 신뢰 없는 혁신은 결국 성장의 발목을 잡을 수밖에 없다. AI의 파급력은 단순한 기술 성취를 넘어 사회 전반과 국제 질서까지 확장되고 있으며, 과거 혁신이 생산성 향상에 머물렀다면 이제는 정보의 신뢰성, 국가 안보, 경제 질서에까지 직결되는 새로운 차원의 리스크를 만들어내고 있다.

이러한 위험은 기술적 취약성에서 비롯될 뿐 아니라 노동 시장, 정치, 산업 안전성 문제로 이어진다. 결국 중요한 것은 속도를 따라잡는 것이 아니라, 다층적 위험을 관리할 사회적·제도적 안전망을 구축하는 일이다. 바로 그렇기 때문에 지금은 각국이 어떠한 규제와 법제, 거버넌스 체계를 마련하고 있는지를 살펴보는 일이 무엇보다 중요하다.

유럽연합의 AI 규제

유럽연합의 인공지능법(AI Act)은 AI 기술의 급속한 발전과 광범위한 적용에 따른 윤리적·법적·사회적 영향에 대응하기 위해 마련된 최초의 포괄적인 AI 규제 법안이다. 유럽은 과거 GDPR을 통해 글로벌 규제의 표준을 사실상 선점한 경험이 있다. 인공지능법 역시 같은 맥락에서 기술 규제 패권이라는 새로운 영역을 확보하려는 전략적 의미가 담겨 있다.

인공지능법은 2024년 3월 유럽의회에서 통과된 이후 5월 유럽이사회에서 최종 승인됐으며, 단계적으로 시행 예정이다. 위험 수준에 따라 AI 시스템을 분류하는 것이 주요 특징이다.

위험도에 따른 AI 시스템 분류

수용 불가 AI 시스템

인공지능법은 모든 AI를 동일하게 보지 않고 사용 목적과 사회적 영향에 따라 네 가지 등급으로 나눈다. 인간의 자유와 권리를 근본적으로 침해할 수 있는 시스템은 전면 금지된다. 명문화된 특별한 예외가 없는 한 사용 자체가 금지된다. AI 시스템이 인간의 존엄성, 자유, 평등, 차별 금지, 민주주의 및 법치 존중과 같은 기본가치를 위배하는 경우 공공, 민간을 불문하고 그 사용을 금지한다.

인공지능법은 금지가 필요한 AI 시스템의 예시를 들어 규정하고, 해당 AI 시스템이 출시되거나 서비스가 제공되는 것을 말 그대로 금지한다. 위반 시 최대 3,500만 유로와 직전년 매출액의 최대 7% 중 더 큰 금액으로 제재금이 부과된다.

고위험 AI 시스템

고위험 AI 시스템에는 생체 인식, 중요 인프라, 교육, 필수 서비스, 법 집행, 이주 및 사법에 사용되는 AI 등이 포함된다. 자율주행차, 채용 알고리즘, 의료 AI 진단 시스템 등이다. 고위험 AI 시스템은 엄격한 인증과 감사 절차를 거쳐야 하고, 데이터 품질, 알고리즘 설명 가능성, 안전성 테스트가 필수로 요구된다.

규정 위반 시 최대 1,500만 유로와 직전년 매출액의 최대 3% 중 더 큰 금액으로 벌금이 부과된다.

제한된 위험성을 갖는 AI 시스템

사람과 상호작용 중 딥페이크와 같이 비인격화, 기만, 조작 등의 문제를 일으킬 수 있는 기술은 제한된 위험성을 갖는 AI 시스템으로 분류한다. 이러한 시스템에는 투명성 의무가 부과되며, 이를 통해 사용자는 AI와의 상호작용을 명확히 인지할 수 있어 잠재적인 위험으로부터 보호받을 수 있다.

즉 "이 대화는 AI가 응답하고 있다"라거나 "이 영상은 합성된 콘텐츠다"라는 고지 의무가 부과된다. 인증기관과 관할 당국에 부정확하고 불완전하며 오해의 소지가 있는 정보를 제공한 경우 최대 750만 유로와 직전년 매출액의 최대 1% 중 더 큰 금액으로 벌금이 부과된다.

저위험 AI 시스템

게임 AI, 단순 자동화 서비스 등은 규제에서 상대적으로 자유롭다. 다만 기본적인 윤리 원칙과 개인정보 보호 기준은 여전히 적용된다.

이와 같은 분류체계는 단순히 규제를 강화하는 것이 아니라, 안전한 AI 활용을 위한 '차등적 관리'라는 점에서 의의가 있다.

인공지능법의 주요 규제 항목

인공지능법의 주요 조항에는 고위험 AI에 대한 사전 인증과 사후 감사가 포함된다. 기업은 AI 모델을 시장에 내놓기 전에 안전성·데이터 품질·편향성 검증을 통과해야 하며, 이후에도 지속적으로 모니터링을 받아야 한다. 또 챗봇, 추천 알고리즘, 생성형 AI 등은 투명성이 핵심이다. 사용자는 언제 AI와 상호작용하고 있는지, 어떤 데이터와 알고리즘이 결과를 도출했는지 알 권리를 가진다. 이는 기술의 '설명가능성(explainability)'을 제도적으로 강제하는 시도라 할 수 있다.

데이터 주권 강화

인공지능법은 기존 GDPR 체계와 긴밀히 맞물려 있다. AI가 학습하고 작동하기 위해서는 방대한 데이터가 필요하다. 따라서 데이터의 수집·활용·보관 단계에서 개인정보 보호와 데이터 주권을 침해하지 않도록 철저히 관리해야 한다. GDPR이 개인정보의 사용 권한을 개인에게 돌려준 것처럼, 인공지능법은 AI의 활용 과정에서도 동일한 원칙을 관철하려는 것이다. 이는 유럽이 단순히 기술의 안전성뿐 아니라 인권과 민주적 가치를 핵심 기준으로 삼고 있음을 보여준다.

산업에 미치는 영향

물론 이러한 규제 접근은 산업계, 특히 스타트업에게 상당한 부담이 될 수 있다. 고위험 AI로 분류된 기업은 인증과 감사 절차에 막대한 시간과 비용을 투입해야 하며, 법률 자문과 컴플라이언스 체계를 구축해야 한다. 이는 자본력 있는 대기업에게는 진입 장벽을 높여주는 반면, 초기 기업에는 혁신을 가로막는 족쇄로 작용할 수 있다. 실제로 유럽 스타트업 업계에서는 규제 과잉이 기술의 탈유럽화를 초래할 수 있다는 우려가 꾸준히 제기된다.

반면 이 과정을 충족한 기업은 '신뢰할 수 있는 AI'라는 강력한 브랜드를 확보할 수 있다. 글로벌 시장에서 안전성과 윤리성이 입증된 기업은 장기적으로 경쟁 우위를 확보할 가능성이 높다. 유럽이 의도하는 바도 바로 이 지점이다. 단기적으로는 비용이 들더라도 장기적으로 글로벌 표준을 선도하며 신뢰의 경제를 구축하겠다는 것이다.

결국 유럽연합의 인공지능법은 기술 규제라기보다 사회적 계약에 가깝다. AI가 개인의 권리와 자유를 위협하지 않도록 제도적 울타리를 마련하고, 이를 통해 글로벌 시장에서 '신뢰'라는 가치를 수출하려는 것이다. 과거 GDPR이 전 세계 개인정보 보호 기준을 사실상 통일시킨 것처럼, 인공지능법 역시 가까운 미래에 국제 규제 표준으로 자리 잡을 가능성이 크다.

미국의 AI 정책과 규제

미국은 오랫동안 혁신 우선주의를 기치로 내세워왔다. 실리콘밸리를 중심으로 세계를 선도하는 기술 기업들이 탄생할 수 있었던 배경에는 상대적으로 느슨한 규제 환경이 있었다. 그러나 인공지능이 가져올 사회적 파급력과 지정학적 영향력이 커지면서, 미국 정부 역시 규제와 관리의 필요성을 적극적으로 다루고 있다.

최근 몇 년간 워싱턴은 AI를 단순한 산업 혁신의 산물이 아니라 국가 안보와 사회 신뢰에 직결되는 핵심 의제로 다뤄왔다. 2023년 10월 발표된 바이든 행정부의 'AI 행정명령'은 미국의 AI 정책 전환을 보여주는 상징적인 조치다. 이 명령은 AI의 안전성과 보안성을 강화하고, 연방 정부가 AI를 활용하는 방식에 명확한 가이드라인을 부여하는 것을 목표로 했다. 그러나 최근에는 트럼프 행정부가 이를 철회하고 AI 주도권 확보에 초점을 맞춘 행정명령에 서명하면서 각 행정부의 정책적 변화가 나타나고 있다.

신뢰할 수 있는 AI의 7대 원칙

미국의 AI 규제는 국립표준기술연구소(National Institute of Standards and Technology, NIST)가 2023년 초 발표한 'AI 위험 관리 프레임워크(Risk Management Framework, RMF)'에 토대를 두고 있다. 이 프레임워크는 '신뢰할 수 있는 AI(Trustworthy AI)'를 실현하기 위한 7대 원칙을 제시한다. 바로 ① 안전성 ② 보안성 ③ 투명성 ④ 공정성 ⑤ 책임성 ⑥ 지속가능성 ⑦ 개선 가능성이다.

　강제 규정은 아니지만, 연방 기관과 민간 기업이 AI를 설계·도입·운영하는 과정에서 준수해야 할 사실상의 표준으로 자리 잡았다. 마치 과거 사이버 보안 분야에서 NIST 가이드라인이 글로벌 기준이 된 것처럼, AI RMF도 미국식 AI 거버넌스의 토대가 되고 있다.

규제기관의 역할 확대

AI가 시장과 소비자에게 미칠 영향을 고려할 때, 규제기관의 역할도 갈수록 커지고 있다. 연방거래위원회(Federal Trade Commission, FTC)는 소비자 보호와 독점 방지 차원에서 AI의 활용을 주시하고 있다. 예컨대 AI가 허위 광고를 생성하거나 특정 집단을 차별하는 방식으로 작동할 경우, 이는 불공정 거래 행위로 간주될 수 있다. 법무부 역시 반독점법 집행을 통해 빅테크가 AI 시장에서 과도한 지배력을 행사하지 못하도록 견제한다.

　최근 AI 기반 추천 알고리즘이 경쟁을 왜곡하거나 소비자 선택권을 제한하는 사례가 논란이 되면서, 이러한 기관의 개입은 더욱 강화되고 있다. 결국 미국의 규제는 기술 자체보다는 AI의 활용 결과가 소비자 권익과 시장 경쟁에 미치는 영향을 중심으로 이뤄지는 셈이다.

주 단위의 규제

연방 차원의 대응과는 별개로, 주 단위에서도 AI와 데이터 관련 법률이 속속 제정되고 있다. 대표적인 것이 '캘리포니아 소비자 프라이버

시법'이다. GDPR을 벤치마킹해 개인정보 보호와 데이터 활용의 투명성을 강화한 것으로, 미국 내에서 가장 강력한 프라이버시 규제 중 하나로 꼽힌다. 또 일리노이주의 '생체정보보호법'은 얼굴과 지문 등 생체 데이터를 활용하는 기업에 엄격한 동의 절차와 보관 규정을 부과한다. 이 법을 위반한 메타와 구글이 수천억 원대의 합의금을 물었던 사례는 AI 규제의 실질적 파급력을 보여준다.

이처럼 주 단위 규제는 실험적 성격을 띠지만, 결과적으로 연방 차원의 법 제정에도 큰 영향을 미친다. 미국은 다양한 주법이 규제의 실험실 역할을 하며, 성공적인 모델이 연방 수준으로 확산되는 구조다.

민간 주도의 자율 규제

미국의 AI 규제 환경에서 가장 주목할 만한 특징은 민간 기업의 자율 규제다. 마이크로소프트, 구글, 오픈AI 등 주요 빅테크들은 AI 윤리 원칙과 내부 지침을 앞다퉈 공개하고 있다. 구글은 이미 2018년에 'AI 원칙'을 발표하며 군사용 AI 개발에 참여하지 않겠다고 선언했다. 마이크로소프트는 '책임 있는 AI 기준(Responsible AI Standard)'을 마련해 개발자들이 반드시 따를 윤리적 기준을 제시하고 있다. 오픈AI 역시 안전과 정렬(alignment)을 최우선 과제로 내세우며 외부 자문위원회를 운영한다.

이러한 움직임은 단순한 이미지 제고를 넘어 규제 당국과의 관계 설정에도 중요한 전략으로 작용한다. 정부가 강제하기 전에 스스로 윤리적 책임을 다하고 있다는 메시지를 통해, 향후 법적 규제를 완화하거나 협상력을 높이려는 포석이다.

종합적으로 보면, 미국의 AI 정책은 혁신을 억제하지 않으면서도 사회적 신뢰를 확보하는 절충안을 지향하고 있다. 유럽연합처럼 촘촘한 사전 규제를 도입하지는 않지만, 안전성 평가, 프라이버시 보호, 소비자 권익 보장을 통해 최소한의 안전망을 마련하려는 것이다.

결국 미국식 접근법은 자유 시장의 역동성을 살리면서도, 위험이 현실화될 경우 신속하게 개입할 수 있는 사후적 규제 모델이라고 할 수 있다.

중국의 AI 정책

생성형 AI 등록제

중국은 인공지능을 단순한 산업 혁신의 도구로만 보지 않는다. AI는 경제 성장의 새로운 엔진인 동시에 체제 안정을 유지하는 중요한 수단이다. 따라서 중국의 AI 규제 전략은 기술 진흥과 함께 정치적 통제라는 두 축 위에 놓여 있다.

2023년 중국은 생성형 AI 서비스 등록제를 시행했다. 챗봇, 이미지·영상 생성기 등 대규모언어모델을 활용한 서비스를 제공하려는 기업은 반드시 정부 당국에 모델을 등록하고 심사를 거쳐야 한다. 이는 단순한 기술 인증 절차가 아니라, 서비스가 생산할 수 있는 모든 결과물이 사회주의 핵심가치에 부합하는지를 확인하는 과정이다.

AI가 정치적으로 민감한 주제를 언급하거나 국가 지도부와 체제에 비판적인 콘텐츠를 생성하는 것을 차단하려는 목적이 뚜렷하다. 결국 중국의 생성형 AI는 태생적으로 검열 시스템을 내장한 도구가 될 수밖에 없다.

실제로 중국 내에서 운영되는 생성형 AI는 서구권 서비스와는 다른 작동 방식을 보인다. 민감한 질문에는 답변을 회피하거나, 특정 주제는 아예 응답하지 못하도록 차단된다. 예를 들어 '민주주의', '천안문 사건', '대만 독립'과 같은 키워드는 즉시 필터링된다. 이는 정치적 서사의 통제라는 성격이 강하다.

알고리즘 검열

중국은 또 일찍이 2021년부터 '알고리즘 추천 관리 규정'을 도입해 플랫폼 기업의 운영 방식을 직접 규율해 왔다. 이 법은 기업이 사용자 데이터를 기반으로 맞춤형 콘텐츠를 제공할 때 일정한 투명성과 공정성을 확보하도록 강제했다. 겉으로는 알고리즘 편향을 줄이고 사용자 권익을 보호한다는 명분이지만, 실제로는 당국이 플랫폼의 정보 흐름을 직접 관리할 수 있는 기반을 마련했다는 평가가 많다. 결과적으로 이 법은 정보 추천 체계를 통한 여론 형성 과정 전반을 국가가 통제하는 디지털 검열 장치로 기능하고 있다.

여기에 2022년 제정된 '인터넷 정보 서비스 적합성 관리 규정'은 딥페이크, 합성 콘텐츠에 명확한 표시(watermark)를 의무화했다. 이는 정보 왜곡을 막는다는 목적이 있지만, 동시에 국가가 콘텐츠 제작과 배포를 실시간으로 추적, 감시할 수 있는 장치로 작용한다.

이어 2023년 8월 발효된 '생성형 AI 관리 잠정 조치'는 생성형 AI가 생산하는 결과물이 사회주의 가치에 위배되지 않도록 강제하고 데이터 출처의 합법성, 알고리즘의 투명성, 차별적 결과 방지 등을 규정했다. 표면적으로는 글로벌 논의와 유사한 안전성과 투명성 원칙을 포함하지만, 실질적으로는 정치적 검열을 제도화한 성격이 강하다.

이러한 규제는 기업 입장에서 상당한 제약으로 작용한다. 생성형 AI를 개발하거나 서비스화하려는 기업은 기술적 완성도보다 정치적 적합성을 우선적으로 고려해야 한다. 그 과정에서 혁신의 속도가 저하되고, 글로벌 경쟁에서 뒤처질 수 있다는 지적도 제기된다. 반면 중국 정부는 이러한 관리체계를 통해 체제 안정을 유지하고, AI를 '사회 관리 기술'로 적극 활용할 수 있다는 점에서 전략적 이익을 확보하고 있다고 본다.

요컨대 중국의 AI 규제는 혁신 촉진보다는 통제와 안정 유지에 방점이 찍혀 있다. 이는 유럽연합의 윤리·안전 중심 규제, 미국의 혁신·자율 중심 규제와는 전혀 다른 길이다. 중국은 AI를 글로벌 경쟁의 무기이자, 내부적으로는 체제 유지의 방패로 삼고 있는 셈이다.

한국의 자율 규제와 국제 협력

OECD 가이드라인과 한국 'AI 윤리 기준'

한국은 유럽연합처럼 강력하고 선제적인 포괄 규제를 도입하지는 않았다. 대신 국제적 가이드라인을 준수하면서 국내 현실에 맞는 점진적 제도화를 준비하는 방향을 택하고 있다. 이는 글로벌 스탠더드와 발맞추려는 전략이자 혁신 생태계를 위축시키지 않기 위한 균형적 접근이다.

2019년 OECD가 발표한 '신뢰할 수 있는 AI 원칙'은 한국의 AI 정책에도 큰 영향을 미쳤다. 인간중심성(human-centered), 공정성(fairness), 투명성(transparency), 책임성(accountability)을 핵심가치로 제시한 이 가이드라인은 현재까지도 글로벌 정책 논의의 기준점으로 기능한다.

한국 정부는 이를 바탕으로 하여 2020년 과학기술정보통신부 주도로 'AI 윤리 기준'을 수립했다. 이 기준은 강제 규범이 아니라 권고 가이드라인의 성격을 띠며, ① 인간의 존엄성 보장 ② 공정성 확보 ③ 안전성·투명성 강화 ④ 데이터 보호와 개인정보 권리 존중 등을 강조한다. 기업과 기관이 자율적으로 준수할 수 있도록 설계된 것이 특징이다.

인공지능 기본법

최근에는 '인공지능 발전과 신뢰 기반 조성 등에 관한 기본법'이 2024

년 12월 26일 국회를 통과하면서 제도화의 속도가 빨라지고 있다. 대통령 공포와 1년의 유예 기간을 거쳐 2026년 1월부터 정식 효력을 갖게 되며, 한국 최초의 포괄적 AI 법제로 자리매김할 전망이다.

이 법은 '고영향 인공지능', '생성형 인공지능', 'AI 사업자' 등 핵심 개념을 명확히 정의해 책임과 권리의 범위를 제도적으로 구체화했다. 또한 정부가 인공지능 윤리 원칙을 공표하고, 안정성과 신뢰성, 인간 존엄성 보장을 핵심가치로 삼아 정책·교육·홍보 활동을 전개하도록 의무화했다.

기업의 책무도 강화됐다. 고영향 또는 생성형 AI 사업자는 사용자에게 AI 활용 사실을 고지하고, 결과물에는 반드시 AI가 만든 것임을 표시해야 한다. 이를 위반할 경우 과태료가 부과될 수 있도록 규정이 마련됐다.

더 나아가 AI의 개발부터 활용, 폐기에 이르는 전 생애주기에서 안전성을 확보하고, 사고 발생 시 대응체계를 마련해 과학기술정보통신부 장관에게 정기적으로 보고해야 한다는 조항도 포함됐다. 정부는 이를 근거로 정책 수립, 표준화, 인력 지원 등 다층적인 역할을 수행하게 된다.

규제 샌드박스와 실증 사업

한국 정부는 규제 샌드박스 제도를 통해 새로운 기술이 일정 기간 규제를 받지 않고 실험될 수 있는 환경을 제공한다. 자율주행차, 의료 AI, 스마트 시티 서비스 등이 대표적 사례다. 이 제도를 통해 기업은 현실 환경에서 기술을 검증하고, 정부는 그 결과를 토대로 맞춤형 규제 체계를 설계할 수 있다.

예컨대 자율주행 실증 사업은 사고 발생 시 책임 소재, 안전성 기준, 보험 제도 등 법적 공백을 미리 점검하는 계기가 되고 있다. 의료 분야 역시 AI 진단 보조 시스템이 실제 환자 진료에 적용되면서, 오진 발생 시 책임 주체와 인증 절차에 대한 논의가 구체화되고 있다.

한국의 AI 규제는 '자율 규제와 국제 협력의 병행'이다. 유럽연합처럼 강력한 사전 규제를 통해 산업 전체를 관리하지는 않지만, 국제 가이드라인을 준수하면서 점진적 제도화를 준비한다. 이는 단기적으로 기업 혁신을 촉진하고, 글로벌 시장에서 경쟁력을 유지하는 데 유리하다.

문제는 실제 피해 사례가 늘어날 경우다. 만약 금융·헬스케어·모빌리티 분야에서 AI의 오류로 사회적 파장이 커진다면, 한국 사회 역시 강력한 규제를 빠르게 도입할 가능성이 높다. 지금의 자율 규제는 과도기적 성격을 띠며, 향후 글로벌 규제 환경과 국내의 사회적 요구에 따라 급격히 변화할 수 있다.

2026년, 규제와 거버넌스가 갈림길이 된다

AI를 바라보는 시각은 국가별로 확연히 다르다. 유럽연합은 철저한 사전 규제를 도입했고, 미국은 혁신을 최우선으로 하되 사후 감독과 표준화로 균형을 맞추고 있다. 한국은 국제 가이드라인 준수와 자율 규제를 토대로 점진적 제도화를 준비하며, 중국은 정치적 안정과 사회 통제를 전면에 내세워 등록제와 검열을 강화했다.

이처럼 각국의 규제는 철학과 방법론에서 차이를 보이지만, 공통적으로 강조하는 지점이 있다. 바로 신뢰와 책임성 확보다. 의료, 금융, 모빌리티 등 고위험 분야에서는 안전성과 투명성이 법적 의무로 자리를 잡아가고 있으며, 생성형 AI 확산에 대응해 생성물 표식과 데이터 출처 검증은 국제 표준으로 수렴하는 추세다.

2026년은 이러한 흐름이 본격적으로 제도화되는 분기점이 될 전망이다. 유럽연합의 인공지능법 발효, 한국의 인공지능 기본법 시행, 미국과 중국의 감독 강화는 AI 생태계 전반에 커다란 파급력을 미칠 것이다. 규제는 이제 혁신을 억제하는 족쇄가 아니라, 글로벌 시장에서 신뢰를 확보하기 위한 경쟁력의 조건으로 전환되고 있다.

결국 2026년의 AI 거버넌스는 단순한 법제 논의를 넘어 기업 전략과 국제 경쟁 구도의 핵심 변수로 작동할 것이다. 기술의 속도만 좇는 기업은 시장에서 신뢰를 잃고 도태되겠지만, 규제와 윤리를 내재화한 기업은 '안전한 파트너'라는 브랜드 자산을 축적하며 성장할 수 있다. 인공지능이 기회가 될지 위기가 될지는 이제 기술 자체가 아니라 규제와 거버넌스를 어떻게 설계하느냐에 달려 있다.

<한연선 리서치센터장>

PART 2

AI가 재편하는 산업의 미래

1장
AI 반도체 3대 전장(戰場)과 미래

"지난 60년간 칩 집적도(chip density)의 기하급수적 성장은 단일 기술 혁신이 아닌, 기존 패러다임이 한계에 부딪힐 때마다 해결된 문제들, 새롭게 출현한 패러다임들로 이뤄졌다. 설령 현재 AI가 벽에 부딪혔다고 해도 앞으로 계속 나아갈 수 있는 다양한 길이 있다고 생각한다."

— 에단 몰릭(펜실베이니아대 와튼스쿨 교수)

글로벌 반도체 전쟁

2025년 9월 현재, 글로벌 반도체 산업은 역사적인 변곡점을 통과하고 있다. 과거 반도체 시장이 PC와 모바일 기기의 보급 주기에 따라 예측 가능한 사이클을 반복했다면, 지금은 인공지능(AI)이라는 거대한 기술 패러다임과 미-중 기술 패권 경쟁이라는 지정학적 변수가 복합적으로 작용해 전례 없는 대전환을 겪고 있는 것이다.

이는 단순한 시장의 부침이 아닌 산업의 근본적인 DNA가 재편되는 과정이다. 특히 AI는 반도체 수요의 양과 질을 모두 바꾸고 있다. 생성형 AI와 거대언어모델(LLM)의 등장은 데이터센터 컴퓨팅 수요를 폭발시켰고, 고성능 AI 가속기와 고대역폭 메모리(HBM) 시장의 폭발적인 성장으로 이어졌다.

동시에 AI PC, 온디바이스 AI 스마트폰의 확산은 에지(edge)단에서 새로운 반도체 수요를 창출하며 산업의 저변을 넓히고 있다. AI 시대의 반도체는 단순한 부품이 아니라 핵심 인프라이자 국가 경쟁력의 척도가 됐다.

글로벌 시장 규모 역시 견조한 성장세를 보이고 있다. 세계반도체무역통계기구(World Semiconductor Trade Statistics, WSTS)는 2025년 반

출처: WSTS

도체 시장 규모가 전년 대비 15.4% 성장한 7,280억 달러에 이를 것으로 전망했으며, 2026년에는 9.9% 성장해 8,000억 달러 규모에 도달할 것으로 예측했다.

미-중 기술 전쟁의 격화

2026년 반도체 산업을 관통하는 가장 중요한 변수는 단연 미-중 기술 패권 경쟁이다. 미국은 반도체 기술, 특히 첨단 공정과 AI 반도체 분야에서 중국의 추격을 저지하기 위해 다층적인 봉쇄 전략을 구사하고 있다. 대표적인 예가 VEU(Validated End-User, 검증된 최종 사용자)˚ 지위 폐지다.

> **VEU:** 미국 정부가 지정한, 특정 첨단 기술을 비교적 간단한 절차로 수입할 수 있는 신뢰받는 해외 기업 자격.
>
> **리쇼어링:** 해외로 나갔던 기업들의 생산시설을 다시 본국으로 불러들이는 정책.

2026년 1월부터 삼성전자와 SK하이닉스의 중국 내 공장(시안, 우시, 다롄)에 부여됐던 VEU 지위가 철회된다. 그동안 포괄적으로 허용됐던 미국산 반도체 장비 및 기술 반입이 이제부터는 건별 허가제로 전환되는 것이다. 미 상무부 산업안보국은 "기술을 업그레이드하기 위한 라이선스를 허가할 계획이 없다"라고 명시하며 중국 내 생산시설의 현상 유지를 넘어선 기술 발전을 원천 차단하겠다는 의지를 분명히 했다.

고율 관세와 리쇼어링(reshoring)˚ 정책의 연계는 미국 중심의 공급망 재편 전략의 핵심으로 자리 잡는 추세다. 트럼프 행정부는 중국산 반도체뿐만 아니라 해외에서 생산된 반도체 전반에 대한 관세 장벽을 높이는 동시에 반도체지원법을 통해 자국 내 반도체 공장을 건설하는 기업에 보조금을 지급하고 있다. TSMC와 삼성전자의 애리조나 공장, 텍사스의 대규모 공장 건설은 이러한 미국의 전략에 부응하는 결과물이다.

국가 주도의 매우 이례적인 산업 개입도 부상하고 있다. 트럼프 정부는 자국 반도체 기업 인텔의 지분 10%를 직접 인수하는 방안을 추진 중이다. 이는 반도체 산업을 단순한 시장 논리에 맡겨두지 않고, 국가 안보 차원에서 직접 통제하고 육성하겠다는 강력한 신호다.

핵심 동맹국과의 공조를 통한 다자간 봉쇄 전선 구축 흐름도 살펴봐야 한다. 미국은 자국의 제재만으로는 중국을 완전히 고립시킬 수 없다는 판단하에 반도체 장비 강국인 네덜란드와 일본을 압박, 대중국 수출 통제에 동참시켰다. 네덜란드 정부가 ASML의 최첨단 극자외선(EUV) 노광 장비에 이어, 이머전 심자외선(DUV) 장비 등 범용성이 높은 장비까지 수출 통제 품목에 포함한 것이 대표적인 예다.

중국의 기술 자립 가속화

미국의 전방위적 압박 속에서 중국은 기술 자립을 국가 최우선 과제로 설정하고, 막대한 자본과 인력을 투입해 자체적인 반도체 생태계 구축에 총력을 기울이고 있다. 세계의 패권을 쥐려는 야심을 노골적으로 드러내며 미국의 제재를 기술 자립 의지를 자극하는 기폭제로 활용하는 모양새다.

주목할 만한 성과는 화웨이의 부활과 AI 가속기 '어센드(Ascend)' 시리즈의 약진이다. 화웨이는 중국 최대 파운드리(foundry, 반도체 위탁 생산 업체) SMIC의 7nm급 공정(N+2)을 통해 AI 칩 '어센드 910B'와 '어센드 910C' 양산에 성공했다. 특히 어센드 910C는 성능 면에서 엔비디아의 수출 통제용 제품(H20)을 넘어 주력 제품인 H100에 근접하는 수준을 보여주며 시장에 큰 충격을 줬다.

화웨이뿐만 아니라 다른 중국 빅테크들도 자체 칩 개발에 박차를 가하고 있다. 중국 최대 클라우드 기업인 알리바바는 미국의 수출 통제로 구매가 어려워진 엔비디아 H20 칩을 대체하기 위한 자체 AI 추론 칩을 개발, 테스트를 진행 중이다. 중요한 점은 이 칩이 과거처럼 대만 TSMC에 위탁 생산하는 방식이 아니라 중국 본토의 파운드리를 통해 생산된다는 것이다. 이는 중국 내에서 설계부터 생산까지 이어지는 완전한 자립형 공급망 구축이 가시화되고 있음을 의미한다.

이러한 성과 뒤에는 중국 정부의 전폭적인 지원이 있다. 중국 정부는 2014년과 2019년에 이어 2024년 1, 2기 반도체 펀드를 합친 것보다 더 큰 규모인 3,440억 위안 규모의 3기 반도체 투자기금을 조성했다. 미국이 주도하는 개방형 표준 생태계, 중국의 폐쇄형 자립 생태계의 분화가 가속화되면서 글로벌 반도체 생태계에 지속적으로 영향을 줄 전망이다.

결국 2026년 이후 글로벌 반도체 생태계는 미국의 기술 통제 아래 엔비디아 중심의 공고한 생태계가 유지되는 가운데, 중국 생태계의 거센 도전이 강력한 변수로 부상하는 구도가 될 전망이다. 여기에 구글 TPU(Tensor Processing Unit) 등 하이퍼스케일러(hyperscaler, 초대형 클라우드 기업)들이 개발하는 자체 칩의 영향력이 확대되고 AI 스타트업들이 새로운 돌파구를 마련하여 엔비디아 독점 구조를 무너뜨리려는 시도를 강화할 것으로 예측된다.

AI 반도체 전장 1. 팹리스

절대 강자 엔비디아의 초격차 전략

지정학적 지각 변동이라는 강력한 대외 변수 속에서 미래 경쟁력을 확보하기 위한 기업들의 전투가 가장 치열하게 전개될 분야는 AI 혁명의 두뇌, 연산기 역할을 하는 AI 반도체 설계다.

미국 팹리스(Fabless, 반도체 설계 업체) 엔비디아는 AI 반도체(GPU) 시장의 80% 이상을 장악한 독보적인 플레이어다. 엔비디아의 지배력은 단순히 뛰어난 하드웨어 성능을 넘어 강력한 소프트웨어 생태계와 명확한 초격차 미래 로드맵에 기반한다. 엔비디아는 2024년 아키텍처 '블랙웰(Blackwell)'을 공개한 데 이어 2026년에는 차세대 아키텍처 '루빈(Rubin)', 2028년에는 '파인만(Feynman)'을 출시하겠다는 계획을 발표하며 경쟁사들의 추격 의지를 꺾고 있다.

2026년 출시될 루빈은 TSMC의 최첨단 3nm 공정을 기반으로 제작되며 차세대 메모리인 HBM4를 8개 탑재할 예정이다. 특히 기존의 단일(monolithic) 칩 구조에서 벗어나, 연산을 담당하는 컴퓨트 다이(compute die)와 데이터 입출력을 담당하는 I/O 타일(I/O tile)을 분리하는 칩렛(chiplet) 구조를 채택한다. 이는 블랙웰 대비 3배 이상 향상된 50 PFLOPs의 압도적인 FP4 연산 성능을 구현하는 기반이 된다.

엔비디아의 해자(moat)로 불리는 소프트웨어 플랫폼 쿠다(CUDA)는 지난 15년 이상 AI 칩 개발의 표준 언어로 자리 잡았다. 수많은 라이브러리, 개발자 도구, 그리고 방대한 커뮤니티를 통해 강력한 생태계를 구축한 상태다.

AI 개발자들은 쿠다에 맞춰 코드를 작성하고 최적화하는 데 익숙해져 있으므로 다른 플랫폼으로 전환하기가 쉽지 않다. 이러한 높은 전환 비용이 AMD의 ROCm, 인텔의 oneAPI 같은 경쟁 플랫폼이 쉽게 넘을 수 없는 거대한 장벽으로 작용하는 것이다.

자체 칩으로 GPU 의존도를 줄인다

엔비디아의 독주에 가장 강력하게 반기를 든 세력은 역설적이게도 엔비디아의 가장 큰 고객인 구글, 아마존, 마이크로소프트 등 하이퍼스케일러들이다. 이들은 천문학적인 비용을 들여 엔비디아 GPU를 구매하면서도 자체 데이터센터와 서비스에 최적화된 맞춤형 AI 칩 개발에 막대한 투자금을 쏟아붓고 있다.

가장 먼저 성과를 낸 곳은 구글이다. 구글은 자체 개발한 TPU를 통해 AI 연산, 특히 추론(inference) 분야에서 괄목할 만한 성과를 내고 있다. 2025년 공개된 6세대 TPU '트릴리움(Trillium)'은 이전 세대(TPU v5e) 대비 칩당 최대 컴퓨팅 성능을 4.7배, 추론 처리량을 최대 3배 향상시키면서도 에너지 효율을 67%나 개선했다.

이는 특정 AI 워크로드에서 엔비디아 GPU보다 훨씬 저렴한 총소

유비용(total cost of ownership, TCO)으로 서비스를 운영할 수 있음을 의미한다. 실제로 구글은 자사의 검색, 유튜브 추천 등 핵심 서비스에 TPU를 적극 활용하며 그 효율성을 입증하고 있다. 구글은 TPU를 자사 클라우드가 아닌 외부 클라우드 업체에 공급하는 방안도 협의하고 있다.

아마존웹서비스(AWS)는 '트레이니움(Trainium)'과 '인퍼런시아(Inferentia)'를, 마이크로소프트는 '마이아(Maia)'와 '코발트(Cobalt)'를 개발 중이다. 이들의 전략적 목표는 명확하다. 특정 공급업체에 대한 의존도를 낮추고 AI 인프라 공급망에 대한 통제권을 확보하는 것이다. 막대한 칩 구매 비용을 절감하여 수익성을 높이고 자사 클라우드 서비스와 AI 모델에 최적화된 칩을 통해 성능과 전력 효율도 극대화할 수 있다.

새로운 도전자들

글로벌 시장에서는 다양한 스타트업들이 각기 다른 방식으로 GPU에 도전하고 있다. 세레브라스(Cerebras)는 웨이퍼 전체를 하나의 거대한 칩으로 만드는 '웨이퍼 스케일 엔진(WSE)'이라는 혁신적인 접근을 통해 특정 조건에서 압도적인 추론 속도를 구현한다.

그록(Groq)은 컴파일러가 데이터 흐름을 정교하게 제어하는 언어처리장치(language processing unit, LPU)를 통해 거대언어모델 추론에서 최고 수준의 저지연(low latency) 성능을 보여준다.

삼바노바시스템즈(SambaNova Systems)는 데이터 이동을 최소화하는 아키텍처를 통해 대규모 모델 처리 시 뛰어난 에너지 효율을 제공할 수 있다는 점을 강조한다.

한국 스타트업 리벨리온이 개발한 1세대 칩 '아톰(ATOM)'은 특정 조건에서 엔비디아의 동급 칩(T4)보다 뛰어난 성능을 입증하며 기술력을 인정받았다. 2025년 8월에는 엔비디아의 블랙웰급 성능을 목표로 한 삼성전자 4nm 공정 기반의 차세대 칩 '리벨쿼드(REBEL-Quad)'를 공개했다.

퓨리오사AI는 2세대 칩 '레니게이드(RNGD)'로 LG AI연구소라는 대형 고객사를 확보하는 데 성공했다. 레니게이드는 LG의 초거대 AI '엑사원(EXAONE)' 구동에 투입돼 기존 GPU 대비 2.25배 높은 전력 효율성을 입증했다. 하이퍼엑셀(HyperAccel)은 LLM 연산에 특화된 AI 서버 '오리온(Orion)'을 개발, 메모리 대역폭 사용을 극대화함으로써 비용 효율성을 높이는 데 집중하고 있다.

AI 반도체 전장 2. 파운드리

AI 반도체 칩을 설계하는 팹리스 기업들의 혁신은 결국 이를 물리적으로 구현해 낼 파운드리의 기술력에 의해 뒷받침된다. 파운드리 시장의 미래는 최첨단 2나노 공정의 패권을 둘러싼 기술 경쟁과 AI 칩 수요 폭증이 야기한 첨단 패키징 공급 부족이라는 두 가지 핵심 이슈를 중심으로 전개될 전망이다.

차세대 반도체 시장의 주도권을 결정할 2나노 공정 경쟁의 핵심은 기존의 핀펫(FinFET) 구조를 넘어선 새로운 트랜지스터 아키텍처인 GAA(Gate-All-Around) 기술의 완성도에 달려 있다. GAA는 전류가 흐르는 채널의 4면을 게이트(gate)가 모두 감싸 전류 누설을 최소화하고 전력 효율을 극대화하는 기술이다.

TSMC와 삼성전자는 모두 2025년 하반기 2나노 공정 양산을 목표로 하고 있다. 경쟁의 승패를 가를 핵심 변수는 수율(yield)이다. 2025년 7월 기준으로 TSMC의 2나노(N2) 공정 수율은 약 65%에 도달한 것으로 알려진 반면, 삼성전자의 2나노(SF2) 공정 수율은 40% 수준에 머물러 있는 것으로 추정된다.

미국 정부가 지원하는 인텔은 IDM 2.0 전략을 통해 파운드리 시장 재진입을 선언하며 추격을 노리고 있다. 인텔의 2나노급 공정인 18A는 삼성과 유사한 나노리본(nanoribbon) 형태의 리본펫(RibbonFET) 기술과 웨이퍼 후면에 전력 공급망을 배치하는 파워비아(PowerVia) 기술을 결합한 것이 특징이다. 아직 대규모 외부 수주 실적은 미미해 파운드리 시장에 의미 있는 영향을 미치려면 시간이 더 필요할 것으로 전망된다.

IDM 2.0 전략: 인텔의 설계·생산·외부 파운드리 활용을 모두 아우르는 새로운 반도체 사업 모델. 이를 통해 자체 제품 경쟁력을 높이는 동시에 글로벌 파운드리 시장에서도 입지를 강화하려는 전략.

중국 파운드리의 추격

중국 최대 파운드리 업체인 SMIC는 네덜란드 ASML로부터 최첨단 EUV 노광 장비를 도입할 수 없는 상황에서 기존의 DUV 노광 장비와 멀티패터닝(multi-patterning) 기술을 활용, 7nm급 공정(N+2) 양산에 성공하는 기술적 성과를 거뒀다.

그러나 이러한 방식은 명백한 기술적·경제적 한계를 안고 있다. DUV 장비로 7nm 이하의 미세 회로를 구현하기 위해서는 웨이퍼에 회로를 여러 번 반복해서 그리는 멀티패터닝 공정이 필수적인데, 이는 공정 단계를 복잡하게 만들고 생산 시간을 늘리며, 결정적으로 수율을 크게 떨어뜨린다. SMIC의 7nm 공정 수율은 30% 수준으로, TSMC나 삼성의 첨단 공정 수율에 크게 못 미치는 것으로 알려져 있다.

글로벌 반도체 산업의 가장 심각한 병목 현상은 미세 공정이 아닌 첨단 패키징(advanced packaging) 분야에서 발생하고 있다. AI 가속기는 하나의 칩에 GPU와 같은 로직 다이(logic die)와 여러 개의 HBM 칩을 수평으로 나란히 배치해야 하는데, 이 과정에서 TSMC의 CoWoS(Chip-on-Wafer-on-Substrate) 기술이 필수적이다.

AI 칩 수요가 폭발적으로 증가하면서 TSMC의 CoWoS 생산 능력은 수요를 따라가지 못하는 심각한 공급 부족 상태에 빠졌다. 2025년까지 CoWoS 생산 라인은 이미 엔비디아, AMD 등 소수의 대형 고객사에 의해 전부 예약이 완료된 상태다. 엔비디아의 젠슨 황 CEO 역시 "AI 칩 부족이 아니라 CoWoS 용량 부족"이라고 언급하며 패키징이 공급망의 큰 제약 요인임을 지적한 바 있다.

2026년 엔비디아가 전 세계 CoWoS 생산량의 약 60%, 브로드컴이 15%, AMD가 11%를 차지할 것으로 전망되는 등 소수 기업에 의한 과점 현상도 심화되고 있다. 누가 더 안정적인 수율로 대량 생산을 할 수 있는지, 그리고 로직 칩과 메모리를 하나의 패키지로 완벽하게 통합하는 첨단 패키징 솔루션을 제공할 수 있는지가 새로운 경쟁의 축으로 떠오르고 있는 것이다.

AI 반도체 전장 3. 메모리

AI 시대는 반도체 기술의 진화 방향을 근본적으로 바꾸고 있다. 기존의 폰 노이만(von Neumann) 컴퓨팅 구조, 즉 중앙처리장치(CPU)가 메모리로부터 데이터를 가져와 연산하는 방식은 데이터 이동 과정에서 발생하는 메모리 병목(memory wall)이라는 한계에 부딪힌 상태다.

이를 극복하기 위해 메모리 자체의 성능을 극한으로 끌어올리는 HBM 기술, 서로 다른 기능을 가진 칩들을 하나의 패키지로 묶는 칩렛 기술, 그리고 메모리와 연산의 경계를 허무는 차세대 기술들이 미래 반도체 시장의 핵심 동력으로 부상 중이다.

HBM4, AI 시대 메모리의 진화

AI 가속기의 성능은 연산 속도뿐 아니라 얼마나 많은 데이터를 얼마나 빨리 공급받느냐에 따라 결정된다. HBM은 D램을 수직으로 쌓아 데이터 전송 통로(I/O)를 대폭 늘려 이 문제를 해결한 혁신적인 메모리다. 현재 시장의 주력인 HBM3E를 넘어, 2025~2026년에는 HBM4가 본격적으로 등장하면서 또 한 번의 기술적 도약을 이끌 전망이다.

HBM4의 가장 큰 기술적 진보는 베이스 다이(base die)의 혁신에 있다. HBM은 여러 개의 D램 다이(core die)를 가장 아래에 위치한 베이스 다이 위에 쌓아 올리는 구조다. HBM3E까지는 이 베이스 다이가 D램과 동일한 메모리 공정으로 제작돼 단순히 데이터 입출력 신호를 제어하는 통로 역할만 했다. 그러나 HBM4부터는 이 베이스 다이가 5nm 이하의 최첨단 로직(시스템 반도체) 공정으로 제작된다.

이는 베이스 다이에 데이터 연산 기능(PIM), 메모리 컨트롤러, 전력 관리 회로 등 다양한 시스템 반도체 기능을 통합할 수 있는 가능성을 열어준다. 단순한 메모리 부품을 넘어 일부 연산 기능까지 수행하는 융합 반도체로 진화할 수 있는 것이다.

HBM 시장의 선두주자인 SK하이닉스는 자체적으로 첨단 로직 공정 기술을 보유하고 있지 않기 때문에 파운드리 1위 기업인 TSMC와 전략적 제휴를 맺었다. SK하이닉스가 D램 코어 다이를 만들면 TSMC가 5nm 공정으로 베이스 다이를 생산해 이를 결합하는 방식이다.

삼성전자는 메모리, 시스템 반도체 설계(시스템 LSI 사업부), 파운드리 사업부를 모두 보유한 종합반도체기업(integrated device manufacturer, IDM)의 강점을 활용해 시스템 LSI 사업부의 설계 인력을 HBM 개발에 투입하고, 자체 파운드리에서 베이스 다이를 생산하는 수직 통합 전략으로 맞서고 있다.

칩렛과 UCIe, 반도체 설계의 패러다임 전환

하나의 거대한 칩(monolithic chip)에 모든 기능을 집적하는 방식은 미세화의 한계와 낮은 수율 문제에 부딪히면서 점차 경쟁력을 잃고 있다. 그 대안으로 떠오른 것이 바로 칩렛 기술이다. 칩렛은 CPU, GPU, I/O 등 각각의 기능을 독립된 작은 칩(칩렛)으로 만든 뒤, 이를 레고 블록처럼 조립하여 하나의 패키지 안에서 고성능 칩으로 구현하는 기술이다.

칩렛 기술이 활성화되기 위한 핵심은 서로 다른 회사에서 만든 칩렛들을 자유롭게 연결할 수 있는 개방형 표준 인터페이스다. UCIe(Universal Chiplet Interconnect Express) 컨소시엄이 바로 그 역할을 하고 있다. 삼성전자, SK하이닉스, TSMC, AMD, ARM, 인텔, 구글, 메타 등 반도체 생태계의 주요 기업이 UCIe에 참여하고 있다. 2025년 8월 발표된 UCIe 3.0 표준은 데이터 전송 속도를 기존 2.0 버전의 초당 320억 회(32GT/s)에서 640억 회(64GT/s)로 2배 향상시켜 AI 반도체와 같이 막대한 데이터 처리가 필요한 고성능 컴퓨팅(HPC) 분야에서 칩렛 기술의 활용도를 높였다.

UCIe 생태계의 확산은 반도체 산업에 근본적인 변화를 가져올 수 있다. 팹리스 기업들은 더 이상 모든 기능을 하나의 칩에 설계할 필요 없이 핵심 기능은 자체 개발하고 나머지 기능은 검증된 외부 칩렛을 구매, 결합함으로써 개발 시간과 비용을 획기적으로 줄일 수 있게 된다. 혁신적인 아이디어를 가진 스타트업들의 시장 진입 장벽을 낮춰 최적의 칩렛 조합으로 맞춤형 반도체를 구성하는 미래를 가능케

할 전망이다.

차세대 기술, PIM·포토닉스·뉴로모픽 컴퓨팅

HBM과 칩렛이 가까운 미래의 기술이라면, PIM(Processing-in-Memory)은 2026년 이후 반도체 산업의 지형을 바꿀 잠재력을 가진 차세대 기술 중 하나로 꼽힌다. PIM은 메모리 반도체 내부에 직접 연산 회로를 집적, 데이터 이동 자체를 최소화하는 기술이다. 데이터 이동에 소모되는 막대한 전력과 시간을 줄여 AI 연산의 효율을 극대화할 수 있는 근본적인 해결책으로 주목받는 것이다.

전자의 흐름 대신 빛(광자)의 이동을 이용해 데이터를 처리하는 기술인 포토닉 컴퓨팅(photonic computing)도 주목받고 있다. 빛은 저항이 없어 전력 소모, 발열이 거의 없기 때문에 현재 반도체가 직면한 에너지 효율 문제를 해결할 궁극적인 대안이 될 수 있다. 엔비디아가 2026년 이후 출시될 차세대 NVLink에 광학 인터커넥트 기술을 도입할 계획을 밝히는 등 데이터센터 내부의 칩 간 연결(interconnect) 분야에서 먼저 상용화가 시작될 것으로 예측된다. 다만 모든 미래 기술이 그렇듯 광학 메모리 부재, 소자 소형화 및 집적도 문제 등 상용화까지는 해결해야 할 기술적 난제가 놓여 있다.

인간의 뇌가 정보를 처리하는 방식을 모방한 뉴로모픽 컴퓨팅(neuromorphic computing) 역시 큰 잠재력을 가진 미래 기술로 평가된다. 0과 1의 디지털 신호가 아닌 뇌의 뉴런이 스파이크 신호를 통해 비동기적으로 통신하는 방식을 하드웨어로 구현, 낮은 전력으로 실시간 패턴 인식 및 상황 판단 같은 인지 기능을 수행하는 방향으로 연구가 진행되고 있다.

미래 기술들의 공통적인 지향점은 메모리와 로직(연산)의 경계를 허무는 것이다. 이는 메모리, 팹리스, 파운드리로 명확히 구분되던 기존 반도체 산업의 경계가 무너지고 있다는 시그널이다. 한 분야의 전문성을 넘어 이들을 효율적으로 융합하고 통합하는 솔루션을 제공하는 기업이 미래 반도체 시장의 승자가 될 수 있다.

<박원익 콘텐츠그룹장 겸 뉴욕플래닛장>

2장
지능형 로봇이 바꾸는 일터·일상·인간 정체성

지능형 로봇이 바꾼 산업

2025년은 AX(AI Transformation)의 원년으로 불릴 정도로 인공지능과 로보틱스가 본격적으로 산업 전반을 재편하는 시점이다. 과거의 로봇 자동화는 규칙 기반의 단순 반복적인 기계화였다면, 오늘날의 로보틱스는 AI 기반의 지능형 자율화로 진화하고 있다. 이는 산업 현장의 생산성을 높이는 것에 머무르지 않고 인간과 기계의 역할을 재정의하고 있으며, 사회적·경제적 구조까지 바꿔놓고 있다. 특히 2026년은 AI 연산 능력 고도화, 5G·6G 통신망 안정화, 배터리·센서 기술 발전이 맞물리면서 로봇이 산업의 주체가 되는 전환점이 될 것으로 보인다.

스마트 팩토리

제조업은 로보틱스 혁신의 중심 무대라고 볼 수 있다. 조립 라인에 설치돼 사용되고 있는 산업용 로봇(industrial robot)은 제조업에서 로봇 적용의 긴 역사를 보여준다. 과거 산업용 로봇은 단순 반복 작업에 국한됐지만, 최근의 로봇은 AI 비전 인식, 강화학습 기반 동작 제어, 디지털 트윈 연계를 통해 더욱 복잡한 상황 변화에 즉각 대응할 수 있도록 빠르게 성장하고 있다.

예를 들면, 협동 로봇(cobot)은 작업자와 나란히 부품을 조립하며, 센서를 통해 작업자와 안전 거리를 유지할 수 있다. AI가 심박수와 같은 생체 신호를 통해 작업자의 피로도를 감지하여 보조 강도를 조정할 수 있도록 관련 연구가 활발히 진행 중이다. 이로 인해 인간은 고위험·고강도 작업에서 벗어나 품질 관리, 창의적 설계, 공정 최적

엔비디아의 옴니버스 기반 디지털 트윈 환경

엔비디아의 옴니버스 기반 디지털 트윈 환경에서 폭스콘 로봇들이 학습하는 시뮬레이션 장면.

출처: 엔비디아

화와 같은 고부가가치 업무에 집중할 수 있게 될 것이다.

또한 스마트 팩토리에서는 로봇과 AI가 생산 라인을 실시간으로 최적화하여 불량률을 낮추고 주문 변동에 따라 생산 계획을 유연하게 변경할 수 있도록 발전하고 있다. 예컨대 독일 지멘스(Siemens)는 디지털 트윈* 기반의 스마트 팩토리를 운영하여, 생산 라인에서 발생할 수 있는 문제를 사전에 시뮬레이션하고 공정 안정성을 높이고 있다. 중국 폭스콘도 생산 라인에 대규모 협동 로봇을 적용해 노동력 부족 문제를 보완하며 생산성을 끌어올리고 있다.

디지털 트윈: 현실의 사물이나 시스템을 가상 공간에 실시간으로 복제한 디지털 쌍둥이.

물류와 서플라이체인

물류 산업은 로보틱스의 도입이 가장 가시적으로 드러나는 분야 중 하나라 볼 수 있다. 현재 글로벌 물류 기업들은 수천 대의 로봇을 동시에 운영하며, AI 기반 경로 최적화 알고리즘을 통해 물류 흐름을 실시간으로 조정하고 있다.

대표적인 사례로 아마존은 키바시스템스(Kiva Systems)를 인수한 후 창고 내 자율이동 로봇(autonomous mobile robot, AMR)*을 대규모로 도입하여 피킹(picking) 및 분류 작업의 속도를 수 배 향상시켰다. 작업자가 직접 선반을 이동하며 상품을 찾던 방식에서 로봇이 선반을 작업자 앞으로 가져오는 방식으로 전환된 것이다. 이는 처리 속도의 혁신적 향상과 더불어 물류센터 내 작업자 안전 개선에

자율이동 로봇: 센서와 인공지능을 활용해 스스로 주변을 인식하고 이동·작업하는 로봇.

도 기여하고 있다.

　AMR의 지능화는 단순한 경로 최적화를 넘어 수요 예측 및 적응형 물류 운영으로 발전하고 있다. 로봇은 상품의 위치, 재고 수준, 주문 패턴을 AI로 학습하여 스스로 동선을 바꾸고 작업 우선순위를 재조정할 수 있다. 이는 특정 기간이나 시간대의 갑작스러운 주문 증가에도 유연하게 대응할 수 있게 한다.

　또한 드론 배송은 물류체계 혁신의 또 다른 축으로 주목받고 있다. 초기에는 도심 내 단거리 배송 서비스에 제한됐지만 점차 응용 범위가 확대되고 있다. 예컨대 미국 일부 주에서는 아마존이 드론 배송을 시범 운영하고 있으며, 의료 물품과 같은 긴급품 전달에도 적용하고 있다. 특히 재난 지역이나 도로망이 파괴된 지역에서는 드론이 생존 물자, 의약품, 혈액 등을 신속하게 공급할 수 있어 인도적 차원에서

아마존의 자율이동 로봇

출처: 아마존

도 중요한 역할을 할 것으로 보인다. 르완다와 가나에서는 이미 집라인(Zipline)이라는 스타트업이 드론을 활용한 혈액 및 백신 배송을 국가 차원에서 운영 중이며, 이는 저개발 지역 물류망의 패러다임을 바꾸고 있다.

의료·돌봄·식음료 서비스

서비스 로봇은 잠재력이 크고 확산력이 높은 분야다. 의료, 돌봄, 외식, 관광과 같이 인간과의 접점이 많은 산업에서 이미 빠르게 확산되고 있으며, 이는 단순한 자동화가 아닌 사용자 경험(user experience, UX) 혁신으로 이어지고 있다.

의료 서비스에서 로봇은 환자 모니터링과 재활 치료에 활용되고 있다. 예컨대 병원에서는 환자 모니터링 로봇이 뇌파, 심박수, 체온, 혈압 등 생체 데이터를 실시간으로 수집하여 의료진에게 전달한다. 이는 의료진의 업무 부담을 줄일 뿐 아니라 환자 상태 악화를 사전 예측하는 데도 기여할 수 있다. 이미 일본과 한국의 일부 병원에서는 간호 인력이 부족한 상황에서 로봇이 약품 운반, 병실 순찰, 낙상 감지 등의 역할을 수행 중이다. 또한 재활 분야에서는 로봇 보행 보조 기구(exoskeleton)가 뇌졸중 환자의 회복 훈련에 적용되며, 환자 맞춤형 치료 효과를 높이고 있다.

고령화 사회에서 돌봄 로봇 또한 그 가치가 점점 주목받고 있다. 일례로 파로(Paro) 같은 반려인형 로봇은 사회적 교감을 통해 치매 환자에게 정서적 안정과 사회적 자극을 제공하는 것으로 긍정적 반응을 얻고 있다. 이동보조 로봇은 고령자의 낙상 위험을 줄이고, AI가 내장된 시스템은 사용자의 걸음걸이와 자세를 분석하여 맞춤형 운동을 제안할 수 있다. 이러한 돌봄 로봇들은 단순히 신체 보조를 넘어서 정서적 케어와 사회적 연결망 유지라는 새로운 차원의 가치를 창출할 수 있다.

레스토랑과 카페에서는 서빙 로봇이 빠르게 확산되고 있으며 이미 우리는 일상에서 이를 경험하고 있다. 중국과 한국의 프랜차이즈는 서빙 로봇을 상용화하여 주문 접수 – 조리 – 서빙 – 결제 과정을 자동화한 곳이 늘어나고 있다. 여기서 한 단계 발전해 앞으로는 서빙 로봇이 단순히 음식을 나르는 것을 넘어, 고객의 표정과 목소리를 분석해 만족도를 평가하고 맞춤형 메뉴를 추천할 수 있을 것으로 보인

반려인형 로봇 파로(Paro)

반려인형 로봇 파로가 고령자들과 교감하고 있다.

출처: AIST

다. 유통업에서는 마트 내 안내 로봇과 재고관리 로봇이 고객 응대와 동시에 상품 진열 상태를 점검하고 자동 발주 시스템과 연동될 것으로 기대된다.

인간과 로봇의 협력

HRC는 선택사항이 아닌 필연적 과제

로봇의 자동화가 고도화될수록 사회 전반에는 로봇이 인간을 대체하게 되리라는 우려가 제기된다. 이는 과거 산업혁명 이래 기계화와 자동화가 노동 시장에 가져온 거대한 변화를 경험한 세대들이 연상할 수 있는 자연스러운 반응이다. 그러나 실제 산업 현장의 흐름을 면밀히 살펴보면, 로봇의 발전은 인간을 완전히 배제하기보다 보완적 파트너십의 방향으로 진화하고 있음을 확인할 수 있다.

산업 환경에서는 인간과 로봇이 각자의 고유한 강점을 발휘하는 구조가 차츰 정착 중이다. 인간은 창의적 판단, 복합적 의사결정, 감각적 직관과 같은 영역에서 우위를 가지고 있으며, 로봇은 고강도·고위험·고반복 작업을 안정적이고 정밀하게 수행하는 데 특화돼 있다. 이러한 역할 분담은 단순히 효율성을 높이는 차원을 넘어 근로자의 안전 확보, 작업 환경 개선, 생산성 향상을 동시에 달성할 수 있는 핵심 전략이 될 수 있다.

특히 건설, 제조, 의료, 물류 등 다양한 산업에서 인간–로봇 협력

(human-robot collaboration, HRC)은 더 이상 선택이 아닌 필연적 과제로 받아들여지고 있다. 가령 건설 현장에서는 무거운 자재를 로봇이 운반하고, 인간은 설계 도면에 따른 정밀한 설치와 품질 확인을 담당할 수 있다. 의료 수술에서는 로봇이 미세한 절개와 봉합을 수행하고, 의사는 복잡한 임상적 판단과 긴급 대응에 더 집중할 수 있다.

HRC의 기술적 요소

효과적인 HRC를 구현하기 위해서는 단순한 명령 수행을 넘어 양방향 의사소통이 필수적이다. 과거 로봇은 주어진 명령을 기계적으로 수행하는 단방향적 도구에 머물렀지만, 최근 로봇은 인간의 의도와 상태를 데이터를 통해 이해하며, 동등한 협업자로 진화하고 있다. 이를 가능하게 하는 핵심은 고도화된 센싱 기술과 AI 기반 학습, 그리고 직관적 인터페이스다.

동작 분석 센서들을 사용하여 로봇은 작업자의 움직임을 정밀하게 추적하고 예측하여 상황에 가장 적합한 행동으로 보조하는 것이 중요하다. 가령 허리 굽힘이나 손목 각도의 변화가 감지되면 로봇이 자재를 들어 올리거나 작업 자세를 보완할 수 있다. 생체 신호 센서를 통해 작업자의 피로도, 집중도, 근육 부하 상태를 파악해 그에 맞게 협력 강도를 조정할 수도 있다.

AI 기반 예측과 학습 기술을 통해 로봇은 작업자의 현재 동작 데이터로 다음 행동을 예측하여 충돌을 방지하고 협업 효율을 높일 수 있다. 작업자가 손을 뻗어 특정 공구를 잡으려는 동작을 미리 파악하고 해당 공구를 건네는 식이다. 이는 로봇에 대한 신뢰도를 향상시키고 로봇의 움직임에 대한 불안감을 낮출 수 있다.

강화학습과 적응 제어 기술을 통해 로봇은 단순히 프로그래밍된 동작을 반복하는 것이 아니라, 협업 과정에서 발생하는 다양한 상황을 학습하여 개선해 나가는 유연한 학습 과정을 거친다.

직관적인 인간-로봇 인터페이스 기술도 둘의 협업을 발전시키는 데 크게 기여한다. 혼합현실(MR)·증강현실(AR) 기술을 활용해 작업자가 AR 글라스를 착용하면, 로봇의 상태와 이동 경로가 시각적으로 표시될 수도 있다. 이를 통해 협업 상황을 직관적으로 이해하고 불확실성을 줄일 수 있다. 또한 자연어 처리(natural language processing, NLP)와 음성 인식 기술을 통해 인간이 음성으로 지시하거나 질문하면 로봇이 이를 이해하고 응답하는 방식으로, 작업 현장에서 보다 자연스러운 협력이 가능해지는 방향으로 나아가고 있다. 햅틱 피드백(haptic feedback) 기술로 로봇이 제공하는 촉각 신호를 통해 로봇의 힘 조절이나 접촉 상태를 즉각적으로 파악할 수 있어 정밀 작업의 안전성을 높일 수도 있다.

차세대 로보틱스 기술

AI와 로보틱스의 융합

차세대 로보틱스는 AI와의 긴밀한 융합을 통해 새로운 국면을 맞이할 것으로 보인다. 단순히 미리 정의된 명령어를 수행하는 기계적 도구로서의 로봇은 점차 사라지고, 피지컬 AI(Physical AI)에 걸맞은 지능형 로봇의 시대가 도래할 전망이다. 피지컬 AI는 로봇이 단순한 작업 수행을 넘어 센서를 통해 수집한 데이터를 스스로 분석하고, 환경과 상황의 맥락을 이해하며, 주어진 목표에 가장 적합한 의사결정을 할 수 있도록 한다. 즉, 로봇이 단순 기계가 아닌 지능을 갖춘 물리적 존재로 기능하는 개념이다.

> **피지컬 AI:** 인공지능이 실제 물리적 세계와 결합해 스스로 인식·판단·행동하는 기술.

이러한 진화는 로봇을 단순한 도구에서 상황에 유연하게 적응하는 동반자로 전환시키는 결정적 계기가 될 것이다. 제조 현장에서는 작업자의 피로도나 안전 상황을 실시간으로 감지해 협업 방식을 유연하게 조정할 수 있으며, 의료 환경에서는 환자 상태 변화에 맞춰 안전한 보조 동작을 자율적으로 선택할 수 있다. 결국 피지컬 AI는 로봇의 지능을 가상 공간의 알고리즘에 한정하지 않고 물리적 세계와 상호작용하는 능력으로 확장하는 핵심 개념이라 할 수 있다.

피지컬 AI의 기반은 사람, 환경, 기계로부터 다양한 신호를 실시간으로 수집하고 통합하는 멀티모달 센싱(multimodal sensing) 능력이다. 영상 센서, 라이다(LiDAR), 음성 인식, 촉각 센서, 생체 신호 센서까지 다양한 데이터가 융합돼야 로봇이 사람의 상태와 의도를 정확히 파악할 수 있다. 이러한 멀티모달 센싱은 로봇이 단순히 인간의 움직임만을 인식하는 수준에서 벗어나 의도, 감정, 안전 상황까지 이해하는 토대를 제공한다.

기존 로봇의 의사결정은 정해진 규칙과 제약에 따르는 경우가 많았지만 차세대 로보틱스에서는 머신러닝, 강화학습이 핵심적 역할을 한다. 로봇은 반복된 경험을 통해 최적의 협력 방식을 학습하고, 새로운 환경이나 예기치 못한 상황에서도 의사결정을 할 수 있다. 특히 강화학습 기반의 제어 알고리즘은 작업 효율성과 안전성 간의 균형을 맞추는 데 효과적으로 작용할 것으로 보인다.

경량화 웨어러블 로봇

차세대 로보틱스의 중요한 흐름 중 하나는 경량화된 웨어러블 로봇이다. 웨어러블 로봇은 산업 현장에서의 작업 부하와 피로를 감소시키는 보조 장비를 넘어 일상생활에도 점차 깊숙이 침투하고 있으며, 그 활용 범위와 사회적 수용성 모두 확장되고 있는 추세다. 산행이나 하이킹을 돕는 웨어러블 기기, 고령자의 보행을 보조하는 로봇 등은 이미 초기 시장에서 긍정적인 반응을 얻고 있다.

앞으로 웨어러블 로봇은 모듈화를 통해 더욱 간편해지고 탈부착, 운반이 손쉬운 사용자 맞춤형으로 발전할 것이다. 사용자는 자신의 필요에 따라 팔, 허리, 다리 등 특정 신체 부위에 로봇 모듈을 선택적으로 착용할 수 있으며, 이를 통해 기기 활용의 유연성과 편의성이 크게 향상될 것으로 기대된다.

또한 기존의 딱딱하고 금속적인 외형 대신 소프트 로보틱스 기술이 접목돼 옷감과 유사한 부드러운 재질을 사용함으로써 착용 시 가볍고 편안한 경험을 제공할 수 있을 것으로 기대된다. 이러한 변화는 단순한 기능적 향상을 넘어 웨어러블 로봇을 의류와 같은 생활 속 도구로 인식하게 만드는 중요한 전환점이 될 것이다.

자연스러운 외형과 사용 편의성은 웨어러블 로봇의 사회적 수용성을 높이는 핵심 요소가 될 것으로 보인다. 웨어러블 로봇은 일상적인 환경이나 직장 내에서 착용하더라도 눈에 띄지 않고 이질감을 최소화하는 방향으로 발전할 가능성이 크다. 궁극적으로는 일상과 산업 현장을 매끄럽게 연결하는 조력자로서 인간의 이동성과 작업 효율을 동시에 향상시키는 역할을 하게 될 것이다.

자율주행 로봇

기존의 산업용 로봇은 대부분 고정형으로 특정 위치에 설치된 상태에서 제한된 작업만 수행할 수 있었다. 이로 인해 생산 라인의 레이아웃은 로봇의 위치에 맞춰 고정적으로 설계될 수밖에 없었고, 이는 생산 시스템의 유연성 부족이라는 구조적 제약으로 이어졌다. 이러한 문제는 특히 조선업과 같은 대형 구조물 제작 산업에서 뚜렷하게 드러난다.

조선업은 선박 블록의 크기가 수십 미터에 달하고, 작업 대상이 일정한 위치에 고정돼 있지 않으며, 생산 공정에서 끊임없이 위치와 형태가 달라진다. 그러나 고정형 로봇은 제한된 작업 반경 안에서만 움직일 수 있기 때문에 대형 선박 블록 전체를 아우르는 작업을 수행하기 어렵다. 결국 조선업은 숙련 노동자에게 과도하게 의존하게 됐고, 이로 인한 작업 효율성 저하와 안전 문제가 꾸준히 지적돼 왔다.

이 같은 한계를 극복하기 위해 최근에는 로봇에 모빌리티(mobility) 기능이 결합되면서, 더 이상 무거운 고정 장비가 아니라 필요한 위치로 스스로 이동해 작업을 수행하는 기계로 진화하고 있다. 특히 센서, 지도 작성 기술, 그리고 자율주행 알고리즘이 발전하면서, 로봇은 환경을 인식하고 경로를 스스로 계획하며 인간과 협력하여 생산 공정이나 물류 작업을 유연하게 지원할 수 있게 됐다.

이러한 자율주행 로봇의 등장은 단순히 기술적 발전을 넘어 산업 전체의 생산 방식 혁신으로 이어지고 있다. 컨베이어 기반의 직선적 생산 라인에서 벗어나, 로봇이 필요한 시점과 장소에 즉시 투입될 수 있는 유연 생산 시스템으로의 전환이 가능해진 것이다. 자율주행 로봇은 물류창고, 병원, 건설 현장 등 다양한 분야로 확장되고 있으며, 단순 반복 작업뿐 아니라 상황 인식, 충돌 회피, 협업 수행과 같은 고도화된 기능을 바탕으로 인간과 함께 움직이는 지능형 파트너로 발전하고 있다.

사회적·윤리적 쟁점

고용 구조 변화

로봇의 폭발적인 산업 현장 투입은 노동 시장의 고용 구조 전환을 가속화하고 있다. 아마존 물류창고에서 수천 대의 로봇이 상품 분류와 이동을 담당하는 사례만 보더라도, 로봇이 얼마나 기존의 고용 형태를 근본적으로 바꾸고 있는지 알 수 있다. 배송 분야에서도 드론을 활용한 물류 시스템이 확산되면서, 트럭과 인력을 통한 배송에 의존하던 고용 구조에 큰 변화가 예고되고 있다.

이러한 흐름은 필연적으로 일부 직무의 축소와 일자리 전환을 동반한다. 단순 반복적인 규칙 기반의 작업은 로봇으로 대체될 가능성이 높으며, 이는 기존 직업의 소멸로 이어질 수 있다. 그러나 이러한 현상을 단순히 일자리의 상실로만 보는 것은 편협한 시각일 수 있다. 로봇의 도입은 동시에 새로운 직무와 산업 생태계를 창출한다. 예를 들어 로봇 운영 및 유지보수, 데이터 분석, 인간-로봇 협업 설계와 같은 전문 분야의 일자리가 증가할 것으로 보인다.

따라서 로봇화가 가져오는 변화는 일자리의 종말이 아니라 일자

아마존의 새로운 드론 MK30이 배송을 위해 이륙하는 모습.

출처: 아마존

리의 재편이라 보는 것이 타당하다. 기존 직업군은 감소할 수 있으나 새로운 기술·서비스 중심의 직업군이 확장되면서 노동 시장은 보다 다층적인 구조로 진화할 것이다. 이 과정에서 사회가 직면하는 과제는 단순히 일자리를 지키는 것이 아니라, 새로운 고용 구조에 적응할 수 있도록 교육, 재훈련, 정책적 지원을 마련하는 일이다.

안전성과 책임

로봇이 업무 환경을 근본적으로 변화시키면서 과거에는 존재하지 않았던 새로운 안전 문제들이 대두되고 있다. 이러한 문제는 산업과 일상 전반으로의 확산과 함께 더욱 증폭될 가능성이 크다. 우선 물리적 측면에서 로봇의 오작동이나 예기치 못한 동작은 산업 현장과 가정에서 인명 피해를 유발할 수 있다. 또한 로봇이 점차 네트워크와 연결되고 지능화됨에 따라 해킹, 사이버 공격을 통한 원격 조작, 혹은 범죄 도구로의 악용 가능성도 배제할 수 없다. 이는 로봇이 단순한 기계가 아니라 사회적 위험 요인으로까지 확장될 수 있음을 시사한다.

이와 함께 책임 소재 문제는 중요한 윤리적 쟁점으로 부각되고 있다. 로봇이 사고를 일으켰을 때 그 책임이 제조업체에 있는지, 운영 소프트웨어 개발자에게 있는지, 아니면 사용자인 인간에게 있는지에 대한 합의는 아직 명확하지 않다. 특히 인공지능이 탑재된 로봇이 스스로 판단을 내린 경우, 전통적인 법적 틀 안에서 책임을 귀속시키는 것은 쉽지 않다. 이러한 불확실성은 보험 제도, 법률 규제, 산업 표준 등 다양한 영역에서 새로운 기준을 요구하게 된다.

따라서 로봇 사회로의 전환기에 가장 시급한 과제 중 하나는 안전성 확보와 책임체계의 정립이다. 기술적 차원에서는 오작동 방지, 충돌 회피, 사이버 보안 강화가 필요하며, 제도적 차원에서는 로봇 관련 사고의 책임 귀속을 명확히 하는 법적·윤리적 프레임워크가 마련돼야 한다. 나아가 사회적 신뢰를 확보하기 위해서는 제조업체, 사용자, 정부, 국제기구가 함께 협력하여 투명하고 공정한 안전·책임 시스템을 구축해야 할 것이다.

인간 정체성과 감정

로봇이 점차 인간의 동반자로 자리매김하고 인간과 유사한 방식으로 사고하고 의사소통하게 됨에 따라, 우리는 기존에 경험하지 못한 정체성의 혼란에 직면할 가능성이 크다. 인간과 로봇의 경계가 모호해질수록 인간다움을 규정하는 전통적 개념인 자율성, 감정, 도덕성과 같은 속성들이 재검토돼야 하는 순간이 올 수 있다. 이는 단순한 철학적 질문을 넘어 사회적·문화적 정체성의 문제로 확산될 수 있다.

인간은 본질적으로 사회적·정서적 존재이기 때문에 로봇과의 상호작용 과정에서 깊은 애착이나 유대감을 형성할 수 있다. 특히 반려로봇, 돌봄 로봇, 교육용 로봇은 사용자의 외로움을 달래고 감정적 공백을 채우는 역할을 하며, 인간관계에서보다 더 강력한 애착을 유발할 수도 있다. 이러한 현상은 심각한 윤리적 문제를 내포한다. 예컨대 로봇과의 교감이 인간 간의 관계를 대체하거나 인간이 로봇에 대한 과도한 의존을 보일 경우, 사회적 고립이나 정서적 불균형을 초래할 수 있다.

따라서 로봇이 인간의 감정적 영역에 깊이 관여하게 되는 시대에는 정체성, 애착, 인간 존엄성과 같은 문제들이 새로운 윤리적 과제로 등장한다. 사회는 이러한 변화를 미리 인식하고 로봇과 인간의 관계를 규정할 수 있는 윤리적 기준과 사회적 합의를 마련해야 할 것이다.

2026년 이후의 미래

로봇이 의사결정 파트너로 진화

다가오는 미래에 로봇은 단순한 도구를 넘어 인간의 의사결정 파트너로 자리 잡을 것으로 전망된다. 이미 생성형 AI의 발전은 일상적인 질문에서부터 전문적 연구 주제에 이르기까지 인간의 사고 과정을 보조하는 방향으로 활용되고 있으며, 많은 이들이 자연스럽게 AI와 함께 사고하고 결정을 내리는 경험을 하고 있다.

이러한 흐름은 로봇의 물리적 능력과 AI의 지적 능력이 결합될 때 더욱 강력한 변화를 만들어낸다. 로봇은 인간이 놓치기 쉬운 데이터의 패턴을 빠르게 분석하고, 복잡한 계산을 실시간으로 수행하며, 이를 토대로 합리적 선택지를 제시할 수 있다. 특히 산업 현장에서는 로봇이 안전, 효율, 비용, 품질을 동시에 고려하는 의사결정을 지원함으로써 작업자의 부담을 줄이고 생산성을 극대화할 수 있다. 일상

생활에서도 로봇은 개인의 건강 관리, 재무 관리, 교육적 의사결정에서 지능형 조언자의 역할을 수행하게 될 것이다.

그러나 이러한 변화는 인간의 자율성과 책임성이라는 근본적인 질문을 제기한다. 로봇이 제안한 결정을 인간이 어느 수준까지 신뢰하고 받아들일 것인지, 그리고 잘못된 의사결정의 결과에 대한 책임은 누구에게 귀속되는지가 중요한 사회적 쟁점으로 떠오를 것이다. 따라서 로봇을 의사결정 파트너로 받아들이는 사회적 전환 과정에서는 투명한 알고리즘 설계, 설명 가능한 AI(Explainable AI), 윤리적 의사결정 프레임워크가 병행돼야 한다.

2026년 이후의 로봇은 단순히 인간의 작업을 보조하는 존재가 아니라, 데이터와 지식을 바탕으로 인간과 함께 사고하는 협력자로 진화할 것이다. 이는 인간-로봇 관계의 새로운 국면을 열고, 사회 전반의 의사결정 구조와 권한 분배에 깊은 변화를 가져올 것으로 예상된다.

인간-로봇 간 신경 인터페이스 연결 본격화

최근 일론 머스크의 뉴럴링크(Neuralink)가 보여주는 괄목할 만한 진전, 그리고 메타 최고 AI 책임자 알렉산드르 왕(Alexandr Wang)이 예측한 바와 같이, 뇌-컴퓨터 인터페이스(brain-computer interface, BCI) 기술의 발전은 인류 사회에 근본적인 변화를 예고하고 있다. 지금까지 인간과 로봇은 물리적으로 분리된 존재였으나, 가까운 미래에는 인간의 뇌파를 직접 로봇 시스템과 연결하는 방식이 본격화되면서 두 존재의 경계가 점점 희미해질 것으로 전망된다.

이러한 변화는 양방향적 융합을 의미한다. 한편으로는 인간이 신경 인터페이스 칩을 통해 로봇의 기능을 직접 제어하고 확장함으로써 로봇화된 인간(human-augmented machine)으로 진화할 수 있다. 다른 한편으로는 로봇이 인간의 뇌파 신호를 해석하여 의도와 감정을 이해하게 됨으로써 보다 인간화된 로봇으로 발전할 수 있다. 결과적으로 인간과 로봇이 혼합된 형태의 하이브리드 존재가 탄생할 수 있으며, 이는 상상을 초월하는 능력의 성장을 가능케 할 것이다.

BCI는 의료적 차원에서도 막대한 잠재력을 지니고 있다. 자폐 스펙트럼 장애, 지적 장애, 뇌졸중과 같은 신경학적 질환은 기존의 접근만으로는 치료에 한계가 있었다. 그러나 뇌 신호를 직접 기록·해석하고, 이를 기반으로 신경 회로를 자극하거나 로봇을 매개로 재활 훈련을 제공하는 방식은 새로운 의학적 돌파구를 열어줄 수 있다.

예컨대 신체 마비 환자가 로봇 의수를 자신의 뇌파만으로 정교하게 제어하거나, 뇌졸중 환자가 BCI 기반 로봇 재활 기기를 통해 운동 기능을 회복하는 사례는 이미 임상시험 단계에서 가시화되고 있다.

이처럼 BCI는 단순한 기술 발전이 아니라 인간 정체성, 윤리·사회 구조에까지 심대한 파급 효과를 미칠 전망이다. 인간과 로봇의 경계를 넘나드는 하이브리드적 진화가 실현된다면, 우리는 인간이란 무엇이며 기계와 인간의 관계는 어떻게 정의돼야 하는가라는 근본적 질문과 마주하게 될 것이다.

주목할 만한 기업

보스턴다이내믹스, 자율주행·휴머노이드 로봇의 선두주자

보스턴다이내믹스는 자율주행 로봇과 휴머노이드 로봇 분야에서 세계적으로 가장 주목받는 기업 중 하나다. 대표적인 4족 보행 로봇인 스폿(Spot)은 건설 현장, 에너지 플랜트, 방위 산업 등에서 활용되며, 복잡한 지형을 스스로 탐지하고 주행하는 능력을 입증했다. 또한 아틀라스(Atlas)와 같은 휴머노이드 로봇은 인간과 유사한 기동성을 바탕으로 점프, 달리기, 균형 유지와 같은 고난도 동작을 수행할 수 있으며, 재난 대응, 물류, 군사 분야에서 폭넓은 활용 가능성을 보여주고 있다.

보스턴다이내믹스의 휴머노이드 로봇 아틀라스(Atlas)

보스턴다이내믹스의 휴머노이드 로봇 아틀라스가 인간의 작업을 수행하고 있다.

출처: 보스턴다이내믹스

현대자동차그룹이 보스턴다이내믹스를 인수한 것은 이 기업의 잠재가치를 잘 보여주는 사례다. 현대는 단순한 자동차 제조업체를 넘어 지상, 공중, 우주를 아우르는 모빌리티 기업으로의 전환을 추진하고 있다. 이러한 비전 속에서 보스턴다이내믹스의 기술은 인간의 운송 수단과 이동 개념을 새롭게 정의할 핵심 자산으로 자리한다. 보스턴다이내믹스는 기계적 이동성을 넘어, 지면에 국한되지 않고 하늘과 지구 밖까지 확장되는 차세대 모빌리티 패러다임을 실현하는 데 중요한 역할을 담당할 것이다.

뉴럴링크, BCI의 혁신

일론 머스크가 이끄는 뉴럴링크는 BCI 기술을 선도하는 기업이다. 초소형 뇌 임플란트 칩을 개발하여 뇌 신호를 직접 기록·해석하고, 이를 기반으로 컴퓨터나 로봇 장치를 제어하는 것을 목표로 한다. 이러한 기술은 향후 재활의학, 장애 보조, 인지 증강 분야에서 획기적인 변화를 이끌어낼 수 있으며, 나아가 인간과 로봇의 경계를 허물어 하이브리드적 존재의 등장을 가능케 할 잠재력을 지닌다.

최근 뉴럴링크는 인간 대상 임상시험에서 첫 번째 피험자에게 성공적으로 칩을 이식했다고 발표했다. 피험자는 뇌파 신호만으로 컴퓨터 커서를 이동시키는 데 성공함으로써 완전한 신체 마비 환자들에게 새로운 의사소통 수단을 제공할 수 있음을 보여줬다. 나아가 뇌 신호를 기반으로 로봇 의수를 정교하게 제어하거나 로봇 외골격과 직접 연결돼 신체 능력을 확장하는 것이 가능해질 것으로 기대된다.

뉴럴링크가 제시하는 비전은 단순히 의료적 치료에 국한되지 않는다. 인간의 인지 능력 증강, 인간과 로봇 간의 실시간 신경 연결, 궁극적으로는 인간이 디지털 공간과 물리적 로봇을 동시에 제어할 수 있는 확장된 지능의 세계를 지향한다. 이러한 전망은 인간 정체성, 윤리, 사회 구조에 근본적 변화를 초래할 수 있다. 뉴럴링크는 그 변화를 현실화하는 가장 상징적인 기업으로 자리잡고 있다.

뉴럴링크의 N1 임플란트

출처: 뉴럴링크

어질리티로보틱스, 산업·물류용 휴머노이드 로봇 상용화

어질리티로보틱스(Agility Robotics)는 물류 및 서비스 산업을 겨냥한 휴머노이드 로봇 상용화에 앞장서고 있는 기업이다. 대표 제품인 디짓(Digit)은 두 팔과 두 다리를 활용해 사람처럼 물건을 집고 운반할 수 있으며, 기존의 자동화 설비와 자연스럽게 통합돼 창고와 유통 현장의 효율성을 크게 향상시킨다. 디짓은 인간형 구조로 설계돼 기존 인프라를 변경하지 않고도 로봇을 투입할 수 있다는 점에서 높은 경쟁력을 갖는다.

이러한 잠재력은 글로벌 빅테크들의 관심을 이끌었다. 아마존은 어질리티로보틱스에 투자하고 물류센터에서 파일럿 테스트를 진행 중이다. 이는 단순한 실험적 시도가 아니라 향후 대규모 도입을 위한 준비 단계로 해석된다. 도입이 본격화되면 기존의 인력 구조를 대체하거나 보완하는 과정에서 고용 구조 변화와 산업 자동화의 핵심 축으로 자리 잡게 될 것이다.

궁극적으로 어질리티로보틱스는 인간과 협업하는 산업 로봇이라는 새로운 패러다임을 제시하고 있다. 이는 단순한 기술 혁신을 넘어 앞으로의 산업·물류 환경에서 인간과 로봇의 관계를 어떻게 재편할 것인지에 대한 중요한 시사점을 제공한다.

2026년은 AI와 로보틱스가 단순한 도구를 넘어 산업과 사회의 주체로 자리 잡는 대전환의 해가 될 것이다. 제조업, 물류, 서비스 산업 등 다양한 현장에서 이미 로봇은 단순 반복적인 기계가 아니라 지능형 협력자로 진화하고 있으며, 이는 인간의 역할을 재편하고 있다.

차세대 로보틱스는 피지컬 AI, 경량 웨어러블 로봇, 자율주행 로봇과 같은 기술 발전을 통해, 기존의 구조적 제약을 넘어서는 새로운 생산·생활 환경을 열어갈 것이다. 동시에 HRC는 효율성뿐 아니라 안전, 신뢰, 직관적 상호작용을 기반으로 산업 전반에서 불가피한 흐름으로 자리 잡아가고 있다.

그러나 이와 같은 발전은 고용 구조, 안전성과 책임, 인간 정체성과 감정에 대한 새로운 사회적·윤리적 과제를 동반한다. 로봇은 인간을 대체하는 동시에 새로운 직업을 창출한다. 따라서 사회는 상실이 아닌 재편의 관점으로 변화를 준비해야 한다. 또한 로봇이 인간의 감정과 신경체계까지 연결되는 시대에는 기술적 성취만이 아니라 인간다움의 본질을 재정의하는 작업이 필요하다. 인류는 이제 로봇과 함께 새로운 문명을 설계해야 할 시점에 서 있다.

<황재진 노던일리노이대학교 교수>

3장
제조업의 대전환, 인더스트리 6.0 시대를 열다

AI 기반 디지털 전환은 생존을 위한 필수 전략

AI-네이티브 팩토리

제조 산업은 글로벌 공급망 불안정, 시장 경쟁 격화, 지속가능성에 대한 부담, 그리고 인력 부족이라는 복합적인 위기에 직면해 있다. 이러한 환경 속에서 AI 기반 디지털 전환은 선택이 아닌 생존을 위한 필수 전략이다.

2026년은 AI 기반 디지털 전환의 새로운 분야 'AI-네이티브 팩토리(AI-Native Factory)'가 본격적으로 가속화되는 원년이 될 전망이다. AI-네이티브 팩토리는 기존의 스마트 팩토리 개념을 한 단계 뛰어넘는 혁신적인 접근법이다. 스마트 팩토리가 기존 제조 시설에 IoT와 자동화

AI-네이티브 팩토리: 공장의 설계·운영 단계부터 인공지능을 중심에 두고 구축된 차세대 스마트 팩토리.

기술을 접목한 것이라면, AI-네이티브 팩토리는 처음부터 AI를 기반으로 설계된 생산 시스템이다. 이는 완전 자율화를 목표로 하는 무인 생산 공장, 즉 '라이트 아웃 매뉴팩처링(Lights-out Manufacturing)'의 본격적인 등장을 의미한다. '불 꺼진 공장'이라는 뜻의 이 개념은 말 그대로 인간의 개입 없이도 24시간 가동되는 완전 자동화 공장을 지향한다.

생산 공정 전반을 AI가 실시간 최적화·자동화하여 효율성과 유연성을 극대화하는 이러한 무인 생산 공장에서는 로봇, 컴퓨터 비전, 에지 컴퓨팅(edge computing), 디지털 트윈(digital twin), 산업용 사물인터넷(IIoT)이 결합하여 마치 하나의 유기체처럼 작동한다. 각 구성 요소들이 실시간으로 데이터를 주고받으며 스스로 학습하고 최적화하는 지능형 생산 생태계가 구현되는 것이다.

이러한 변화는 인더스트리 4.0와 5.0을 넘어 인더스트리 6.0 시대의 핵심 모델로 평가받고 있다. 이전 산업혁명에서는 IoT, 빅데이터, 사이버-물리 시스템(cyber-physical system)을 중심으로 기술적 효율성에 집중했다면, 6.0 시대는 여기에 인간 중심의 설계철학과 지속가능성이라는 가치를 흡수하고 확장하며 더욱 진보된 지능과 자율성에 집중하는 미래형 산업혁명 단계로 발전한다.

인더스트리 6.0은 단순히 기술의 발전이 아닌 기술과 인간, 그리고 환경이 조화를 이루는 새로운 제조업 패러다임을 제시한다. 이는 기술이 인간을 대체하는 것이 아니라, 인간의 창의성과 판단력을 더욱 극대화할 수 있도록 지원하는 방향으로 발전하고 있음을 의미한다.

포드의 제조 혁신, 문제를 해결하는 방식에서 문제를 없애는 방식으로

인더스트리 6.0 전환은 이미 현재 진행형이다. 이를 가장 잘 보여주는 사례가 바로 미국의 대표적인 완성차 업체 포드의 최근 발표다. 포드는 2027년부터 켄터키 루이빌 공장에서 3만 달러대의 차세대 전기 픽업트럭을 양산하겠다고 발표했다. 주목할 점은 단순히 새로운 모델을 출시하는 것이 아니라, 저가 전기차를 생산하기 위한 핵심 전략으로 '조립 트리(Assembly Tree)'라는 혁신적인 제조 기법을 도입한다는 것이다.

기존의 전통적인 직선형 조립 라인 방식에서 벗어나, 포드는 생산 과정을 세 갈래의 하위 조립 라인으로 나누어 동시에 진행한 뒤 마지막 단계에서 하나로 합치는 혁신적인 방식을 택했다. 이는 마치 나무의 가지들이 하나의 줄기로 합쳐지는 모습과 유사해서 '조립 트리'라는 이름이 붙었다.

포드의 새로운 접근법에서 가장 흥미로운 점은 복잡성을 관리하려 하지 않고, 복잡성 자체를 제거한다는 철학이다. 이를 통해 배선 하네스를 1.3km나 단축할 수 있고, 전체 부품 수를 20%나 줄일 수 있다고 밝혔다. 또한 공장 내 도크-투-도크(dock-to-dock) 작업대도 40% 줄어들게 된다. 이러한 개선의 결과로 조립 시간은 전통적인 방식보다 약 15% 단축될 것으로 포드 측은 예상하고 있다.

20세기 초 분업형 컨베이어벨트 시스템으로 '공장의 시대'를 연 포드의 이번 제조 혁신은 단순한 기술적 개선을 넘어 여러 가지 의미를 내포하고 있다. 전통적인 자동차 제조업이 날로 증가하는 복잡성

포드 CEO 짐 팔리(Jim Farley)

포드 CEO 짐 팔리가 포드의 저가 전기 픽업트럭 생산 계획과 조립 트리 제조 방식 도입에 대해 이야기하고 있다.

출처: 포드

을 어떻게 효과적으로 관리할 것인가에 초점을 맞춰왔다면, 포드의 새로운 제조 방식은 복잡성 자체를 근본적으로 제거하는 것에 주안 점을 둔다. 이는 문제를 해결하는 방식에서 문제 자체를 없애는 방식 으로의 패러다임 전환을 의미한다.

테슬라가 휴머노이드 로봇 옵티머스(Optimus)로 자동차 생산 공정 의 완전한 로봇화를 시도하고 있다면, 포드는 단순 반복 작업은 더욱 자동화하되 인간은 보다 복잡한 판단과 창의적 문제 해결에 집중할 수 있도록 하겠다는 것이다. 완전 자동화를 지향하면서도 인간의 고 유한 역할을 인정하고 활용하려는 접근법은 인더스트리 6.0 시대의 핵심적인 특징이다.

2026년 제조업 트렌드 1. AI-네이티브 팩토리의 확산

생산성 60% 증가한 한화큐셀

AI-네이티브 팩토리의 본질은 데이터 기반의 실시간 의사결정에 있다. 인공지능은 생산 계획 수립부터 품질검사, 유지보수에 이르기까지 대규모 데이터를 실시간 분석하며, 자율적으로 생산 일정을 조정하거나 장비의 이상을 감지한다.

가령 AI는 센서 및 장비 데이터를 분석해 기계 고장을 예측하고, 필요 시점에만 정비를 진행함으로써 불필요한 유지보수와 돌발적인 다운타임을 줄인다. IBM 보고서에 따르면 AI 기반 예지보전은 자동차, 전자 등 산업 현장에서 불필요한 정비 비용과 생산 중단을 효과적으로 절감하고 있는 것으로 나타났다. 또한, AI는 품질검사 시에도 제품 이미지를 분석해 실시간 불량을 감지함으로써 불량률 감소와 고객 만족도 향상에 기여한다.

2026년 AI-네이티브 팩토리는 가파른 성장세를 이어갈 것으로 전망된다. 이미 인공지능과 로보틱스가 결합된 시스템으로 구동되는 무인 제조 플랜트 도입 사례가 늘고 있으며, 여기에 글로벌 공급망 불안과 제조 인력 확보의 어려움까지 겹치면서 AI-네이티브 팩토리는 더 이상 선택이 아닌 시급한 과제로 부상했다.

미국 조지아주에 두 곳의 생산 거점을 마련한 태양광 제조업체 한화큐셀이 대표적인 사례다. 한화큐셀은 하루 생산되는 80만 개의 셀을 전기발광(electroluminescence) 검사 장비와 AI가 자동으로 스캔하

한화큐셀 조지아 공장의 AI 기반 품질검사 시스템

AI가 선별한 제품 중 문제가 있는 제품에 대해 직원들이 다시 검수하는 공정이 진행되고 있다.

출처: 한화큐셀

는 품질검사 시스템을 구축했다.

특히 공장 전체 생산 단계에서 발생하는 데이터가 실시간으로 수집, 분석된다. 특정 배치의 웨이퍼에서 문제가 발견되면, 그 웨이퍼가 어느 공정을 거쳤는지 역추적이 가능하다. 수집된 데이터는 머신러닝과 고급 분석 기법을 통해 문제를 미리 예측하고 최적화 방안을 제시한다.

여기에 자율주행 모바일 로봇이 24시간 365일 쉬지 않고 공장 내에서 부품과 제품을 운반한다. 배터리가 부족하면 스스로 충전 도크(dock)로 이동해 충전을 마친 후 다시 작업에 투입된다. 공장 내 사람과 마주치면 경고음을 울리기도 한다. 한화큐셀 관계자는 "라인당 효율이 565MW에서 775MW 이상으로 증가하여 생산성이 약 55~60% 증가했다"라고 설명했다.

무인화를 주도하는 중국

중국 기업들은 이미 한발 앞서 무인 제조를 실현하고 있다. 대표적으로 샤오미는 2024년 베이징 창핑구에 완전 자율형 스마트 팩토리를 가동했다. 8만m^2(약 2만 6,000평)에 달하는 이 공장은 인력 개입 없이 연간 1만 대 이상의 스마트폰을 생산할 수 있도록 설계됐다. 11개의 완전 자동화 생산 라인을 기반으로, 샤오미의 차세대 폴더블폰인 믹스 폴드 4(MIX Fold 4)와 믹스 플립(MIX Flip)을 약 3초마다 1대씩 생산한다.

이 공장은 샤오미 자체 개발 소프트웨어에 의해 구동되며, 특히 샤오미의 지능형 제조 플랫폼 펑파이(Pengpai)는 공장의 AI 두뇌로서 실시간으로 공정을 최적화하고 문제를 해결한다. 이를 통해 공장은 현장 인력 없이 365일 가동될 수 있다.

상하이의 테슬라 기가팩토리 역시 대표적 사례다. 이곳에서는 약 30초마다 1대의 차량이 완성된다. 전체 공정의 95%가 자동화돼 있으며, AI와 로보틱스가 핵심 작업을 수행하고 인간은 최종 검사 단계에서만 개입한다.

현재 중국은 전 세계 산업용 로봇의 52%가 설치돼 있으며, 글로벌 무인화 전환을 주도하고 있다. 예컨대 폭스콘은 중국 쿤산 공장에서 6만 명의 인력을 로봇으로 대체했고, 이미 운영의 30%를 자동화하는 계획을 오랫동안 추진해 왔다.

유럽도 마찬가지다. 독일 바이에른의 소도시 암베르크에 위치한 지멘스 공장은 세계에서 가장 진화한 스마트 팩토리 가운데 하나로 꼽

한다. 이곳은 예측 유지보수 시스템에 AI를 도입해 별도의 공간 확장이나 인력 증원 없이 생산량을 무려 13배 확대하는 성과를 거뒀다.

AI-네이티브 팩토리는 이제 실험적 시도가 아니라 제조업의 미래를 규정짓는 핵심 축으로 자리매김하고 있다. 이런 트렌드는 2026년에 더욱 가속화될 전망이다.

휴머노이드 로봇의 대중화

인간의 작업을 지원하는 휴머노이드 로봇 기술은 급격하게 고도화되고 있으며 대중화 속도 역시 가속화되고 있다. 현대자동차그룹은 2025년 10월부터 미국 조지아 사바나에 신축한 메타플랜트 아메리카(HMGMA)에 휴머노이드 로봇 아틀라스를 투입한다. 초기에는 자동차 조립에 필요한 부품 배치와 같은 단순 작업을 수행하지만, 향후

보스턴다이내믹스의 휴머노이드 로봇 아틀라스

머리의 카메라를 활용한 머신러닝 기반의 비전 시스템으로 공간과 물체를 정확히 인식하고, 로봇 손(mnipulator)을 정교하게 움직여 엔진 커버를 집고 운반하는 아틀라스.

출처: 보스턴다이내믹스

에는 조립 라인의 약 40%를 담당할 것으로 전망된다. 이러한 변화의 배경에는 한국 제조업이 직면한 고임금 구조와 잦은 파업으로 인한 생산 차질, 그리고 미국 내 공장들의 만성적인 인력 수급난이 자리한다. 글로벌 경기 둔화와 공급망의 불확실성 속에서 가격 경쟁력을 유지하기 위한 인건비 절감은 불가피한 선택이 되고 있는 것이다.

미 연방준비은행에 따르면 2025년 6월 기준 미국 제조업 분야에서만 41만 4,000개의 일자리가 공석이다. 이러한 상황에서 로봇은 단순히 인간을 대체하는 존재가 아니라 생산성과 가동률, 운영 효율성을 향상시키는 핵심적 역할을 담당하고 있다. 기업들은 추가적인 인력 채용 없이도 생산 목표를 달성할 수 있는 해법을 로봇에서 찾고 있는 것이다.

특히 자동차 제조업, 재해 대응, 원자력 작업 같은 고위험 또는 정밀성이 요구되는 분야에서는 5~15%의 노동력이 로봇으로 대체될

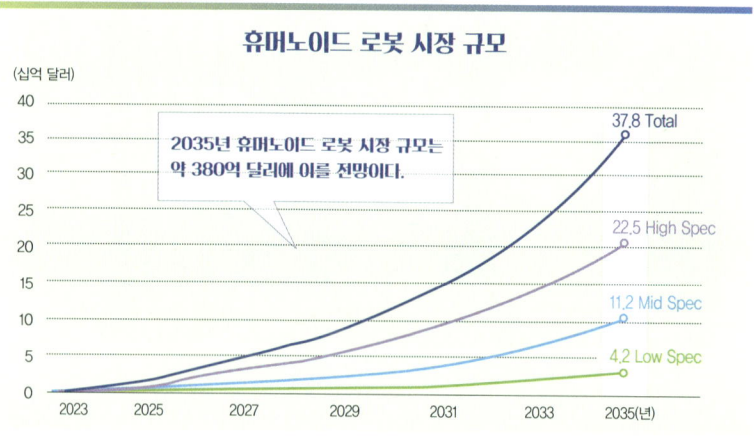

출처: 골드만삭스

전망이다. 이에 따라 휴머노이드 로봇의 글로벌 수요는 2035년까지 350만 대에 이를 것으로 추정된다. 골드만삭스는 휴머노이드 로봇 시장이 2035년까지 연간 약 380억 달러의 수익을 창출할 것으로 분석했다.

변화는 곳곳에서 나타나고 있다. 대만 기업 폭스콘과 미국의 AI칩 제조사인 엔비디아는 AI 서버를 생산한 휴스턴의 폭스콘 공장에 휴머노이드 로봇을 배치하는 방안을 논의 중이다. 이는 엔비디아 제품이 휴머노이드 로봇의 도움을 받아 생산되는 첫 사례다. 이를 위해 폭스콘과 엔비디아는 자체 휴머노이드 로봇을 개발하고 있고, 중국기업 UB테크가 제작한 휴머노이드 로봇이 시범 도입됐다. 2026년 1분기에는 휴머노이드 로봇을 가동하는 것을 목표로 하고 있다.

엔비디아가 직접 AI 서버 제조에 휴머노이드 로봇을 도입하는 것은 이 회사가 로봇 제조사들에게 로봇 구축에 필요한 플랫폼을 공급하고 있다는 점에서 의미가 있다. 젠슨 황 CEO는 2025년 3월 휴머노이드 로봇이 5년 안에 제조 시설에 광범위하게 적용될 것이라고 전망한 바 있다.

저가 로봇으로 시장 선점에 나선 중국

휴머노이드 로봇 시장을 선점하겠다는 중국의 전략적 행보도 주목할 만하다. 2025년 7월 상하이에서 열린 세계인공지능대회(World Artificial Intelligence Conference, WAIC)에는 유니트리(Unitree), 애지봇(Agibot) 등 중국의 주요 로봇 기업 80여 곳이 참가했다. 전년 18곳에 불과했던 것과 비교하면 폭발적인 성장세다. 특히 유니트리는 6,000달러짜리 휴머노이드 로봇 R1을 공개하며 본격적인 저가 로봇 시대의 서막을 열었다. 기존의 G1이 약 1만 6,000달러, 고급형 H1이 9만 달러 이상이었던 점을 감안하면 매우 파격적인 가격대다.

중국의 전략은 명확하다. 고성능 저가 로봇의 대량 보급을 통해 전 세계 제조업 자동화를 주도하는 것이다. 인건비가 높은 선진국은 물론 상대적으로 노동력이 풍부한 신흥국들까지도 중국산 로봇에 의존하게 만들겠다는 계산이다. 실제로 모건스탠리 분석에 따르면 휴머노이드 로봇 가치사슬의 56%를 중국 기업이 장악하고 있으며, 글로벌 공급망의 63%를 중국이 통제하고 있다. 이는 중국이 단순히 로봇을 생산하는 데 그치는 것이 아니라 로봇 생태계 전체를 지배하고 있음을 의미한다.

R1은 기존 로봇의 3분의 1 가격인 6,000달러에 출시됐다.

출처: 유니트리 유튜브

2026년 제조업 트렌드 2. 디지털 트윈과 산업 메타버스 가속화

현실 세계의 디지털 쌍둥이, 디지털 트윈

제조업 현장에서 이제 엔지니어들은 실제 공장 라인을 건설하기 전에 가상 공간에서 모든 것을 시뮬레이션하고 최적화할 수 있게 됐다. 이 같은 변화의 중심에는 디지털 트윈과 산업 메타버스 기술이 있다.

디지털 트윈은 단순한 3D 모델링을 넘어선다. 실제 생산 자산의 실시간 포토리얼 복제본을 만들어내며, 물리적 세계와 디지털 세계를 완벽하게 동기화한다. 제조업체들은 이 기술을 통해 새로운 생산 라인을 구축하기 전에 가상 환경에서 모든 가능성을 테스트하고, 문제점을 미리 발견하며, 최적의 솔루션을 찾아낼 수 있다.

독일 암베르크에 위치한 지멘스 공장은 디지털 트윈 기술을 선도적으로 도입했다. 이 공장은 PLC(Programmable Logic Controller)를 생산하는데, 디지털 트윈 기술을 활용해 기계의 미세한 움직임부터 전체 생산 흐름 등을 추적한다. 지멘스는 이 디지털 모델을 활용해 실제 생산에 앞서 다양한 시뮬레이션과 최적화 작업을 거친다. 그 결과 제조 물량을 조절하는 능력이 30% 증가했고, 생산성은 20% 뛰어오른 것으로 나타났다. 공간 효율성을 40%나 향상시키는 데도 디지털 트윈을 활용했다.

보잉 역시 디지털 트윈 기술을 활용해 항공기 설계, 테스트, 그리고 유지보수 과정을 혁신 중이다. 항공기의 모든 부품을 디지털 환경에서 시뮬레이션함으로써 보잉은 문제가 발생하기 전에 미리 예측

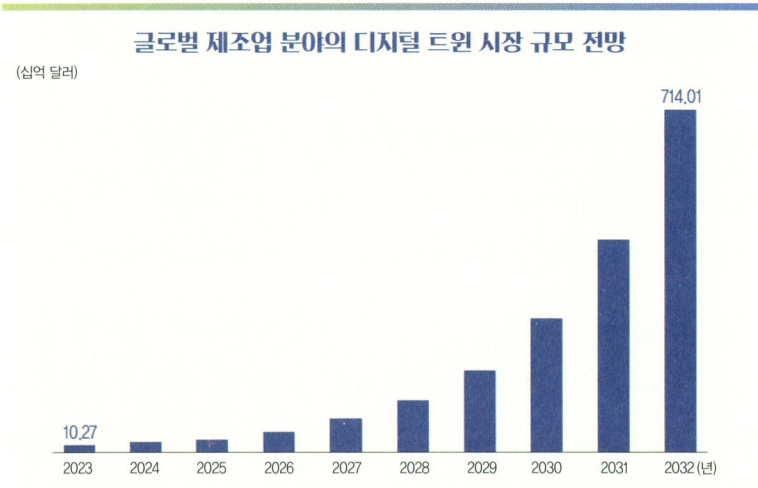

출처: 자이온마켓리서치

하고 성능을 최적화하고 있다. 보잉은 디지털 트윈 활용 이후 조립 시간을 80% 단축했고, 소프트웨어 개발 시간이 50%나 줄어든 것으로 나타났다. 또 BMW 헝가리 데브레첸 공장은 3D 스캐닝·디지털 트윈 모델을 기반으로 생산 라인의 흐름을 시뮬레이션해서 자유롭게 레이아웃을 변경하고 최적화하여 생산 효율을 30% 개선했다. 이는 연간 1억 달러의 비용 절감 효과도 있는 것으로 조사됐다.

자이온마켓리서치가 조사한 제조업 분야의 디지털 트윈 시장 규모는 2032년까지 7,140억 달러에 이를 전망이다. 연간 60% 이상의 고속 성장률이다.

디지털 트윈의 확장판, 산업 메타버스

현실의 공장, 기계, 설비 등을 가상 세계에 실시간으로 구현하고 시뮬레이션하여 효율성을 극대화하는 산업 메타버스 분야 역시 디지털 트윈에 못지않은 성장세를 보이고 있다. 공간 컴퓨팅, 인공지능, 그리고 클라우드-에지 인프라 기술의 발전에 힘입어 시장 규모는 2029년까지 2,286억 달러에 이를 것으로 예측된다. 제조업 전반에 걸친 패러다임 전환이 진행되고 있는 것이다.

기업들의 도입 의지도 뚜렷하다. 지멘스가 2024년 조사한 바에 따르면, 전 세계 기업의 81% 이상이 산업 메타버스를 적극적으로 도입하고 있다고 답했다. 조사 대상 기업의 약 3분의 2가 이미 제품 엔지니어링, 생산 운영, 품질 관리 등 다양한 영역에서 관련 기술을 실무에 도입했다고 보고했다.

기업들의 이러한 적극적 자세는 투자 증가로도 이어지고 있다. 전체 기업의 62%가 전년 대비 관련 기술에 대한 지출을 늘렸다고 답했다. 이는 경제적 불확실성이 지속되는 상황에서도 기업들이 디지털 전환에 대한 투자를 우선순위로 두고 있음을 보여준다.

특히 흥미로운 것은 기업 규모별 투자 패턴의 차이다. 직원 수 1,000~5,000명의 중간 규모 기업들이 가장 적극적인 투자 성향을 보였다. 이들 중 68%가 투자 확대 계획을 밝힌 반면, 소규모 기업과 대규모 기업에서는 58%가 같은 계획을 가지고 있다고 답했다. 이러한 현상은 소규모 기업보다는 충분한 자원을 보유하고 있으면서도, 대기업보다는 의사결정이 빠르고 유연한 조직 구조를 갖추고 있기 때문으로 분석된다.

2026년 제조업 트렌드 3. 지역화된 저탄소 공급망

트럼프의 리쇼어링 정책

도널드 트럼프 2기 행정부가 시작되면서 글로벌 공급망 전쟁이 본격화되고 있다. 세계 최대 소비 시장을 무기로 한 미국의 리쇼어링은 단순한 무역 정책을 넘어 글로벌 제조업 생태계의 근본적 재편을 추진하는 강력한 동력이 됐다. 특히 중국 중심으로 구축된 기존 공급망 체계를 해체하고, 자국으로의 생산시설 유치에 국가적 역량을 집중하고 있는 상황이다.

이러한 지정학적 변화는 제조업계에 전례 없는 도전과 기회를 동시에 제공하고 있다. 기업들은 더 이상 비용 효율성만을 추구할 수 없게 됐으며, 공급망의 안정성과 지속가능성이 새로운 경쟁력의 척도로 부상하고 있다.

이런 격변의 흐름 속에서 2026년은 글로벌 제조업사에 있어 결정적인 분기점으로 기록될 전망이다. 수십 년간 지속돼 온 글로벌 공급망의 시대가 막을 내리고, 지역화된 저탄소 공급망이라는 새로운 패러다임이 본격적으로 꽃피우는 원년이 될 것이기 때문이다.

이러한 변화를 견인하는 핵심 동력 중 하나는 유럽연합의 탄소국경조정제도(Carbon Border Adjustment Mechanism, CBAM)다. CBAM은 단순한 환경 규제를 넘어 탄소집약적 생산 활동을 본국으로 되돌리는 강력한 경제적 압박 수단으로 작용하고 있다. 탄소 배출에 따른 비용 부담이 현실화되면서, 기업들은 생산 거점의 재배치와 공급망의 전면적 재설계를 불가피한 선택으로 받아들이고 있다.

증가하는 탄소 비용과 지정학적 불확실성은 제조업계에 구조적 재편을 촉발하고 있으며, 그 변화의 규모와 속도는 놀랍다. 액센추어(Accenture)가 2023년 실시한 글로벌 제조업체 대상 설문조사 결과는 이러한 변화의 실상을 명확히 보여준다.

2026년까지 제조업체의 65%가 핵심 품목의 대부분을 지역 공급업체에서 조달할 계획이라는 응답은 단순한 의도 표명이 아니다. 이는 생존을 위한 전략적 선택이다. 더욱 주목할 만한 것은 85%의 기업이 동일 지역 내에서 대부분의 제품을 생산하고 판매하는 '지역 완결형 가치사슬'을 목표로 한다는 점이다. 이는 2023년 43%에 비해 거의 2배 증가한 수치로, 제조업계의 DNA가 근본적으로 변화하고 있음을 시사한다.

소싱 분산, 파워 오브 투 전략

특히 주목할 만한 현상은 제조업체의 3분의 2가 '파워 오브 투(Power-of-Two)'* 전략을 채택하고 있다는 점이다. 이는 전통적인 글로벌 네트워크 의존 방식에서 탈피, 두 개의 주요 지역에 걸쳐 소싱을 분산하는 정교한 리스크 관리 접근법이다.

> **파워 오브 투:** 성공적인 비즈니스 성과를 내기 위해 두 명의 핵심 인물 또는 파트너십에 집중하는 것.

이러한 전략의 배경에는 복합적인 위험 요인들이 작용하고 있다. 탄소 규제로 인한 비용 증가, 지정학적 갈등으로 인한 공급 차단 리스크, 그리고 팬데믹과 같은 예기치 못한 글로벌 충격에 대한 학습 효과가 결합된 결과다. 제조업 경영진의 90%가 탄소 노출을 줄이고 지정학적 충격에 견디기 위해 지역 공급망 구축에 나서고 있다는 것은, 이것이 더 이상 선택사항이 아닌 필수 조건임을 의미한다.

이러한 공급망 재편은 제조 기업들의 비용 구조에 근본적 변화를 가져오고 있다. 가장 두드러진 변화는 투자 규모의 기하급수적 증가다. 공급 및 생산 시설의 디지털화, 자동화, 재배치에 투자하는 기업들이 현재 투자 수준의 2.5~4배까지 증가할 것으로 예상된다. 기업들은 단순히 생산 거점을 이동하는 것이 아니라, 디지털 기술을 기반으로 한 스마트 공급망을 구축하여 효율성과 지속가능성을 동시에 달성하려 하고 있다.

효율성과 지속가능성을 동시에, 친환경 AI 공급망

국제 투자기관과 글로벌 밸류체인은 이제 '친환경 AI 공급망' 여부를 핵심 지표로 삼기 시작했다. 예를 들어 애플은 2025년부터 주요 협력사에 AI 기반의 에너지·탄소 관리 시스템 도입을 의무화했고, 이를 준수하지 못하는 기업은 공급망에서 배제할 수 있음을 명시했다. 2026년 이후 글로벌 투자자들은 기업의 재무 성과뿐 아니라, 공급망 전체의 탄소 감축 및 자원 효율성 데이터를 ESG 투자 판단의 필수 기준으로 삼을 전망이다.

세계 최대의 의류 기업 인디텍스(Inditex) 산하의 자라(Zara)가 보여주는 니어쇼어링(nearshoring, 해외로 이전했던 생산 공정이나 서비스를 본국과 지리적으로 가까운 국가로 옮기는 것) 전략은 지역화된 공급망의 또 다른 성공 모델이다. 스페인, 포르투갈, 튀르키예, 모로코 등 지리적으로 인접한 지역에서의 제조를 통해 저탄소 운영을 실현하면서도, 패스트 패션의 핵심인 빠른 반응성을 유지하고 있다.

이러한 접근법의 혁신성은 속도와 지속가능성을 동시에 달성한다는 점에 있다. 빠른 턴어라운드를 통해 시장 변화에 즉각 대응하면서도, 운송 관련 탄소 배출량을 대폭 감소시키고, 디자인에서 매장 진열까지의 사이클을 몇 주 내로 단축하는 것이 가능해졌다. 이는 지역화된 공급망이 단순히 리스크 완화 수단이 아니라 새로운 경쟁우위의 전략이 될 수 있음을 보여주는 사례다.

에너지 관리 및 자동화 분야의 선도 기업 슈나이더일렉트릭(Schneider Electric)은 공급업체 상위 1,000곳에서 2025년까지 탄소 배출량을 50% 감축한다는 목표를 세웠다. 이를 위해 200회 이상의 교육 워크숍과 첨단 탄소 추적 도구를 활용해 공급업체들이 저탄소 전환을 성공적으로 수행할 수 있도록 돕고 있다.

이들의 사례는 공통된 특징을 보여준다. 탄소 비용을 외부 부담으로 보지 않고 내재화해 경쟁력의 원천으로 전환하고 있으며, 지역 공급업체와의 파트너십을 통해 혁신 생태계를 구축하고 있다. 또한 디지털 기술을 적극 활용해 효율성과 지속가능성을 동시에 달성하는 스마트한 해법을 제시하고 있다.

제조업 직무 구조의 재편

재교육을 통한 인력 재편

제조업은 심각한 인력 부족 사태에 직면해 있다. 기술 격차로 인해 2033년까지 190만 개의 제조업 일자리가 채워지지 않을 것이라는 충격적인 전망도 나온다. 이는 '일자리의 소멸'이 아니라 '일자리의 재구성'으로 이어질 전망이다. 제조업의 인력 재편은 재교육(reskilling)과 업스킬링(upskilling) 없이는 불가능하다.

실제로 지멘스는 기존 생산 인력을 대상으로 대규모 재교육 프로그램을 시행 중이다. 지멘스는 생산 라인 자동화와 함께 직원들이 데이터 분석, AI 기반 품질 관리, 디지털 트윈 활용 역량을 습득할 수 있도록 맞춤형 교육을 제공하여, 단순 조립 업무에 종사하던 인력이 AI와 협업하는 '스마트 오퍼레이터'로 전환되는 구조를 만들고 있다. 공장의 자동화 비율을 높였지만 인력은 줄지 않았다는 점에 주목할 만하다.

제너럴일렉트릭(GE) 역시 항공기 엔진 및 발전 설비 분야에 AI 기반 예지정비(predictive maintenance) 시스템을 도입하면서, 정비 인력을 대상으로 AI 시스템 활용 훈련을 실시하고 있다. 정비 기술자들은 기존의 기계적 점검을 넘어, AI가 제공하는 실시간 데이터 분석 결과를 해석하고 의사결정에 반영하는 역할을 맡게 됐다. 이는 단순 숙련공에서 데이터 기반 의사결정자로의 전환을 의미한다.

조지아AIM 프로그램

조지아AIM 프로그램의 지원을 받은 조지아주 고교생들이 제조업에 활용될 로봇 교육을 받고 있다.

출처: 조지아AIM

AI 교육 투자

보쉬(Bosch)는 AI 아카데미를 설립, 6만 5,000명의 직원에게 데이터 활용과 로봇 운영 교육을 제공했고, HC테크는 1만 6,000명의 직원에게 AI 디지털 스킬 과정을 이수하도록 했다.

공공과 민간을 연계한 교육 프로그램도 더욱 확대될 전망이다. 미국 조지아주의 조지아AIM(Georgia Artificial Intelligence in Manufacturing)이 대표적인 사례다. 2022년 6,500만 달러의 연방 지원금을 확보해 출범한 이 프로그램은 지역 테크니컬 대학과 연계하여 반도체 AI 제조 스튜디오, AI 기반 로봇 제조 스튜디오 등을 운영하고, AI 제조 기술과 사이버보안, 에너지 효율, 탄소 저감, 재활용 등 실증 연구와 인력 교육을 제공하고 있다. 또한 AI 제조 주간 이벤트를 통해 학생, 교사, 제조업체 관계자 등이 AI 제조업의 융합을 직접 체험하고 학습할 수 있는 장을 마련하고 있다.

2026년을 기점으로 제조업의 인력 재편을 위한 노력은 더욱 가속화될 전망이며, 인적 자원의 재교육은 기업 경쟁력의 필수 요소가 될 수밖에 없다. 인력 재편의 성패는 기업이 얼마나 체계적이고 선제적인 교육·훈련 체계를 갖추느냐에 달려 있다.

2026년, 제조업의 새로운 분수령

사회적·경제적 함의와 도전 과제

AI-네이티브 팩토리의 본격적인 도입은 제조업의 비용 절감과 운영 효율화에 크게 기여하고 있다. 그러나 그 이면에는 여러 사회적·경제적 파급 효과와 해결해야 할 과제들이 공존한다.

첫째, AI-네이티브 팩토리의 확산으로 단순 반복 업무가 자동화되면서 기존의 생산직 일자리는 줄어들고 있다. 하지만 동시에 AI 시스템 운영 관리자, 데이터 사이언티스트, 휴먼-머신 인터페이스 전문가, 예측 유지보수 엔지니어 등 새로운 직무가 급속히 창출되고 있다.

이러한 변화의 핵심은 노동의 고도화다. 미국 제조업에서 은퇴로 인한 28만 7,000개의 신규 일자리와 기술 격차로 인한 190만 개의 미충원 일자리가 보여주듯, 문제는 일자리 부족이 아니라 적절한 기술을 갖춘 인력의 부족이다. AI-네이티브 팩토리는 이러한 기술 격차를 해소하는 동시에, 작업자들이 더 창의적이고 전략적인 업무에 집중할 수 있는 환경을 제공한다.

둘째, 규제와 거버넌스 문제다. AI 기반 공장에서의 안전성 확보, 사이버보안 강화, 그리고 의사결정 책임 주체의 명확화는 산업 현장의 긴급한 요구로 떠오르는 중이다. AI 기반 제조 시스템이 확산되면서 전례 없는 규제적 과제들이 등장하고 있다. 가장 시급한 것은 AI의 의사결정에 대한 책임 소재 문제다. 자율적으로 작동하는 AI 시스템이 생산 과정에서 문제를 일으키거나 품질 결함을 야기했을 때, 그 책임이 AI 개발사에게 있는지, 제조업체에게 있는지, 아니면 시스템 운영자에게 있는지가 명확하지 않다.

사이버보안 또한 중대한 우려사항이다. AI-네이티브 팩토리는 본질적으로 연결된 시스템이며, 이는 곧 해킹이나 사이버 공격에 더 취약할 수 있음을 의미한다. 특히 국가 안보와 직결된 방산업체나 핵심 인프라 제조업체의 경우, 사이버 위협은 단순한 기업 차원의 문제를 넘어 국가적 과제로 부상하고 있다.

안전성 확보 역시 새로운 차원의 접근이 필요하다. 전통적인 제조업 안전 기준은 인간 작업자를 전제로 설계됐지만, AI와 로봇이 주도하는 환경에서는 완전히 다른 안전 프로토콜이 요구된다. 이미 2025년 1분기 북미에서만 3,920만 달러 규모의 협동 로봇이 주문됐다. 인간-기계 협업 환경의 안전 기준 마련은 시급한 과제다.

셋째, AI-네이티브 팩토리로의 전환 과정에서 가장 우려스러운 현상 중 하나는 투자 격차의 심화다. 글로벌 대기업들은 이미 대규모

AI 인프라 투자를 통해 생산성과 효율성에서 압도적 우위를 확보하고 있다. 반면 중소기업과 신흥국의 제조업체들은 데이터 인프라 부족, 자본 제약, 전문 인력 부족으로 인해 이러한 변화의 흐름에서 소외되고 있다.

이러한 격차는 단순한 경쟁력 차이를 넘어 제조업 생태계 전체의 구조적 불균형을 야기할 수 있다. 대기업들이 AI를 통해 달성하는 비용 절감과 품질 향상은 중소 협력업체들에게는 더 높은 품질 기준과 더 낮은 납품 단가를 요구하는 압박으로 작용한다. 결과적으로 AI 전환에 성공하지 못한 중소기업들은 글로벌 공급망에서 점진적으로 배제될 위험에 직면해 있다.

그러나 이러한 도전은 동시에 새로운 기회이기도 하다. 과거에는 저렴한 노동력이나 원자재 접근성이 핵심 경쟁력이었다면, 이제는 데이터 활용 능력, AI 알고리즘 최적화 역량, 그리고 지속가능성 확보 능력이 새로운 경쟁력의 척도가 되고 있다.

'민첩성(agility)'도 새로운 경쟁력으로 부상하고 있다. AI-네이티브 팩토리는 시장 변화에 실시간으로 대응할 수 있는 유연성을 제공한다. 소비자 수요 변화를 AI가 실시간으로 감지하고, 생산 계획을 자동으로 조정하며, 공급망을 최적화하는 능력은 전통적인 대량생산 체계로는 달성하기 어려운 경쟁우위다.

마지막은 정책적 대응의 필요성이다. AI-네이티브 팩토리로의 전환이 성공하려면 정부 차원의 체계적이고 포괄적인 정책 지원이 필수적이다. 우선 제조업 인력의 재교육과 직업 전환 지원 프로그램을 대폭 강화해야 한다. 단순히 실직자를 위한 재취업 프로그램이 아니라, 현재 근무 중인 제조업 종사자들이 AI 시대에 맞는 새로운 역량을 습득할 수 있도록 하는 업스킬링 프로그램이 핵심이다.

또한 AI 설비 도입에 대한 세제 혜택과 직접적인 투자 지원을 확대해야 한다. 특히 중소기업들이 AI 전환의 초기 비용 부담을 감당할 수 있도록 하는 맞춤형 지원책이 필요하다. 이는 단순한 보조금 지급을 넘어 AI 컨설팅 서비스, 공동 AI 인프라 구축, 협력업체 간 AI 기술 공유 플랫폼 등을 포괄해야 한다.

국제 협력체제 구축을 통한 글로벌 스탠더드 마련도 시급하다. AI-네이티브 팩토리의 안전 기준, 사이버보안 프로토콜, 데이터 거버넌스 등은 국경을 넘나드는 글로벌 공급망의 특성상 국제적 조율이 필수적이다.

한국 제조업의 전략적 포지셔닝이 필요하다

한국 제조업은 반도체, 배터리, 디스플레이 등에서 세계적 경쟁력을 가지고 있으며, 상당한 수준의 스마트 팩토리 도입 경험, 빠른 디지털 인프라와 높은 IT 활용도는 AI-네이티브 팩토리 구현에 필요한 핵심 요소다. 5G 네트워크의 광범위한 보급, 클라우드 컴퓨팅 인프라의 고도화, 그리고 사물인터넷(IoT) 기술의 성숙도는 한국이 AI 기반 제조업 혁신을 선도할 수 있는 기술적 기반을 제공한다.

트럼프 2기 행정부와의 관세 협상 과정에서 도출된 MASGA(Make American Shipbuilding Great Again) 프로젝트는 한국 제조업의 글로벌 전략에 새로운 차원을 추가했다. 이는 단순한 투자 프로젝트를 넘어 한국의 조선 기술과 미국 시장을 결합한 윈-윈 협력 모델이다. MASGA 프로젝트의 핵심은 미국 내 신규 조선소 건립과 함께 인력 양성, 유지보수 역량 강화, 관련 공급망 재편을 포괄하는 조선 산업 생태계 전체의 협력 구조 구축에 있다. 이는 한국이 보유한 첨단 조선 기술을 AI-네이티브 팩토리 개념과 결합하여 미국 시장에 진출하는 전략적 교두보 역할을 할 것으로 기대된다.

더 중요한 것은 이러한 협력 모델이 다른 산업 분야로 확산될 가능성이다. 조선업에서 검증된 기술 협력과 현지 생태계 구축 경험은 자동차, 철강, 화학 등 다른 주력 산업에도 적용될 수 있는 템플릿을 제공한다.

그러나 한국 제조업이 AI-네이티브 팩토리 시대에 성공하기 위해서는 여러 구조적 과제를 해결해야 한다. 우선 중소·중견 기업의 투자 여력 부족 문제다. 대기업과 중소기업 간의 AI 도입 격차가 확대될 경우, 기존의 수직계열화된 한국 제조업 생태계가 흔들릴 수 있다.

AI 전문 인력 양성 속도 지연도 우려된다. 한국의 높은 교육 수준과 IT 역량에도 불구하고, AI와 제조업을 결합할 수 있는 융합형 전문가 양성은 여전히 부족한 상황이다. 특히 현장 경험을 바탕으로 AI를 실제 생산 환경에 적용할 수 있는 실무형 인재의 부족이 심각하다.

규제와 거버넌스 체계도 정교하게 갖춰야 한다. AI 기반 제조 시스템에 대한 안전 기준, 품질 인증 체계, 책임 소재 규정 등이 아직 충분히 정립되지 않았다. 이는 기업들이 AI 도입을 주저하게 만드는 요인이 되고 있다.

한국 제조업의 고질적 약점인 노사관계도 문제다. AI 도입으로 인한 일자리 변화에 대한 노동계의 우려와 저항을 건설적으로 해결하지 못한다면, AI-네이티브 팩토리로의 전환 과정에서 심각한 사회적 갈등이 발생할 수 있다.

미국 등 해외 진출을 위한 만반의 준비도 갖춰야 한다. 트럼프 행정부의 리쇼어링 정책은 우리 기업들의 대규모 투자를 유도했다. 그러나 2025년 9월 미국 조지아주 현대차-LG에너지솔루션 배터리 공장에서 발생한 대규모 불법 체류 노동자 단속 사태는 한국 정부와 기업들에 중요한 교훈을 제공했다. 475명이 체포되고 300명 이상의 한국인 근로자가 수감됐던 이 사태로 인해 한국 정부는 미국에 진출한 한국 기업들의 안정적인 인력 수급을 위해 한국인 전용 취업비자(E-4) 신설이라는 새로운 과제를 떠안게 됐다.

또한 한국 대기업들은 자사뿐 아니라 공장 건설과 생산을 담당하는 협력사, 스태핑(Staffing) 업체 등 전체 공급망의 인력 구성과 현황을 꼼꼼히 점검하며, 미국 법규 준수에 각별히 신경 써야 하는 과제와 마주하게 됐다. 이러한 준비는 단순히 법적 위험을 피하는 차원을 넘어, 한국 기술력을 미국 생산기지에 성공적으로 이식하고, AI-네이티브 팩토리 등 첨단 제조 혁신을 안정적으로 구현하는 기반이 된다.

인더스트리 6.0을 향한 로드맵

2026년을 출발점으로 제조업은 근본적인 정체성 변화를 겪게 될 것이다. 수세기 동안 제조업의 핵심이었던 노동집약적 특성이 AI집약적 시스템으로 전환되면서, 제조업의 경쟁 룰 자체가 재편되고 있다. 이는 단순히 생산 방식의 변화를 넘어 제조업이라는 산업 자체의 재정의를 의미한다.

제조업의 경쟁력을 가르는 핵심 요소는 세 가지로 압축된다. 첫째, 데이터 활용 능력이다. 생산 현장에서 발생하는 방대한 데이터를 실시간으로 수집하고, 의미 있는 인사이트를 도출하며, 이를 즉각적인 개선 조치로 연결하는 능력이 경쟁의 승부처가 되고 있다.

둘째, AI 알고리즘 최적화 역량이다. 동일한 AI 기술을 사용하더라도 각 기업의 생산 환경과 목표에 맞게 알고리즘을 최적화하는 능력에 따라 성과가 크게 달라진다. 이는 단순히 AI 기술을 구매하는 것을 넘어, 자사의 제조 노하우와 AI를 융합하는 역량을 요구한다.

셋째, 지속가능성 확보 능력이다. AI-네이티브 팩토리는 높은 에너지 효율성과 최적화된 자원 사용을 통해 환경 친화적 제조를 가능하게 한다. 탄소 배출 규제가 강화되는 글로벌 환경에서 AI를 활용한 지속가능한 제조는 선택이 아닌 필수가 되었다.

한국을 포함한 모든 제조 강국들은 2026년 이후 인더스트리 6.0으로의 전환 경로를 선제적으로 설계해야 하는 역사적 기로에 서 있다. 이는 단순한 기술 도입을 넘어 기업의 생존과 국가 경쟁력의 성패를 가를 결정적 요인이다.

성공의 열쇠는 기술 통합, 인력 전환, 정책 지원이라는 세 축을 얼마나 정교하게 조율하느냐에 달려 있다. 기술 통합은 단순히 기존 제조 시스템에 AI를 추가하는 것이 아니라, AI를 중심으로 전체 생산 체계를 재설계하는 것을 의미한다. 인력 전환은 기존 인력의 대체가 아니라 업그레이드를 통한 고도화를 추구해야 한다. 정책 지원은 규제와 진흥을 균형 있게 조합하여 혁신을 촉진하면서도 사회적 안정성을 확보하는 것이어야 한다.

  2026년은 AI-네이티브 팩토리가 글로벌 제조업 생태계의 새로운 기준으로 확립되는 분수령이다. 이 전환기를 위기가 아닌 기회로 인식하고 적극적으로 대응하는 국가와 기업만이 새로운 혁신의 시대를 주도할 수 있을 것이다.

<권순우 서던플래닛장>

4장 화폐 주권의 마지막 기회, 스테이블코인

글로벌 금융 질서 재편의 신호탄

2025년 6월 18일 미국 상원이 68:30으로 통과시킨 지니어스 법안(GENIUS Act)은 스테이블코인에 대한 최초의 연방 규제 프레임워크를 제공했다. 이 법안은 미국 역사상 암호화폐 관련 법안이 상원을 통과한 첫 사례로, 정식 명칭은 '미국 스테이블코인을 위한 국가 혁신 유도 및 확립 법(Guiding and Establishing National Innovation for U.S. Stablecoins Act)'이다. 스테이블코인 발행사들이 미국 달러 현금이나 미 단기 국채로 1:1 완전 담보를 유지하도록 의무화하는 내용을 포함해 연방 금융 당국 라이선스 취득 의무, 발행액 전액 미국 달러 현금성 준비금 보유, 시총 500억 달러 이상 발행자의 연 1회 감사, 해외 발행자에게도 규제 적용 등이 주요 내용이다.

현재 2,320억 달러 규모의 글로벌 스테이블코인 시장에서 확실한 강자는 테더(USDT)와 서클(USDC)로 전체 스테이블코인 시장의 90%가 넘는 점유율을 차지하고 있다. 성장 전망은 무서울 정도로 가파르다. 스탠다드차타드는 이 시장의 규모가 2028년까지 2조 달러에 달할 것으로 전망했다. 이는 스테이블코인 시스템이 기존의 국제 결제 시스템에 미칠 파급 효과가 상당함을 시사한다.

미국의 스테이블코인 법안 통과의 배경에는 중국의 디지털 위안화와 유럽의 디지털 유로에 대한 견제 의도가 있다는 분석이 지배적이다. 미국은 민간 주도의 달러 기반 스테이블코인 생태계를 지원함으로써 달러 패권을 지키고 디지털 통화 시대의 주도권을 유지하려는 일석이조의 이득을 노리는 전략을 구사하고 있다.

이 법안이 통과되면서 미국 정부는 달러 기반 스테이블코인을 통해 두 가지 전략적 목표를 달성할 수 있게 됐다. 첫째는 국제 금융 질서 내 달러 패권 유지이고 둘째는 미국 국채에 대한 구조적 수요 창출이다.

현재 유통 중인 스테이블코인의 98% 이상이 미국 달러 기반이다. 2025년 1분기 기준 테더는 약 1,200억 달러, 서클은 약 420억 달러 규모의 미국 국채를 보유하고 있다. 이는 독일, 호주, 아랍에미리트 등 주요 국가들의 국채 보유량을 상회하는 수준이다.

미국은 달러 기반의 스테이블코인을 규제하에 두면서 암호화폐 시장에서 달러 기반의 코인을 선점하는 효과를 거두게 됐다. 또한 스테이블코인의 기본이 되는 자산이 달러 현금과 미 국채라는 점에서 미국 국채의 수요 부진을 민간 자본에서 끌어오는 효과 역시 기대할 수 있게 됐다.

시장의 즉각적 반응

법안 통과 직후 시장 반응은 극명하게 갈렸다. 스테이블코인 발행사 서클의 주가는 하루 만에 34% 급등했으며 상장 이후 한 달도 안 돼 748% 상승을 기록했다. 코인베이스(Coinbase) 등 미국 가상자산 기업들도 두 자릿수 상승세를 보였다.

반면 전통 결제업체들은 타격을 받았다. 비자와 마스터카드는 몇 년 만에 최악의 월간 성과를 기록할 것으로 전망된다. 이는 시장이 스테이블코인을 기존 결제 시스템의 대체재로 인식하고 있음을 보여준다.

흥미로운 점은 전통 금융기관들의 대응 전략이다. JP모건체이스의 제임스 다이먼(James Dimon) CEO는 과거 비트코인을 폰지 사기라고 비판했지만 최근 "디지털 화폐 산업의 플레이어가 되겠다"라고 입장을 바꿨다. 뱅크오브아메리카와 시티그룹 CEO도 스테이블코인 출시를 검토 중이라고 발표했다.

이는 암호화폐 산업에 대한 주류 금융계의 시각이 완전히 바뀌고 있음을 시사한다. 특히 JP모건은 암호화폐 산업에 가장 공격적으로 대응하고 있는 은행으로, 스테이블코인의 대안 시장에 적극적으로 진입하며 고객에게 제공하는 자체 스테이블코인인 JPMD를 발행해 암호화폐를 빠르게 흡수하기 시작했다.

국제적 파급 효과

미국의 움직임은 다른 국가들에게도 압박으로 작용하고 있다. 유럽연합은 MiCA(Markets in Crypto-Assets, 암호자산시장규제)를 통해 스테이블코인 발행자 인가제와 준비 자산 요건을 명확히 했고, 일본에서도 스테이블코인 규제 관련 논의가 진행 중이다. 프랑스 은행 소시에테제네랄(Societe Generale)은 달러 기반 스테이블코인 출시를 공식 발표했으며, 월마트와 아마존 같은 거대 기업들도 자체 스테이블코인 발행을 검토하고 있다. 이는 스테이블코인이 금융기관을 넘어 일반 기업들에게 확산되고 있음을 의미한다.

인공지능과 스테이블코인의 융합

분석과 예측을 통한 거래 안전성

기술의 통합 측면에서도 스테이블코인은 AI와 인상적인 발전을 이뤄가고 있다. 최근 인공지능을 활용한 스테이블코인 개발이 주목받고 있는 것이다. AI 기반 스테이블코인은 기존의 수동적 조정 방식과 달리 실시간 시장 데이터 분석을 통해 자동으로 공급량을 조절하고 예측 모델을 활용해 위험을 사전에 차단하는 시스템을 갖추고 있다.

　AI 기술 통합을 통해 달성되는 주요 기능은 다음과 같다. 먼저 AI 시스템이 시장 조건을 지속적으로 모니터링하고 토큰 공급량을 자동 조절하여 가격 안정성을 유지한다. 이러한 조정은 거래량, 가격 움직임, 시장 심리 등 여러 시장 지표를 동시에 분석하는 신경망을 통해 이뤄진다.

또한 AI는 잠재적 가격 변동을 예측하고 중대한 변동이 발생하기 전에 교정 조치를 시작할 수 있다. 지능형 프로토콜이 시장 상황과 사용자 수요에 따라 담보 토큰 발행과 소각을 관리하는 시스템도 구축되고 있다. 이는 스테이블코인이 일부 심각한 가격 변동으로 시장에 불안정을 초래한 이력이 있다는 점을 고려할 때 눈에 띄는 발전이라 할 수 있다.

AI 스테이블코인의 기술적 우위

AI와의 통합은 기존 스테이블코인 대비 여러 장점을 제공한다.

첫째, 향상된 안정성이다. AI 통합을 통해 스테이블코인의 가치가 의도된 자산과 더욱 밀접하게 연동되며 알고리즘 조정을 통해 시장 변동성 속에서도 안정성이 강화된다. 이는 달러와 1:1로 패리티(parity)가 안정적으로 유지돼야 하는 스테이블코인의 특성상 중요한 이점이다.

둘째, 실시간 적응성이다. AI는 시장 조건과 경제 지표에 따라 실시간 조정을 가능케 하여 스테이블코인이 시장 변화에 신속하게 적응하고 연동된 가치를 효과적으로 유지할 수 있게 한다.

셋째, 예측적 위험 관리다. AI 기반 스테이블코인 생태계는 머신러닝 알고리즘을 사용해 광범위한 과거 시장 데이터를 분석한다. 이러한 알고리즘은 패턴을 감지하고 잠재적 위험을 예견하여 스테이블코인 운영에 더욱 탄력적이고 안전한 환경을 조성할 수 있다.

에이전틱 이코노미의 등장

이러한 AI 통합 기술의 발전은 단순한 결제 시스템 개선을 넘어 경제 활동 주체 자체의 변화를 예고하고 있다. 기존에는 인간이 스테이블코인을 사용해 거래했다면 이제는 AI 시스템끼리 직접 경제적 의사결정을 내리고 자율적으로 거래를 수행하는 단계로 진화하고 있다. 이는 전통적인 금융 거래의 개념을 근본적으로 바꾸는 변화로 새로운 형태의 디지털 경제 생태계 형성을 의미한다.

세계경제포럼은 AI 에이전트들이 인터넷상에서 복잡한 업무를 수행하고 다른 AI 에이전트들과 거래를 진행하며 지식과 서비스를 위해 협력하는 '에이전틱 이코노미(agentic economy)'•가 등장할 것이라고 전망했다. 이 경제 시스템은 블록체인 기반 가치 교환으로 구축될 것이며 스테이블코인이 주요 교환 매체로 사용될 것으로 예상된다.

에이전틱 이코노미: AI 에이전트들이 스스로 의사결정하며 인터넷상에서 업무, 거래, 협력을 수행하는 새로운 경제 시스템.

이는 단순한 결제 수단의 진화를 넘어서는 변화다. 인간의 개입 없이 AI가 직접 경제 활동을 수행하는 시스템이기 때문에 기존의 금융 규제나 정책 개입 방식이 근본적으로 재검토돼야 할 수 있다.

한국의 현실과 전략적 과제

원화 기반 스테이블코인

더불어민주당은 2025년 6월 '디지털자산기본법'을 국회에 제출했다. 이 법안은 5억 원 이상의 자본금을 보유한 기업들이 원화 기반 스테이블코인을 발행할 수 있도록 허용하는 내용을 담고 있다. 2025년 10월 중에는 스테이블코인 발행자의 인가 요건을 자기자본 10억 원 이상으로 규정하는 '디지털자산혁신법'을 발의할 예정이다.

이재명 대통령은 대선 당시 "원화 기반 스테이블코인 시장을 조성해야 디지털 자산 생태계에서 소외되지 않고 국부 유출도 막을 수 있다"라며 원화 스테이블코인 발행과 유통 등 활용 방안을 마련하겠다고 공약한 바 있다. 그는 "담보로 그 액수만큼 예치하고 거기에 맞춰 코인을 발행하는 것이기 때문에 안정성이 있다"라고 원화 스테이블코인의 필요성을 강조했다.

김용범 대통령실 정책실장은 원화 스테이블코인 법제화의 필요성을 꾸준히 주장해 왔다. 그는 "제조업 경쟁력을 유지하는 범위 내에서 원화 스테이블코인의 강점을 활용한다면 원화는 타국 통화 대비 경쟁력을 유지할 수 있을 것"이라고 분석했다.

한국의 독특한 딜레마

하지만 한국이 직면한 딜레마는 복합적이다. 한국은행 데이터에 따르면 국내 5대 거래소에서 2025년 1분기에만 57조 원 규모의 달러 기반 스테이블코인 거래가 이뤄졌다. 수요가 이미 상당한 것이다. 반면 한국의 현실적 조건은 미국과 크게 다르다. 현재 한국은 현금 거래가 전체 POS 거래의 7%에 불과할 정도로 세계 최고 수준의 디지털 결제 환경이 구축됐다. 네이버페이, 삼성페이, 카카오페이 등이 이미 실시간 결제와 저렴한 수수료라는 스테이블코인의 주요 장점을 제공하고 있다.

한국의 실시간 결제 시스템은 1988년 도입된 이래 2023년에 91억 건의 실시간 결제를 처리했다. 은행 간 이체는 즉시 처리되며 24시간 언제든지 가능하다. 예금자보호법에 따라 5,000만 원까지 완전히 보장되는 법정 보증과 생체 인증, 다단계 보안, 실시간 사기 탐지 시스템까지 종합적으로 작동한다.

이창용 한국은행 총재는 "원화 스테이블코인이 필요하며 발행에 반대하지는 않는다"라면서도 "시중 은행이 아닌 비은행 기관이 발행할 경우 통화량 조절에 필요한 유동성이 부족해질 수 있다"라고 우려를 표명했다. 또한 "원화 스테이블코인 발행이 달러 스테이블코인 사용을 줄이는 게 아니라 양자 간 교환을 쉽게 만들어 오히려 달러 수요가 늘어나 외환 관리에 어려움이 있을 수 있다"라고 지적했다.

이는 결국 원화 스테이블코인의 필요성에 대한 근본적인 의문을 제기하는 것으로, 비은행이 발행한 원화 스테이블코인은 한국은행의 직접적인 통화 정책 통제 범위 밖에 있어 경기 조절을 위한 유동성 관리가 어려워질 수 있다는 의미다. 또한 원화 스테이블코인이 오히려 달러 스테이블코인으로의 환전을 더 편리하게 만들어 해외 투자를 위한 달러 유출이 증가할 수 있다는 역설적 상황을 지적한 것이다.

시장 선점을 위한 경쟁

많은 우려에도 원화 기반 스테이블코인 법제화 움직임이 속도를 내자 시중 은행들과 핀테크 게임업체까지 관련 시장 선점을 위한 상표권 출원에 나서고 있다. KB국민은행은 'KB'에 원화를 의미하는 'KRW'를 조합한 'KBKRW' 등을 출원했고 하나은행과 카카오뱅크도 스테이블코인 관련 명칭을 출원했다.

카카오페이와 미래에셋컨설팅, NHN KCP 등 금융·결제 관련 회사들도 원화 스테이블코인 관련 상표권을 출원했고 게임사 넥슨까지 가세했다. 블록체인 투자사 해시드는 주요 금융 지주와 원화 기반 스테이블코인을 발행하는 방안을 추진 중인 것으로 알려졌다.

글로벌 시장 동향과 전망

전통 금융기관의 대응 전략

스테이블코인의 부상에 대응하여 전통 금융기관들은 다양한 전략을 구사하고 있다. 비자와 마스터카드는 스테이블코인을 배제하는 대신 자사의 기존 결제 인프라에 통합시키는 포용적 전략을 채택했다. 두 회사는 파트너사들이 스테이블코인을 포함한 암호화폐로 결제 가능한 카드를 제공할 수 있도록 지원하고 있으며, 상점들이 서클이 발행하는 USDC를 포함한 스테이블코인으로 결제할 수 있는 방법도 제공하고 있다. 새로운 결제 설정 없이도 기존 카드 거래와 동일한 방식으로 스테이블코인 결제를 할 수 있게 한 것이다.

테더는 2024년 USDT 토큰으로 130억 달러를 벌어들였다고 밝혔다. 이 수익의 상당 부분은 코인을 뒷받침하기 위해 보유한 1,150억 달러 규모의 미국 국채에서 발생한 수익률에서 나온 것으로 분석된다.

시장 구조의 변화

2024년 스테이블코인을 통한 송금 규모는 약 27조 6,000억 달러로 비자와 마스터카드의 연간 결제액 합계를 넘어섰다. 비자, 페이팔, JP모건, 쇼피파이(Shopify) 등 주요 기업들도 스테이블코인 기반 실시간 결제 시스템을 운영 중이다.

현재 서클의 USDC와 테더의 USDT가 2,510억 달러 규모 스테이블코인 시장의 거의 90%를 차지하고 있다. 최근 페이팔홀딩스의 PYUSD와 리플랩스(Ripple Labs)의 RLUSD를 포함한 새로운 경쟁자들이 등장했지만 시장 점유율에는 큰 변화를 주지 못했다.

테더와 서클의 압도적 시장 지배력은 스테이블코인 시장의 과점화를 보여준다. 이는 탈중앙화를 표방한 암호화폐 시장에서 역설적으로 소수 기업에 의한 중앙화가 진행되고 있음을 시사한다. 그럼에도 불구하고 스테이블코인이 기존 결제 시스템을 빠르게 대체하면서 전통 금융기관들도 변화에 대응하지 않을 수 없는 상황에 직면했다. 이는 금융 서비스 제공 방식의 근본적 변화를 예고한다는 점에서 스테이블코인의 부상으로 인해 시장 구조의 변화가 진행되고 있음을 시사한다.

실물자산 토큰의 급부상

스테이블코인과 함께 주목받고 있는 분야는 실물자산 토큰(real world asset, RWA)이다. 세계 최대 자산운용사 블랙록(BlackRock)의 이더리움 기반 토큰, 머니마켓 펀드인 BUIDL이 운용 자산 25억 달러를 기록했고 프랭클린템플턴(Franklin Templeton)이 출시한 RWA 펀드도 7억 달러를 기록하고 있다. 2026년 2분기까지 수익 창출형 스테이블코인은 전체 공급량의 15%를 차지할 것으로 예상된다. 이는 스테이블코인이 단순한 결제 수단을 넘어 투자 상품으로 진화하고 있음을 의미한다.

이러한 변화는 기존 금융 상품의 경계가 모호해지고 있음을 보여준다. 실물자산이 토큰화되고 스테이블코인이 투자 상품화되면서 그 반작용으로 전통적인 자산 분류 체계가 재편되고 있는 것이다. 이는 투자자들에게는 새로운 기회를 제공하지만 동시에 규제 당국에게는 새로운 과제를 안겨주고 있다.

기술적 과제와 리스크 요인

블록체인 인프라의 한계

현재 전 세계 주요 스테이블코인들은 기존 블록체인 네트워크에 의존하고 있다. 테더는 이더리움과 트론에서 주로 발행되고 있으며, 서클의 USDC는 이더리움을 기반으로 한다.

기존 체인들의 가장 큰 문제는 네트워크 합의를 담당하는 밸리데이터(validator)들의 중앙화와 불투명성이다. 이더리움은 현재 100만 개 이상의 밸리데이터가 운영되고 있지만 스테이킹 풀(staking pool)의 집중화 현상이 심각하다. 블록체인은 여러 컴퓨터가 함께 거래 내역을 검증하고 기록하는 시스템인데, 이 검증 작업을 담당하는 밸리데이터라는 컴퓨터들이 소수의 대형 업체에 집중돼 있다는 문제다.

쉽게 말해 탈중앙화를 표방하는 블록체인이 실제로는 몇 개의 대형 업체에 의해 운영되고 있다는 모순이 발생했다는 것이다. 마치 민주주의 국가에서 투표권은 모든 국민에게 있지만, 실제로는 소수의 정당이 정치를 좌우하는 것과 비슷한 상황이다.

블록체인 플랫폼 솔라나(Solana)에서는 1,000개 이상의 밸리데이터가 운영되고 있지만 지리적 분포를 보면 미국 37%, 네덜란드 8%, 러시아 8%로 특정 지역에 집중돼 있다. 트론은 더욱 심각해서 단 27명의 슈퍼 대표자만이 블록 생성과 거래 검증을 담당하는 극도로 중앙화된 구조다.

에너지 소비 문제

기존 블록체인 인프라의 또 다른 심각한 문제는 극도로 높은 에너지 소비다. 비트코인은 연간 약 160TWh의 전력을 소비하는데 이는 아르헨티나 전체의 전력 소비량을 넘어선다. 한 번의 비트코인 거래는 평균 46kWh의 전력을 소모한다. 이더리움도 지분 증명 방식으로 전환하기 전까지는 연간 112TWh를 소비했으며, 현재도 한 번의 거래당 약 183kWh의 전력을 사용한다. 이는 비자 거래의 약 10만 배에 해당하는 에너지 소비량이다.

골드만삭스에 따르면 AI 산업의 급속한 성장으로 인해 데이터센터의 전력 수요가 2030년까지 165% 증가할 전망이다. 이를 충족하기 위해서는 85~90GW의 새로운 원자력 발전 용량이 필요하다. 이는 혁신적 금융 기술의 확산과 환경적 지속가능성 사이의 근본적 딜레마를 보여준다. 블록체인과 AI 시스템 모두 원전을 새로 지어야 할 정도로 에너지 집약적인 구조를 가지고 있어 스테이블코인과 AI의 융합이 가속화될수록 지속가능한 금융 인프라로서의 적합성에 근본적인 의문이 제기될 수밖에 없기 때문이다.

결국 AI 스테이블코인의 운영에는 막대한 전력 비용이 수반될 것으로 예상된다. 이러한 비용은 궁극적으로 사용자나 사회 전체가 부담해야 할 숨겨진 대가가 될 가능성이 높다.

규제의 공백과 감시의 한계

규제적인 한계도 명확하다. 현재의 규제체계는 인간이 운영하는 금융기관을 전제로 설계돼 AI가 자율적으로 운영하는 스테이블코인 시스템에는 적용하기 어렵다. 실시간 감시와 즉각적 개입이 불가능한 상황에서 시스템적 리스크가 누적될 가능성이 높다.

AI 시스템의 의사결정 과정이 블랙박스화돼 있어 사후 책임 추궁이나 손해 배상에서 법적 공백이 발생할 수 있다. 해외에서 원화와 연동된 코인이 발행될 경우 이를 효과적으로 감독할 수단도 마땅치 않다.

2026년 전망과 시나리오 분석

디지털 통화 블록의 형성

전문가들은 2026년을 기점으로 미국 주도의 달러 스테이블코인 블록, 중국의 디지털 위안화 블록, 유럽의 디지털 유로 블록이 각각의 영향권을 형성하며 경쟁할 것으로 전망했다. 이는 단순한 기술적 경쟁을 넘어서는 지정학적 대립 구도를 의미한다. 각 블록은 자국의 통화 정책을 전 세계로 확산시키는 새로운 디지털 전달 체계로 활용될 가능성이 높다.

한국은 이 경쟁 구도에서 전략적 선택을 해야 한다. 케이팝과 한류 붐을 활용해 원화 스테이블코인이 동아시아 크로스 보더(cross border) 결제의 허브로 부상할 가능성이 있지만 이를 위해서는 기술적 호환성과 규제적 유연성을 동시에 확보해야 한다는 과제가 존재한다.

AI 통합의 고도화

2026년경에는 현재의 단순한 가격 안정화 메커니즘을 넘어서 예측적 통화 정책 수행이 가능한 AI 스테이블코인이 등장할 것으로 예상된다. 이는 경제 지표, 지정학적 리스크, 시장 심리까지 종합 분석해 선제적으로 통화 공급량을 조절하는 시스템을 의미한다.

AI 암호화폐 시장은 급속한 성장세를 보이고 있다. 2025년 AI 코인 분야는 단 일주일 동안에만 100억 달러 이상의 시가총액 증가를 기록했다. 비터센서(Bittensor)와 니어프로토콜(NEAR Protocol)이 AI 중심 토큰 중 시가총액 기준으로 가장 높은 순위를 차지하고 있고, 전문가들은 블록체인 기반 AI 앱과 에이전트 네트워크가 주요 트렌드로 지속 확장될 것으로 분석했다.

코인베이스의 연구에 따르면, 블록체인은 AI 생태계에 여러 순기능을 제공할 수 있다. 블록체인이 스테이블코인을 이용한 생성형 AI 모델 사용에 대해 저수수료 소액 결제를 촉진할 수 있고, 스마트 계약을 통해 모델의 여러 공동 소유자 간 수익 분배가 분산화된 방식으로 이뤄질 수 있다는 것이다.

더 나아가 AI와 블록체인의 융합은 새로운 경제 모델을 창출할 것으로 기대된다. 세계경제포럼은 블록체인을 통한 가치 교환 위에 에이전틱 이코노미가 구축되고, 스테이블코인이 주요 교환 매체로 사용될 것이라고 전망했다.

시스템적 위험의 증가

AI와 스테이블코인의 결합은 긍정적인 선순환 역할도 하지만 심각한 시스템 리스크를 초래할 가능성도 있다. AI와 스테이블코인의 융합이 가속화되면서 인간의 개입과 통제가 불가능한 자율적 금융 시스템이 구축되고 있어, 예상치 못한 시장 충격 시 대응 능력이 현저히 제한될 수 있다는 우려가 제기되고 있다. 또한 AI 알고리즘이 스테이블코인 시스템을 완전히 장악하면 과거 인간 중심의 금융위기와는 비교할 수 없는 속도와 규모로 시장 충격이 전파될 수 있다는 경고도 나오고 있다.

실제 AI 스테이블코인 시스템의 완전 자동화는 시장 충격 시 연쇄적 마진콜과 강제 청산을 야기할 수 있다는 우려가 현실화될 가능성이 높다. 2022년 FTX 사태와 달리 2026년에는 AI 스테이블코인이 전체 금융 시스템과 연결돼 있어 충격의 전파 속도와 규모가 기하급수적으로 증가할 것이다.

특히 문제가 되는 것은 알고리즘 동조화 현상이다. 서로 다른 AI 스테이블코인 시스템들이 유사한 데이터를 분석하고 유사한 의사결정을 할 경우 시장 전체가 동일한 방향으로 움직여 극단적인 변동성이 발생할 수 있다.

화폐 주권의 종말과 새로운 권력 구조의 탄생

우리는 지금 인류 역사상 유례없는 화폐혁명의 한복판에 서 있다. 2026년 AI와 스테이블코인의 융합이 완성되는 시점에서 벌어질 변화는 단순한 기술적 진보가 아닌 5,000년 화폐사의 패러다임 전환을 의미한다.

국가 독점권 해체, 민간 통화권 등장

미국의 지니어스법은 표면적으로는 규제 강화로 보이지만 본질적으로는 국가가 독점해 온 통화 발행권을 민간에게 이양하는 역사적 사건이다. 서클과 테더가 보유한 1,620억 달러의 미국 국채는 이들이 이미 사실상 준중앙은행 지위를 획득했음을 시사한다.

여기서 주목해야 할 것은 이러한 변화가 탈중앙화가 아닌 새로운 중앙화를 의미한다는 점이다. 전 세계 어디서나 달러 기반 스테이블코인을 사용할수록 미국 연방준비제도의 통화 정책 영향력은 기하급수적으로 확대된다. 이는 브레턴우즈 체제보다 훨씬 정교하고 침투력이 강한 달러 패권 시스템의 구축을 의미한다.

AI 알고리즘이 주도하는 통화 정책

더욱 근본적인 변화는 통화 정책의 탈인간화다. 기존에는 연준 의장이나 각국 중앙은행 총재들의 직관과 경험에 의존했던 통화 정책이 이제 AI 알고리즘의 실시간 계산으로 대체될 가능성이 제기되고 있는 것이다. 2026년경 등장할 예측적 AI 스테이블코인은 인간의 개입 없이 수십만 개의 데이터 포인트를 분석해 통화 공급량을 자율 조절할 것이다.

이는 통화 정책의 민주적 정당성에 근본적 의문을 제기한다. 선출되지 않은 알고리즘이 수십억 명의 경제생활에 직접적 영향을 미치는 결정을 내리는 시스템에서 정부와 통화 정책이 책임을 지는 전통적인 정치적 책임 구조는 무의미해질 수 있다.

한국의 전략적 미스매치와 새로운 기회

한국이 직면한 딜레마는 기술적 차원을 넘어선다. 이미 세계 최고 수준의 디지털 결제 인프라를 보유한 상황에서 원화 기반 스테이블코인의 실질적 필요성은 제한적이다. 그러나 이는 역설적으로 한국만의 독특한 기회를 창출한다.

미국이나 유럽과 달리 한국은 스테이블코인을 결제 수단이 아닌 프로그래머블 머니로 활용할 수 있는 토대를 갖추고 있다. 삼성의 스테이블코인이 삼성 제품 구매 시 자동 할인을 적용하거나 정부 예산이 특정 용도로만 사용되도록 제한하는 스마트 계약 기반 시스템 구축이 가능한 이유다.

더 중요한 것은 K-콘텐츠의 글로벌 확산력이다. BTS나 블랙핑크의 콘서트 티켓을 원화 스테이블코인으로만 구매 가능하게 하거나 넷플릭스 한국 드라마의 굿즈를 원화 스테이블코인으로 결제하게 만드는 '문화적 통화 정책'이 현실적 대안이 될 수 있다.

권력의 재분배와 새로운 계급 구조

AI 스테이블코인 시대의 진정한 승자는 기술을 소유한 자가 아니라 데이터를 통제하는 자가 될 것이다. 구글, 아마존, 메타가 보유한 실시간 소비 패턴 데이터는 AI 스테이블코인의 알고리즘에 직접 투입돼 통화 공급량을 좌우하게 된다.

이는 새로운 형태의 계급 사회를 만들어낼 가능성이 높다. 현재도 신용카드 발급이나 대출 심사에서 개인의 신용도가 평가되지만, AI

스테이블코인 시대에는 이런 평가가 24시간 실시간으로 이뤄진다. 예를 들어 어떤 상점에서 무엇을 샀는지, 언제 어디로 이동했는지, 온라인에서 어떤 글을 봤는지까지 모든 데이터가 즉시 신용도 계산에 반영되는 것이다.

이 시스템에서는 두 부류로 나뉠 수 있다. 한쪽에는 AI 알고리즘의 평가를 받아야만 금융 서비스를 이용할 수 있는 일반 사용자들이 있다. 이들은 알고리즘이 정한 기준에 맞춰 살아야 하는 디지털 시대의 노동자 계급이 된다. 다른 한쪽에는 구글, 메타, 아마존처럼 개인 데이터를 수집하고 AI 알고리즘을 소유한 거대 기업들이 있다. 이들은 디지털 시대의 자본가 계급으로서 다른 사람들의 경제 활동을 통제할 수 있는 권력을 갖게 된다.

문제는 기존 사회에서는 돈을 모으거나 교육을 받으면 계급 이동이 가능했지만, AI 알고리즘이 지배하는 사회에서는 개인이 이런 시스템을 소유하기가 거의 불가능하다는 점이다. 결국 데이터와 알고리즘을 가진 자와 그렇지 못한 자 사이의 격차가 영구적으로 고착될 위험이 있다.

2026년, 통화 주권의 마지막 기회

2026년은 각국이 통화 주권을 유지할 수 있는 마지막 기회가 될 것이다. AI 스테이블코인 시스템이 완전히 구축된 후에는 각 국가의 통화 정책 영향력이 급격히 축소될 수 있다. 이는 현재 유통 중인 스테이블코인의 98% 이상이 미국 달러 기반인 상황에서 더욱 현실성을 갖는다. 미국의 지니어스 법안 통과로 달러 기반 스테이블코인이 제도화되면서 전 세계 어디서나 달러 스테이블코인 사용이 확산될수록 미국 연방준비제도의 통화 정책 영향력은 기하급수적으로 확대되고, 이러한 스테이블코인 경제권에서 각국 중앙은행의 금리 정책이나 통화량 조절 효과는 직접적으로 작동하지 않게 된다.

나아가 AI 알고리즘이 실시간으로 통화 공급량을 자동 조절하는 시스템이 완전히 구축되면, 기존 중앙은행의 기준금리 조정이나 공개시장조작 같은 전통적 통화 정책 수단들이 무력화될 수 있다는 잠재적 리스크도 존재한다.

이에 한국이 선택해야 할 것은 미국 시스템에의 편입이 아니라 제3의 길이다. 중국의 국가 주도 모델과 미국의 민간 주도 모델 사이에서 '시민 참여형 스테이블코인' 모델을 창조하는 것이다. 블록체인의 투명성과 한국의 높은 시민의식을 결합한 새로운 통화 시스템은 전 세계의 모범이 될 수 있다.

우리는 화폐가 국가의 권력 상징에서 알고리즘의 계산 결과로 전환되는 역사적 순간을 목격하고 있다. 2026년 AI 스테이블코인의 완전한 도입은 5,000년 화폐사의 마침표이자 새로운 디지털 화폐 시대의 시작점이다.

한국이 이 변화에서 주변부가 아닌 중심부에 서려면 기술적 모방이 아닌 제도적 혁신이 필요하다. 세계 최고의 디지털 인프라와 문화적 소프트 파워를 결합한 한국만의 통화 모델 창조가 그 출발점이 될 것이다.

역사는 준비된 자에게만 기회를 준다. 2026년이라는 분기점에서 한국이 어떤 선택을 하느냐에 따라 우리는 새로운 화폐 질서의 주도국이 될 수도, 영원한 추종국으로 남을 수도 있다.

<크리스 정 금융콘텐츠팀장>

5장

AI와 장수 경제가 헬스케어를 재설계하다

죽음, 절대적 제약에서 협상 가능한 변수로

2024년 장수 바이오테크 분야로 유입된 84억 9,000만 달러는 단순한 투자 수치가 아니다. 이는 인류가 죽음이라는 절대적 제약 조건을 처음으로 협상 가능한 변수로 바라보기 시작했다는 패러다임 전환의 신호탄이다. 장수 바이오테크 분야에 대한 투자가 전년 대비 123.7% 급증하고 평균 거래 규모는 2,620만 달러로 128% 증가했다는 사실은 시장이 초기 실험 단계를 넘어 본격적인 상용화 투자 국면으로 접어들었음을 시사한다.

전 세계 60세 이상 인구가 2050년까지 16억 명에 달할 것으로 예측되는 가운데 미국의 메디케어 지출은 2030년까지 1조 2,000억 달러로 배증할 전망이다. 이러한 고령화 위기와 의료비 폭등이라는 이

중 압박 속에서 AI와 장수 바이오테크의 융합은 이제 단순 해법이 아닌 필수 생존 전략으로 부상하고 있다.

AI 헬스케어 시장 규모는 2025년 216억 달러에서 2032년 최대 1,969억 달러로 성장할 것으로 전망된다. 이는 연평균 38.6%라는 경이적인 성장률로서 글로벌 AI 시장 전체의 연평균 성장률 35.9%를 상회하는 수치로 헬스케어가 AI 혁명의 최전선에 서 있음을 증명한다.

이러한 변화의 핵심에는 헬스케어 시장의 근본적인 패러다임 전환이 자리하고 있다. 기존의 '질병 발생 후 치료'하는 반응형 모델에서 'AI가 질병을 예측하고 예방'하는 선제형 모델로의 이동이다. FDA가 2024년 알츠하이머 진단을 위한 혈액검사법을 최초로 승인한 것은 이러한 변화의 상징적 사례라 할 수 있다. 침습적이고 비용이 높은 기존 검사를 혈중 단백질 측정으로 대체하면서 비용을 수백분의 일로 줄이고 정확도를 93.07%까지 끌어올린 혁신이다.

가치사슬의 구조적 해체와 재구성

신약 개발 경제학의 혁명

전통적인 신약 개발 프로세스는 근본적으로 비효율적인 구조를 갖고 있다. 평균 13~15년의 개발 기간과 26억 달러의 투자가 필요하지만 임상시험 성공률은 10%에도 미치지 못한다. 이러한 구조적 한계가 높은 약값으로 이어지고 결과적으로 의료비 상승의 주요 원인이 돼왔다.

AI는 이 고질적인 비효율성을 해체하기 시작했다. AI 기반 신약 발굴을 통해 R&D 비용을 40% 절감하고, 개발 기간을 50%까지 단축할 수 있었으며, 약물 후보 물질 식별 속도는 전통적 방식보다 10배 빨라졌다. 알파폴드(AlphaFold)와 같은 생성형 AI 모델이 단백질 접힘 예측과 분자 설계에 혁명을 일으키면서 신약 개발 과정 중 가장 복잡한 초기 단계에서 획기적인 진전을 이뤄내고 있다.

MIT와 하버드 연구진이 AI를 활용해서 80만 개 분자를 스크리닝하여 노화세포를 선택적으로 제거하는 세놀리틱(senolytic) 화합물을 발견한 사례는 이러한 변화의 실증적 증거다. 발견된 BRD-K56819078 화합물은 노화 마우스에서 노화세포 부담을 유의미하게 감소시켰으며 기존 ABT-737 약물보다 높은 특이성을 보였다. 머신러닝 기반의 약물 스크리닝이 기존 방식 대비 수백 배의 비용 절감 효과를 가져올 수 있음을 증명한 것이다.

90% 이상의 제약회사들이 이미 AI 기반 R&D에 투자하고 있다는 조사 결과는 이러한 변화가 선택이 아닌 생존의 문제임을 보여준다. 2024년 항암 분야에서 생성형 AI 기반 신약 개발이 45%를 차지한 것은 AI가 가장 복잡하고 실패율이 높은 영역부터 정복하기 시작했음을 의미한다.

진단 패러다임의 근본적 전환

헬스케어의 진정한 혁명은 진단과 치료 패러다임의 전환에서 시작된다. 증상 발현 후 진단하는 기존 모델이 AI 기반 예측 진단 모델로 바뀌면서 의료 서비스의 경제학이 근본적으로 변화하고 있다. 이는 단순한 기술적 개선이 아니라 헬스케어 가치사슬 전체의 재구성을 의미한다.

AI는 유전체, 단백질체, 대사체 등 복잡한 다중 오믹스(multi-omics) 데이터를 분석하여 개인의 고유한 특성에 맞는 치료 계획을 수립하는 데 최적의 솔루션을 제공한다. 22만 5,000명의 영국 바이오뱅크(UK Biobank)* 데이터를 분석한 마일에이지(MileAge) 시스템 등 AI 기반 노화 시계를 통해, 혈액 대사체 데이터만으로도 생물학적 나이를 정확히 예측할 수 있게 됐다.

> **바이오뱅크:** 2006년부터 시작된 대규모 프로젝트로 약 50만 명의 참가자로부터 유전 정보, 건강 상태, 생활 습관, 영상 데이터 등을 수집해 의학 연구에 활용하는 데이터베이스.

더 중요한 것은 이러한 변화가 의료 시스템의 수익 구조를 바꾸고 있다는 점이다. 고비용의 일회성 치료에서 지속적이고 정기적인 질병 예방, 건강 관리로 가치 창출의 중심이 이동하고 있다. 영국의 '우리의 미래 건강(Our Future Health)' 프로그램처럼 유전 정보를 활용한 질병 예방 모델이 확산되면서 전통적인 병원과 제약회사가 아닌 새로운 플레이어들도 시장에 진입할 수 있는 여지가 생겼다.

운영 효율성의 극적 개선

AI의 영향은 임상 영역에만 국한되지 않는다. 엔비디아의 2025년 헬스케어 AI 설문조사에 따르면, 응답 기업의 80% 이상이 AI 도입으로 수익이 증대됐다고 답했으며 45%는 1년 이내에 투자 수익을 실현했다고 보고했다. 관련 기업들은 문서화, 자동화, 가상 어시스턴트, 실시간 모니터링 시스템 도입을 통해 의료진의 업무 부담을 줄이고 환자 만족도를 높이고 있다.

특히 헬스케어 공급망에서 AI는 수요 예측, 재고 최적화, 공급업체 위험 관리를 실시간으로 수행하면서 판도를 바꾸고 있다. 일부 병원에서는 AI 시스템 도입을 통해 재고 비용을 30%까지 절감하면서도 필수 물품의 지속적 확보를 보장했다. 2026년까지 고객 지원 상호작용의 95% 이상에 AI가 사용될 것이라는 예측은 AI가 환자 경험의 최전선에서도 중추적 역할을 할 것임을 보여준다.

자본 시장의 새로운 질서와 경쟁 구도

투자 패턴의 구조적 변화

2024년 투자 데이터는 명확한 패턴을 보여준다. 장수 바이오테크 분야 내에서도 AI가 깊이 통합된 영역들로 자본이 집중되고 있다. 구체적으로 살펴보면 AI 기반 신약 발굴 플랫폼을 개발하는 롱제비티 디스커버리 플랫폼(longevity discovery platform) 분야에 26억 5,000만 달러가 투자됐는데 이 분야는 AI 통합도가 95%에 달하는 영역이다. 뇌 질환과 신경 노화를 다루는 뉴로파마(neuropharma) 분야에는 26억 4,000만 달러, 세포와 조직의 젊음 회복을 목표로 하는 리주비네이션(rejuvenation) 분야에 19억 8,000만 달러, 그리고 노화된 세포를 젊은 상태로 되돌리는 셀룰러 리프로그래밍(cellular reprogramming) 분야에 16억 2,000만 달러가 투자됐다. 이들 모두는 전통적인 제약 연구 방식이 아닌 AI와 머신러닝을 핵심 기술로 활용하는 차세대 바이오테크 영역이다.

지정학적으로 살펴보면 미국을 중심으로 한 지역적 집중도는 더욱 극명하다. 미국이 전체 기업의 57%와 거래 건수(deal volume)의 84%를 차지하며 압도적 우위를 보였다. 캘리포니아가 35억 7,000만 달러로 최대 투자처였고 매사추세츠가 14억 8,000만 달러로 뒤를 이었다. 아시아태평양 지역은 전체 기업의 18%를 차지했지만 투자 규모는 상대적으로 작았다. 이러한 극도의 지역적 집중 현상은 이 분야가 아직 초기 단계임을 시사한다.

분기별 투자 패턴을 보면 2024년 1분기 37억 4,000만 달러로 강력한 출발을 보인 후 4분기에는 17억 5,000만 달러로 안정적 성장세를 유지했다. 거래 건수는 325건으로 전년 331건 대비 소폭 감소했지만 평균 딜 사이즈 증가로 전체 투자액은 크게 늘었다. 이는 투자자들이 초기 단계의 실험적 투자에서 선별적이고 대규모인 성장 단계 투자로 전환하고 있음을 보여준다.

빅파마의 전략적 선회

특허 만료 절벽에 직면한 거대 제약회사들이 장수 바이오테크 분야로 눈을 돌리는 것은 자연스러운 현상이라는 분석이다. 하지만 이들의 접근 방식은 과거와 근본적으로 다르다. 내부 R&D 투자보다는 후기 임상 단계의 프로젝트를 인수하거나 라이선싱 계약을 체결하는 방식을 선호하고 있다. 일부 라이선싱 계약이 최대 5억 달러 규모에 달한다는 것은 빅파마(big pharma)들이 이 분야에 얼마나 절실한지를 시사한다.

헬스케어 분야의 혁신에 발빠르게 참여한 것은 역시 실리콘밸리였다. 제프 베이조스와 유리 밀너(Yuri Milner)가 2021년 알토스랩스(Altos Labs)에 투자한 것을 시작으로 샘 올트먼(Sam Altman)이 레트로바이오사이언스(Retro Biosciences)에 1억 8,000만 달러를 투자하는 등 실리콘밸리 거물들의 참여가 이어지고 있다. 구글 설립자들이 2013년 캘리코랩스(Calico Labs)에 투자한 것도 같은 맥락이다. 이러한 변화는 장수 분야가 과학적 서사에서 실현 가능한 산업 분야로 변모하고 있음을 의미한다.

2015년 50개였던 AI 기반 장수 바이오테크 기업 수가 2024년 250개 이상으로 급증한 것이 이를 뒷받침한다. 이들 기업은 AI 기반 발굴 플랫폼을 통해 상당한 벤처 투자를 유치하고 있으며 신약 R&D를 넘어 원격의료 웨어러블 기기, 생체 인식 추적을 결합한 디지털 장수 플랫폼과 같은 새로운 비즈니스 모델을 창출하고 있다.

빅테크의 플랫폼 전략

구글, 마이크로소프트, 아마존과 같은 빅테크들의 헬스케어 진출 전략은 전통적인 제약회사나 의료기기 회사와는 근본적으로 다르다.

이들은 클라우드 인프라, AI 플랫폼, 데이터 분석 역량을 기반으로 헬스케어 생태계의 플랫폼 사업자를 목표로 하고 있다.

구글의 자회사 베릴리(Verily)는 생명과학 연구에 직접 투자하면서도 구글의 클라우드 헬스케어 API(Application Programming Interface)를 통해 의료 데이터 표준화와 상호운용성 확보에 집중하고 있다. 마이크로소프트는 헬스케어 봇 서비스와 헬스케어 AI 이니셔티브를 통해 의료진의 워크플로 개선에 주력하고 있다. 아마존은 아마존 종합 메디컬을 통해 의료 텍스트 분석 서비스를 제공하면서 의료 데이터의 구조화를 지원하고 있다.

이러한 빅테크들의 진출은 헬스케어 업계에 양면적 영향을 미치고 있다. 긍정적 측면에서는 강력한 기술 인프라와 자본력을 바탕으로 혁신을 가속화하고 있으며, 표준화된 플랫폼을 통해 의료 데이터의 상호운용성이 개선되고 있다. 하지만 빅테크들의 시장 지배력이 확대되면서 의료 데이터의 집중화가 진행되고 있어 개인정보 보호와 시장 경쟁에 대한 우려가 제기되고 있는 것도 사실이다.

규제 환경의 진화

AI의 등장과 함께 각국의 규제 환경도 변화하고 있다. FDA의 AI 의료기기 승인이 2015년 6개에서 2023년 223개로 급증한 것은 단순한 양적 변화를 넘어선다. 2025년 1월 FDA가 발표한 AI 지원 의료기기 지침 초안은 기존의 '반응적·개별적' 승인 방식에서 '전체 제품 수명 주기'를 고려하는 선제적 접근으로의 전환을 명시했다.

이러한 변화의 핵심은 AI의 학습 및 진화 특성을 규제체계에 반영하려는 시도다. 전통적인 의료기기와 달리 AI 시스템은 지속적으로 학습하고 성능이 변화하기 때문에 일회성 승인으로는 안전성과 효능을 보장할 수 없다. FDA가 도입하려는 '살아있는 규제' 체계는 AI 시스템의 지속적 모니터링과 업데이트를 전제로 한다.

미 국립보건원 산하 국립노화연구소는 2025년 바이오마커 분석 및 임상 검증을 위한 협력연구계약 프로그램을 발표하여 FDA의 바이오마커 자격 인증 프로그램 수준의 엄격한 검증을 지원하고 있다. 이는 노화 관련 바이오마커의 규제 경로를 확립하려는 노력의 일환이다.

하지만 글로벌 규제체계는 여전히 파편화돼 있다. 미국의 FDA, 유럽의 GDPR, 중국의 사이버보안법이 서로 다른 기준을 적용하면서 글로벌 기업들은 각국의 규제에 맞춰 다른 버전의 AI 시스템을 개발해야 하는 부담을 안고 있다. 이는 개발 비용을 증가시키고 혁신 속도를 저하시키는 요인으로 작용한다.

기술 혁신의 최전선

세포 리프로그래밍의 돌파구

AI와 장수 바이오테크의 융합은 실험실에서 임상 현장으로의 이행 속도를 전례 없이 가속화하고 있다. 과거 수십 년이 걸렸던 기초 연구가 이제는 AI의 도움으로 몇 년 만에 실용화 단계에 도달하면서 생명과학 분야의 혁신 주기가 근본적으로 단축되고 있는 것이다. 투자 대비 결과물도 가시적이다. 2024년 장수 바이오테크 분야로 몰린 84억 9,000만 달러의 투자는 단순한 자본 유입을 넘어 기술적 돌파구들이 연쇄적으로 나타나는 결과를 만들어냈다. 특히 AI가 생명과학의 가장 복잡한 영역인 세포 노화의 역전, 질병 예측, 개인 맞춤형 치료 분야를 해독하기 시작하면서 실험실의 혁신이 현실로 구현되는 속도가 급격히 빨라지고 있다.

세포 리프로그래밍 기술은 야마나카 인자(Yamanaka factors)를 통해 성체세포를 유도만능줄기세포로 되돌리는 혁신적 접근법이다. 이는 이미 분화되어 특정 기능을 수행하던 세포를 마치 초기 배아 상태의 줄기세포처럼 다양한 세포로 분화할 수 있는 만능세포로 되돌리는 기술로서 시간을 되돌리는 듯한 개념이다.

알토스랩스가 30억 달러 투자로 개발한 부분적 후성유전학적 재프로그래밍 기술은 마우스의 수명 연장에 성공했다. 이 기술은 파킨슨병이나 알츠하이머와 같은 노인성 질환 치료뿐만 아니라 피부 재생이나 근육 회복과 같은 외형적 노화에도 적용될 수 있다. 제프 베이조스와 같은 유명 투자자들이 자금을 지원하고 있으며 생물학적 리프로그래밍 기술을 통해 세포의 노화를 되돌리고 수명을 연장하는 연구를 선도하고 있다.

다만 세포 리프로그래밍 기술에는 도전 과제도 있다. 리프로그래밍 과정에서 암 발생 가능성이 증가할 수 있고 윤리적 문제가 제기될 수도 있다. 이러한 한계를 극복하기 위해 더욱 정밀한 제어 기술과 안전성 검증체계가 필요한 상황이다.

세놀리틱 약물의 임상적 진전

헬스케어 혁명 중 가장 인상깊은 기술로 평가되는 세놀리틱 약물은 노화된 세포를 선택적으로 제거하는 치료법으로, 건강수명 연장의 핵심 기술 중 하나로 주목받고 있다. 노화된 세포는 정상적인 세포 기능을 잃고 염증성 물질을 과도하게 분비하여 주변 조직을 손상시킨다. 이러한 노화세포가 다양한 노화 관련 질병의 주요 원인으로 지목되고 있다.

유니티바이오테크놀로지(Unity Biotechnology)는 노화세포를 제거함으로써 관절염과 안구 질환 같은 노화 관련 질병을 치료하는 약물을 개발 중이다. 이미 임상시험을 통해 세놀리틱 약물의 안전성과 효능을 입증하고 있어 앞으로 더 많은 항노화 약물이 개발될 것으로 기대된다. 구글 자회사인 캘리코랩스 역시 알츠하이머와 파킨슨병을 비롯한 노인성 질환의 원인을 분석하고 이를 늦추거나 예방할 수 있는 다양한 방법을 연구하고 있다.

세놀리틱 약물은 알츠하이머나 관절염과 같은 노화 관련 질병의 예방과 치료에 사용될 수 있으며 면역력을 강화하여 노화를 늦추는 데도 기여할 수 있다. 특히 고령자의 건강수명을 연장하는 데 매우 유망한 것으로 평가되고 있다.

AI 기반 약물 발굴의 가속화

AI는 복잡한 노화 관련 질병이라는 어려운 문제를 해결하는 데 이상적인 도구다. LLM을 활용한 노화 평가 및 개별화된 권고사항 제공, 다중 모드, 노화 시계를 통한 개인 맞춤형 치료 등 AI의 기술적 진보는 장수 관련 연구를 가속화하고 개인 맞춤형 치료를 대규모로 구현하는 데 필요한 새로운 수단을 제공하고 있다.

현재 AI 기반 장수 치료법 중 150개가 전임상 단계, 45개가 임상 1상에 있다. 디스커버리 플랫폼 영역이 AI 통합도 95%로 가장 높고, 유전체학 기반 솔루션과 진단 플랫폼이 각각 95%와 90%의 AI 통합도를 보인다. 이는 AI가 장수 바이오테크 개발의 핵심 동력으로 자리 잡았음을 보여준다.

특히 생성형 AI와 딥러닝 기술을 활용한 약물 발견은 기존의 스크리닝 비용을 수백 배 절감하면서도 정확도를 획기적으로 향상시키고 있다. MIT와 하버드의 연구 사례처럼 AI를 통해 발견된 새로운 화합물들이 임상에서 기존 약물보다 높은 특이성을 보이는 것은 이 기술의 잠재력을 증명한다.

향후 전망과 전략적 시사점

시나리오별 시장 전망

AI와 통합하고 있는 장수 헬스케어 혁신은 2026년을 기점으로 세 가지 시나리오를 기대해 볼 수 있다.

낙관적 시나리오에서는 FDA가 노화를 치료 가능한 조건으로 공식 인정하고, 주요 세놀리틱 약물들이 임상 3상에서 성공을 거두며, AI 바이오마커의 광범위한 임상 도입과 보험사의 예방적 치료 보상 확대가 이뤄진다. 이 경우 시장 규모는 2026년 950억 달러에서 2030년 3,500억 달러에 달할 것으로 전망된다. AI 도입률은 85%를 넘어서고 평균 건강수명이 5~7년 연장될 것으로 예상된다.

기본 시나리오에서는 점진적인 규제 환경 개선과 선별적 치료법의 임상 성공, AI 기술의 단계적 통합, 제한적 보험 보상 확대가 예상된다. 시장 규모는 2026년 688억 달러에서 2030년 2,404억 달러로 성장하고 AI 도입률은 65% 수준을 기록할 것으로 보인다. 평균 건강수명 연장은 2~3년 정도가 될 것으로 예측된다.

보수적 시나리오에서는 규제 장벽의 지속, 주요 임상시험의 실패 또는 지연, AI 기술 성숙도 부족, 경제적 불황으로 인한 투자 위축이 우려된다. 이 경우 시장 규모는 2026년 450억 달러에서 2030년 1,500억 달러에 그치고 AI 도입률은 45% 미만에 머물며 건강수명 연장 효과는 제한적일 것으로 전망된다.

투자 전략의 재구성

전통적인 바이오테크 투자 기준이 근본적으로 바뀌고 있다. 과거 파이프라인의 임상 단계, 시장 규모, 특허 보호 기간 등을 중심으로 했던 밸류에이션이 이제는 데이터 자산의 품질과 규모, AI 모델의 예측 정확도, 플랫폼의 확장성을 중심으로 재평가돼야 한다.

특히 주목할 점은 '네트워크 효과'의 등장이다. AI 장수 바이오테크 플랫폼은 더 많은 환자 데이터를 확보할수록 예측 정확도가 높아져 다시 더 많은 사용자를 유치하는 선순환 구조를 만든다. 이는 전통적인 제약업계에서는 볼 수 없었던 승자독식 경향을 강화한다. 따라서 투자자들은 기술적 우위보다는 데이터 확보 능력과 플랫폼 생태계 구축 역량에 더 주목해야 한다.

현재의 장수 바이오테크 투자 붐에서 가장 큰 위험은 '편중'이다. 투자의 84%가 미국에 집중돼 있고 AI 통합도가 높은 몇 개 분야에만 자본이 몰리고 있어 시장 전체가 동조화 현상을 보이고 있다. 따라서 기술적 다각화뿐만 아니라 지역적·시간적 다각화도 고려해야 한다. 아시아태평양 지역이 전체 기업의 18%를 차지하지만 상대적으로 저평가돼 있어 잠재적 기회를 제공할 수 있다.

사회보장제도의 재설계 압박

2030년까지 미국 메디케어 지출이 1조 2,000만 달러로 2배 증가할 것이라는 전망은 현재의 사회보장제도가 지속불가능함을 명확히 보여준다. AI 기반 장수 치료가 예방의학의 발달로 의료비를 절감할 수 있을 것처럼 보이지만 현실은 더 복잡하다.

첫째, 수명 연장 자체가 의료비 증가 요인이 될 수 있다. 더 오래 살수록 더 많은 의료 서비스를 이용하게 되고 특히 생애 말기 의료비 지출이 급증하는 경향이 있다. 둘째, 새로운 장수 치료법들이 대부분 고가의 맞춤형 치료이기 때문에 단기적으로는 의료비 상승 압박이 더 클 수 있다. 셋째, AI 기반 예방의학이 보편화되기까지는 상당한 시간이 걸리며 그 전까지는 기존 시스템의 부담이 지속될 것이다.

가장 근본적인 문제는 현재의 사회보장제도가 평균 수명 75세, 은퇴 후 15년을 전제로 설계됐다는 점이다. 만약 건강수명이 90~100세로 연장된다면 은퇴 연령, 연금 수급 기간, 의료보험 체계 모두 재설계돼야 한다. 이는 단순한 제도 개선이 아니라 사회 계약의 근본적 재협상을 의미한다.

AI 장수 치료의 확산은 새로운 형태의 사회적 불평등을 야기할 가능성이 높다. 현재 개발 중인 대부분의 치료법이 고가이고 보험 적용이 제한적이기 때문에 초기에는 부유층만 접근할 수 있는 서비스가 될 가능성이 크다. 이는 기존의 소득 불평등을 건강수명 불평등으로 확산시킬 위험이 있다.

보이지 않는 변곡점에서 읽어내는 미래의 신호

숫자 뒤에 숨겨진 구조적 전환의 징후

84억 9,000만 달러라는 2024년 장수 바이오테크 투자액의 진정한 의미는 투자 패턴의 질적 변화에 있다. AI 통합도가 높은 분야로 자본이 집중되고, 평균 거래 사이즈가 128% 급증한 것은 시장이 이미 '기술의 상품화' 단계로 접어들었음을 시사한다. 이는 단순한 투기 자본의 유입이 아니라 기관 투자자들이 장수 바이오테크의 상용화 가능성을 현실적으로 평가하기 시작했다는 구조적 신호다.

더 중요한 통찰은 경쟁의 본질이 바뀌고 있다는 점이다. 과거 제약업계에서 성공의 척도는 블록버스터 신약 보유 여부였다면, 이제는 지속적으로 신약을 생산할 수 있는 AI 플랫폼 역량이 핵심이다. 네트워크 효과가 작동하는 이 시장에서 데이터를 더 많이 확보할수록 예측 정확도가 높아지고 이는 다시 더 많은 사용자를 유치하는 선순환 구조를 만든다. 전통적 제약업계에서는 볼 수 없었던 승자독식 경향이 나타나는 이유다.

지정학적 관점에서 본 데이터 패권 경쟁

미국이 전체 투자의 84%를 독점하는 현상은 단순한 시장 우위를 넘어선다. 이는 헬스케어 데이터와 AI 기술이 국가 안보의 핵심 자산이 되고 있음을 의미한다. 각국의 데이터 현지화 정책과 '컴퓨팅 민족주의'가 강화되는 가운데 글로벌 협력이 필요한 의료 혁신이 오히려 분절화될 위험이 커지고 있다.

중국의 방대한 인구 데이터, 미국의 기술 우위, 유럽의 규제 프레임워크가 서로 다른 생태계를 구축하면서 글로벌 표준의 파편화가 진행되고 있다. 이는 희귀 질환이나 특정 인종 집단에 특화된 치료법 개발에 장애가 될 뿐만 아니라 팬데믹과 같은 글로벌 보건 위기에 대한 공동 대응 능력을 약화시킬 수 있다.

기대와 현실 사이의 위험한 괴리

가장 간과되고 있는 위험은 기대와 현실의 괴리다. 현재 AI 기반 장수 치료법 대부분이 전임상과 임상 1상에 머물러 있어 실제 상용화까지 5~10년이 소요될 수 있다. 지금의 투자 붐이 2027~2028년경 '현실의 벽'에 부딪힐 가능성을 배제할 수 없다. 특히 규제 승인율이 현재 8~25% 수준에 머물고 있어 대부분의 투자가 실패로 귀결될 가능성이 높다. 역설적이게도 이러한 조정 국면이야말로 진짜 혁신 기업과 투기적 기업을 구분하는 시금석이 될 것이다. 살아남는 기업들은 단순한 기술 우위가 아니라 규제 대응 역량, 데이터 자산, 플랫폼 생태계를 갖춘 기업들일 것이다.

인간 존재의 의미를 재정의하는 패러다임 시프트

2026년 AI 대전환의 진정한 의미는 기술 혁신 그 자체가 아니라 인류가 죽음이라는 절대적 제약 조건을 처음으로 협상 가능한 변수로 바라보기 시작했다는 인식의 전환에 있다. 이는 산업혁명 이후 가장 근본적인 패러다임 시프트다.

만약 건강수명이 실질적으로 90~100세로 연장된다면 우리가 알고 있는 모든 사회 제도가 재설계돼야 한다. 교육 시스템(평생학습), 노동 시장(다중 경력), 가족 구조(5세대 동거), 재산 상속(100년 생존), 정치 시스템(세대 갈등 심화) 등 사회 전반의 구조적 변화가 불가피하다.

이러한 변화는 단순히 의료 시장의 확장을 넘어 인간 존재의 의미 자체를 재정의한다. '나이 듦'의 의미, '성숙'의 개념, '세대' 간의 관계, 심지어 '지혜'의 축적 방식까지 모든 것이 재고돼야 한다. 이는 기술적 변화가 아니라 철학적·존재론적 변화다.

준비된 자와 준비되지 않은 자의 분기점

이러한 변화는 인류 역사상 최대 규모의 부의 재분배를 의미한다. 산업혁명 당시 기계화를 이해하고 적응한 기업들이 시장을 장악했듯이 AI와 장수 바이오테크의 융합을 이해하고 선제적으로 대응하는 기업들이 차세대 패권을 쥘 것이다.

핵심은 단순한 기술 투자가 아니라 새로운 생태계에서의 포지셔닝이다. 데이터 네트워크 효과를 가진 플랫폼 기업 규제 대응 역량을 갖춘 바이오테크 글로벌 표준을 선점한 AI 솔루션 기업들이 승자가 될 것이다. 반면 기존 방식에 안주하는 기업들은 급격한 가치 하락을 피하기 어려울 것이다.

정책 결정자들에게는 더욱 복잡한 과제가 놓여 있다. 혁신을 촉진하면서도 사회적 형평성을 보장해야 하고, 국가 경쟁력을 확보하면서도 글로벌 협력을 추진해야 한다. 무엇보다 기존 사회보장제도의 지속가능성을 확보하면서 새로운 장수 사회에 대비한 제도적 기반을 마련해야 한다.

결국 2026년 AI 대전환은 기술의 진보가 아니라 문명의 진화다. 준비된 자에게는 인류 역사상 최대의 기회가, 준비되지 않은 자에게는 돌이킬 수 없는 위기가 될 것이다. 미래는 기다리는 것이 아니라 만들어가는 것이며 그 청사진은 바로 지금 이 순간 AI와 장수 바이오테크의 융합 속에서 그려지고 있다.

<크리스 정 금융콘텐츠팀장>

6장
에너지와 AI의 충돌

전력 공급 위기의 서막

AI의 확산과 에너지 전환이 교차하는 지점

급속히 진화하는 생성형 인공지능은 두 가지 거대한 전환의 기로를 열어놓았다. 하나는 산업 전반의 AI 전환이고, 다른 하나는 AI 전환과 기후위기 대응, 그리고 지속가능성을 위해 불가피하게 진행되고 있는 에너지 전환이다. 언뜻 별개의 궤적으로 보이는 이 두 흐름은 실제로는 깊이 맞물려 있으며, 새로운 기회를 창출하는 동시에 전례 없는 도전을 제기하고 있다.

생성형 AI의 급격한 발전은 막대한 전력 수요라는 대가를 수반한다. 대규모 데이터센터와 연산 인프라는 미국을 비롯한 주요 국가들의 전력 소비 패턴을 근본적으로 재구성하고 있으며, 이는 전력망 운영, 발전원 구조, 나아가 글로벌 에너지 시장 전반에 깊은 파급 효과를 미치고 있다.

동시에 전력 시스템 자체도 역사적 변곡점에 서 있다. 재생에너지의 확산, 탄소 중립 목표의 제도화, 분산형 전원 기술의 부상은 기존의 화석연료 중심 체제를 흔들며 '에너지 전환'이라는 새로운 흐름을 형성하고 있다. 결과적으로 'AI 혁신'과 '에너지 전환'은 서로의 추진력을 강화하면서도 복합적인 긴장을 내포한 쌍두마차와 같다.

이 거대한 흐름은 '이중 혁명'이라 부를 수 있다. AI 전환과 에너지 전환이 서로의 동력원이 되며 새로운 질서를 만들어가는 과정이기 때문이다. AI는 전력 효율을 높이고, 전력망을 최적화하며, 기후 대응 전략을 고도화하는 도구가 될 수 있다. 그러나 동시에 AI 자체가 폭발적으로 늘어나는 전력 수요의 새로운 중심으로 자리 잡으면서, 에너지 전환을 가속화하거나 때로는 지연시키는 요인이 될 수도 있다.

바로 이 지점에서 2026년이 중요한 해로 부각된다. 각국이 탄소 중립 중간 목표를 제도와 정책으로 구체화하는 시점과, AI 인프라 투자가 본격화되는 시점이 겹치기 때문이다. 여기에 트럼프 2기 행정부의 정책 변화가 더해지면서 새로운 지형도가 그려지고 있다. 2026년은 정책적 변곡점과 기술적 임계점이 교차하는 해로, AI와 에너지 전환의 관계를 어떻게 설계하고 조율하느냐에 따라 향후 10년의 방향이 크게 달라질 것이다.

2026년 핵심 전망 1. 폭증하는 AI 전력 수요

인공지능과 데이터센터의 폭발적 성장

2026년은 AI 수요 폭증이 전력 공급 위기의 원인으로 본격적으로 부각되는 시기가 될 것이다. AI 데이터센터는 이제 글로벌 전력 수요의 핵심 변수로 떠오르고 있다. 미국의 사례가 이를 잘 보여준다. 미국 에너지정보청(Energy Information Administration, EIA)이 2025년 8월 발표한 단기 에너지 전망에 따르면, 미국의 전력 소비는 2025~2026년 사상 최고치를 기록할 것으로 예상된다. 세부적으로 보면, 전력 소비량은 2024년 4,097억kWh에서 2025년 4,186억kWh, 2026년에는 4,284억kWh에 이를 전망이다. 이는 단순한 수치 상승을 넘어, 미국 사회 전체의 에너지 소비 패턴이 근본적으로 변화하고 있음을 반영한다.

이 같은 급격한 수요 증가는 두 가지 요인에 기인한다. 첫째는 인공지능과 암호화폐 전용 데이터센터의 폭발적 성장이다. 대규모 AI 모델의 훈련과 추론, 그리고 암호화폐 채굴 과정은 막대한 전력을 소모한다. 이제 이들의 소비량은 국가 단위 에너지 전망에서 별도의 항목으로 다뤄질 정도로 영향력이 커졌다. 예컨대 생성형 AI 플랫폼에서의 검색 한 번은 기존 구글 검색보다 최소 10배 이상의 에너지를 소모하는 것으로 분석된다. 둘째는 전기화 현상의 가속화다. 가정과 기업이 난방을 히트펌프로, 교통수단을 내연기관차에서 전기차로 전환하면서 전력 수요는 기하급수적으로 증가하고 있다.

이 현상은 미국만의 문제가 아니다. 국제에너지기구((International Energy Agency, IEA)는 2025~2027년 세계 전력 수요가 연평균 약 4% 증가할 것으로 내다봤다. 이는 역사상 가장 빠른 속도의 전력 수요 증가다. 더 나아가 IEA는 2030년까지 데이터센터의 전력 소비가 현재의 2배에 이를 것이라고 전망했다.

전력 수급 불균형의 가시화

2026년은 이러한 추세가 현실화되며 전력 수급 불균형이 더욱 가시화되는 시기가 될 가능성이 크다. 미국에서는 아직 건설되지도 않은 데이터센터를 위해 전력망 연계 요청이 잇따르고 있다. 《월스트리트 저널》에 따르면, 미국의 전력 회사 아메리칸일렉트릭파워(American Electric Powe)와 온코어(Oncor)가 받은 데이터센터 연계 요청 규모만 400GW에 달했다. 이는 여름철 무더위가 한창일 때 미국 48개 주의 최대 전력 수요의 절반을 넘어서는 수준이다. 업계에서는 "건설되지 않은 데이터센터를 기준으로 한 수요 추정은 불확실성이 크다"라는 지적도 나오고 있다.

급증하는 수요를 감당하기 위해서는 인프라 확충이 필수적이다. 2026년은 노후화된 송전 시스템에 대한 투자와 전력 수요 변화에 유연하게 대응할 수 있는 스마트 그리드 구축이 본격적으로 논의되는 분기점이 될 전망이다.

미국토목학회(American Society of Civil Engineers, ASCE)가 2025년 발표한 인프라 보고서는 이러한 위기를 구체적으로 보여준다. 에너지 부문 평가는 2021년 C⁻에서 D⁺로 하향 조정됐으며, 주요 원인으로는 빠른 전력 수요 증가와 노후한 전력망 취약성이 꼽혔다. 변압기 부족, 기후 변화로 인한 극단적 기상 현상, 송전 용량의 한계 역시 심각한 리스크로 지적됐다. 데이터센터와 전기차 보급 확대는 이 취약한 전력망에 새로운 부담을 더하고 있다.

ASCE는 전기차와 데이터센터만 해도 2030년까지 35GW의 전력을 소모할 것으로 내다봤다. 이는 2022년의 17GW 대비 2배 이상 증가한 수치다. 더 나아가 신규 재생에너지 발전원을 송전망에 연결하기 위해서는 현재 송전망 용량을 2배로 늘려야 한다고 강조했다. 이는 AI와 전기차, 재생에너지 시대의 수요 증가에 대응하기 위한 필수적 조치다. 결국 2026년은 AI와 데이터센터가 이끄는 전력 소비 혁신과 이를 감당하기 위한 인프라 재편이 맞부딪히는 갈림길이 될 것이다.

2026년 핵심 전망 2. 재생에너지 확대와 원자력의 귀환

태양광 에너지의 급부상

AI와 데이터센터로 인한 전력 소비 트렌드를 따라잡기 위한 재생에너지 부문도 더욱 빠르게 성장할 전망이다. IEA 보고서에 따르면 재생에너지는 2026년 중 석탄을 추월해 세계 최대 전력 공급원으로 부상할 것으로 예상된다.

태양광 시설

출처: 국제에너지기구(IEA)

특히 태양광의 급부상은 주목할 만하다. 최근 기술 발전과 원가 절감의 영향으로 보급 속도가 가속화되면서 태양광 발전량은 2025년에 27%, 2026년에는 19% 증가할 것으로 전망된다. IEA는 2035년까지 글로벌 태양광 모듈 제조 용량이 1.5TW를 초과할 수 있다고 내다봤다. 동시에 이러한 급속한 확장을 뒷받침하기 위해 공급망 안정화와 핵심 소재에 대한 투자가 절실하다고 강조했다. 풍력 역시 비슷한 성장세를 보이며, 2026년에는 태양광과 풍력을 합친 총 발전량이 6,000TWh를 넘어설 것으로 예상된다.

미국 역시 유사한 흐름을 보일 전망이다. EIA에 따르면 2025년과 2026년 미국 내 전력 공급 증가분의 대부분을 태양광이 담당할 전망이다. 신규 태양광 설비는 2025년 26GW, 2026년 22GW가 추가될 예정이며, 이에 따른 발전량은 각각 34%와 17% 증가할 것으로 전망된다.

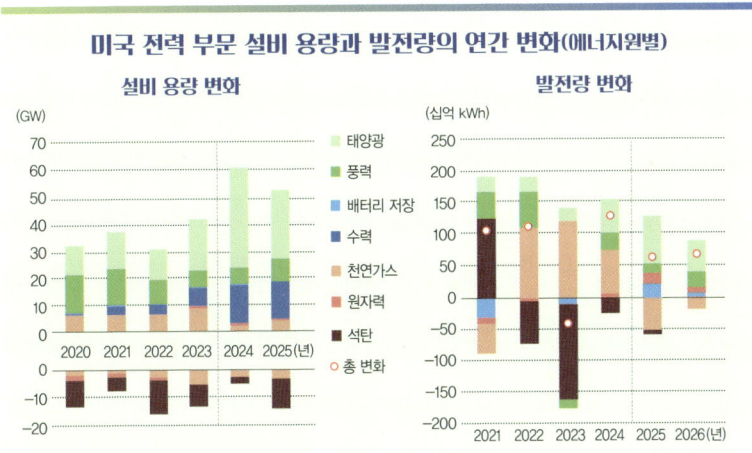

출처: 미국 에너지정보청(EIA)

미국 에너지 정책의 변화

이러한 긍정적인 성장세에도 불구하고, 트럼프 2기 행정부의 정책 방향은 미국 재생에너지 산업에 불확실성을 드리우고 있다. 트럼프 대통령은 재임 직후 파리협정에서 재차 탈퇴했으며, 기후 변화의 영향에 대한 과학적 합의를 부정했다. 또한 재생에너지 산업을 지원해 온 세액공제, 보조금, 대출 프로그램을 대폭 축소하거나 폐지하여 정책적 지원 기반을 약화시켰다.

인허가 제도 역시 강화돼 풍력과 태양광을 포함한 대규모 청정에너지 개발 사업의 추진이 한층 어려워졌다. 동시에 공급망 관리 강화를 명분으로 대중국 사업에 대한 제재도 확대됐다. 특히 토지관리국 내 재생에너지 담당 부서가 폐지되면서 연방 토지 및 해상에서 추진되던 대형 프로젝트 상당수가 지연되거나 취소됐다.

실제 수치도 이를 뒷받침한다. 2025년 청정에너지 취소 사업 규모는 186억 달러에 달했으며, 신규 투자 계획 규모 역시 158억 달러로 집계됐다. 이는 전년 동기 대비 20% 이상 감소한 수준이다. 환경 분석업체 케이로스(Kayrros)의 위성 데이터에 따르면 트럼프 당선 이후 미국 내 일일 유틸리티 태양광 설치가 44% 감소한 것으로 나타났다. 또한 블룸버그NEF(BloombergNEF)는 2030년까지 미국의 육상풍력 증설 규모가 총 30GW에 그칠 것으로 전망했는데, 이는 트럼프 행정부 이전 기본 시나리오 대비 절반 수준에 불과하다.

2026년 재생에너지의 세계적 성장세 속에서 미국은 정책적 선택에 따라 성장 동력을 상실할 위험에 직면해 있다. 글로벌 경쟁이 치열해지는 가운데, 미국의 에너지 정책 기조 변화는 향후 투자 흐름과 산업 지형을 좌우하는 핵심 변수로 작용할 것이다.

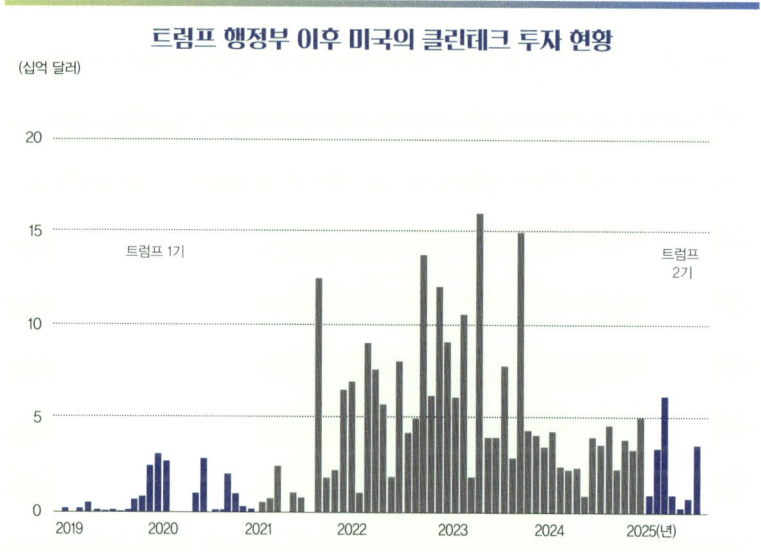

트럼프 행정부 이후 미국의 클린테크 투자 현황

출처: 클린테크트래커

되살아나는 원자력발전소들

AI 시대의 도래로 전력 수요가 급증하면서 원자력 발전은 다시 대안으로 떠오르고 있다. 미국의 경우 조기 폐쇄됐던 원전이 재가동되는가 하면, 대형 원전 건설도 본격적으로 추진되며 원전 산업 전반이 되살아나고 있다.

미국 원전 기업 웨스팅하우스(Westinghouse)는 2025년 7월 미국 내 대형 원자로 10기 건설 계획을 밝혔다. CEO 댄 섬너(Dan Sumner)에 따르면 2030년까지 AP1000 모델의 원전 10기를 착공할 예정이며, 각 원전은 약 75만 가구에 전력을 공급할 수 있어 총 750억 달러에 달하는 경제 효과가 기대된다.

웨스팅하우스는 구글과의 협력 사실도 공개했는데, AI 기술을 활용해 원전 건설을 효율적이고 반복 가능한 공정으로 바꾸겠다는 전략이다. 원전이 AI 산업의 기반이자, AI가 원전 산업의 혁신 촉매제가 되는 셈이다. 실제 트럼프 대통령은 2025년 5월, 2050년까지 미국 내 원전 규모를 4배로 늘리기 위한 행정명령 4건에 서명한 바 있다.

마이크로소프트 역시 미국 최대 원전 운영사 콘스텔레이션에너지(Constellation Energy)와 손잡고 2028년까지 펜실베이니아주의 3마일 섬(Three Mile Island) 원전을 재가동하기로 했다. 폐쇄됐던 미시간의 팰리세이즈(Palisades) 원전도 2025년 10월 재가동될 예정이다.

기존 원전의 출력을 높이는 업그레이드도 활발히 추진 중이다. 콘스텔레이션에너지는 일리노이 원전 두 곳에 약 8억 달러를 투자해 135MW의 전력을 추가 확보할 계획이다. 미국원자력협회는 이 같은

조지아주에서 가동을 시작한 보글 원자력발전소

출처: 조지아파워(Georgia Power)

업그레이드로 최대 3GW의 추가 전력 공급이 가능하다고 분석했다.

카이로스(Kairos), 엑스에너지(X-energy), 테라파워(TerraPower) 등 민간 기업들은 소형 모듈 원자로 상용화를 위한 기술 개발에 박차를 가하고 있다. 또 구글과 아마존 등 빅테크도 관련 투자에 적극적인 관심을 보이고 있다. 상용화에는 아직 시간이 필요하지만, 관련 시도는 계속 확대되는 추세다.

대형 원전의 재부상도 주목된다. 조지아 보글(Vogtle) 원전에서 AP1000 모델이 상업 운전에 성공하며 안정성을 입증했고, 이는 하이퍼스케일 데이터센터 단지에 적합한 전력원으로서의 가능성을 보여줬다.

빅테크들은 에너지 조달에 열을 올리고 있다. 어떤 방식이든 전력을 끌어올 수만 있다면 투자를 아끼지 않는다. 구글은 2025년 7월 대체투자 자산운용사 브룩필드(Brookfield)의 재생에너지 부문과 30억 달러 규모의 전력 구매 계약을 체결했다. 수력 발전 분야에서는 역대 최대 규모다.

20년 장기 계약을 통해 구글은 펜실베이니아에 위치한 홀트우드(Holtwood) 및 세이프하버(Safe Harbor) 수력발전소에서 총 670MW의 전력을 우선적으로 공급받는다. 두 발전소는 각각 2015년과 2014년에 브룩필드가 인수했다. 구글은 이번 계약에 더해 향후 최대 3GW에 달하는 수력 발전 자산으로부터 추가 전력을 확보할 수 있는 옵션도 손에 넣었다. 구글이 사용하지 않는 전력은 미국 전역의 전력 시장에서 판매될 예정이다.

그간 기술 기업들의 재생에너지 투자 대상은 풍력이나 태양광 중심이었지만 구글은 이번에 기상 조건에 영향을 받지 않는 고정형(firm) 재생에너지인 수력에 주목했다. AI가 초래한 전력 수요 증가에 대응하면서도 탄소 배출을 줄이려는 전략적 선택으로 풀이된다.

2026년 핵심 전망 3. 미국의 에너지 인프라 구축 가속화

얼마나 빨리 전력을 공급받을 수 있느냐가 관건

AI 경쟁의 최전선에서 가장 치열하게 부상한 이슈는 '전력'이다. 데이터센터가 단순한 서버 공간을 넘어 국가 전략 자산으로 격상되면서, 미국은 에너지 확보를 위한 총력전에 돌입했다. 과거 20년간 사실상 정체 상태에 머물렀던 미국 전력 소비는 이제 새로운 국면을 맞이하고 있다.

2023년 미국 데이터센터 전력 소비는 176TWh로, 전체 전력 수요의 4.4%에 달했다. 반도체 분석기관 세미애널리시스(SemiAnalysis)는 2030년까지 미국 내 데이터센터 용량이 80GW를 초과할 것이라 전망했다. 이는 매년 전체 전력 수요를 3%씩 끌어올리는 수준이다. AI 경쟁은 결국 누가 더 빠르게 더 안정적으로 전력을 확보할 수 있느냐의 문제로 옮겨가고 있는 것이다.

데이터센터 건설자들이 집착하는 개념은 '스피드 투 파워(Speed-to-Power)', 즉 특정 부지에 전력을 공급받기까지 걸리는 시간이다. 실제 미국 최대 데이터센터 허브인 버지니아 북부에서는 최대 7년을 기다려야 전력을 연결받을 수 있는 상황이다. 부지 가격이나 전기 요금보다도 '얼마나 빨리 전력을 확보할 수 있는가'가 기업들의 최우선 고려 요소가 됐다.

에너지 확보 속도 내는 트럼프

이 같은 배경에서 2025년 7월 도널드 트럼프 대통령은 펜실베이니아 피츠버그에서 열린 '펜실베이니아 에너지·혁신 서밋'에서 초대형 투자 계획을 공식화했다. 900~920억 달러 규모의 AI 및 에너지 인프라 투자가 그것이다. 행사에는 공화당 상원의원, 주요 에너지 기업, AI 클라우드 컴퓨팅 업체 CEO들이 대거 참석해 에너지-기술 결합이라는 새로운 정책 기조를 상징적으로 보여줬다.

2025년 7월 15일(현지 시간), 도널드 트럼프 미국 대통령이
'펜실베이니아 에너지·혁신 서밋(Energy and Innovation Summit)'에 참석한 모습.

출처: 백악관 X

　트럼프 대통령은 연설에서 "중국이 미국의 AI 기술을 추격하고 있지만, 그렇게 두지는 않을 것이다. AI 우위를 지키기 위해 필요한 모든 자원을 투입할 것"이라고 강조했다. 하워드 러트닉 상무장관 역시 "AI 혁명은 이미 시작됐다. 미국은 결코 물러서지 않을 것이며 청정 석탄, 천연가스, 원자력을 모두 활용해야 한다"라고 밝혔다. 이는 AI 패권 경쟁의 본질이 전력 확보로 이동했음을 드러낸다.

　정부의 선언과 함께 다음과 같은 민간 기업들의 투자 행렬도 이어졌다.

- 구글은 브룩필드와 30억 달러 규모의 수력 발전 계약을 체결하고, 펜실베이니아 발전소로부터 데이터센터에 직접 전력을 공급받는다. 동시에 향후 2년간 250억 달러를 투입해 미

북동부 전역에 데이터센터와 인프라를 건설할 계획이다.

- 블랙스톤은 250억 달러를 데이터센터, 천연가스 발전소, 전력 인프라에 투자하며 에너지 기업 PPL과 공동으로 발전 사업에 나선다.
- 퍼스트에너지(First Energy)는 150억 달러를 투입해 56개 카운티에서 송배전망 확충 프로젝트를 추진한다.
- 메타는 수백억 달러 규모의 추가 투자로, 오하이오에 GW급 데이터센터 '프로메테우스'를 포함한 초대형 인프라를 확장한다.
- 콘스텔레이션에너지는 리머릭(Limerick) 원자력 발전소 업그레이드에 24억 달러를 투자한다.
- 에너지캐피털파트너스(Energy Capital Partners)는 요크2 에너지센터에 50억 달러를 투자한다.

이러한 민간 투자는 단순히 전력 생산 설비 확충이 아니라, AI 슈퍼클러스터를 뒷받침하는 초대형 국가 프로젝트의 성격을 띠고 있다는 특징을 갖는다.

국가적 자산이 된 데이터센터

현재 미국의 데이터센터 수요는 특정 주에 집중되고 있다. 세미애널리시스는 2030년까지 전체 용량의 70%가 9개 주에 몰릴 것이라 전망했으며, 특히 버지니아와 텍사스가 각각 17%씩 3분의 1을 차지할 것으로 예상된다. 버지니아는 전력 부족에도 불구하고 광통신망과 낮은 지연 시간으로, 텍사스·루이지애나·미시시피 등은 규제 완화와 부지 개발 용이성으로 투자 거점으로 부상하고 있다.

컨설팅 기업 딜로이트(Deloitte)는 AI 데이터센터 전력 수요가 2035년까지 30배 늘어날 것이라 분석했고, 그리드스트래티지스(Grid Strategies)는 2024~2029년 전력 수요 증가율이 기존 전망치의 5배에 달할 것이라 전망했다. 이는 발전소 신설, 송배전망 확충, 인허가 규제 완화 등 구조적 변화를 요구한다.

데이터센터는 이제 국가 전략 자산이다. 메타, 오픈AI, 오라클(Oracle) 등은 1GW를 초과하는 초대형 슈퍼클러스터 개발에 나섰으며, 이는 수십만 가구가 1년간 사용할 전력 규모에 해당한다. 일론 머

미국 데이터센터 전력 소비 전망

분석기관	전망 대상	현재 값	전망 값	증가율
CSIS	미국 AI 데이터센터	2024년 4GW	2030년 84GW	2,100%
LBNL	미국 데이터센터	2023년 20GW	2028년 74~132GW	370~660%
RAND	글로벌 AI 데이터센터	2024년 11GW	2027년 68GW, 2030년 327GW	618%
SemiAnalysis	글로벌 데이터센터	2023년 49GW	2026년 96GW	196%
BCG	글로벌 데이터센터	2023년 60GW	2028년 127GW	212%
McKinsey	글로벌 데이터센터	2023년 55GW	2030년 171~219GW	311~398%
Goldman Sachs	글로벌 데이터센터 (암호화폐 제외)	2023년 400TWh	2030년 1,040TWh	260%

출처: CSIS

스크의 xAI는 전력망 지연으로 가스 발전기를 임시 도입하고 있다.

결국 AI 패권은 기술보다 전력 공급 능력에 달려 있다. 미국의 2026년 선택은 AI와 에너지를 결합해 새로운 산업 전환의 길을 여는 데 방점을 찍고 있다.

2026년 핵심 전망 4. 스마트 그리드 골드러시

똑똑한 전력망으로 에너지 효율 향상 도모

전 세계적으로 AI 데이터센터가 속속 들어서면서 서버 단위의 전력 수요가 급격히 증가하고 있다. 업계에서는 2030년경 전 세계 AI 데이터센터의 피크 전력 수요가 100GW를 초과할 것이라는 전망을 내놓았다. 이는 원자력 발전소 10기를 동시에 가동해도 충당하기 어려운 수준으로, 글로벌 에너지 시스템에 심각한 부담을 가할 수 있다.

핵심은 단순히 발전소를 늘리는 문제가 아니라는 점이다. AI 데이터센터는 기존 산업과 달리 전력 수요가 예측 불가능한 패턴을 보인다. 특정 시점에는 연산 요청이 집중되면서 전력 피크가 폭증하다가 곧바로 수요가 급락하는 등 변동성이 크다. 따라서 안정적인 전력 공급을 위해서는 수요 변화를 정확히 예측하고 이에 유연하게 대응할 수 있는 전력 인프라가 필요하다.

한국의 한 반도체 및 글로벌 AI 인프라 전문가는 2025년 9월 웨비나에서 "기존 전력망은 일정한 수요를 가정하고 설계됐기 때문에 급격한 피크 수요를 처리하는 데 한계가 있다"면서 "현재 어떤 나라에서도 이러한 스마트하고 적응 가능한 전력망을 완비한 사례는 없다"라고 지적했다.

특히 전력망 붕괴, 즉 블랙아웃의 위험은 점차 커지고 있다. 2024년 4월 스페인과 포르투갈 주요 도시에서 발생한 대규모 블랙아웃은 지하철, 고속열차, 항공기 운항은 물론 인터넷과 금융 결제까지 모두 마비시키며 현대 사회가 전력 인프라에 얼마나 의존적인지를 극명하게 보여줬다. 당시 원인이 AI 데이터센터는 아니었지만, 급격한 전력 수요 변동이 가져올 수 있는 파급 효과를 확인시킨 사례였다.

한국 역시 비슷한 우려에 직면해 있다. AI와 데이터센터 확산으로 전력 수요가 급증하고 있으나, 이를 감당할 송전망이 충분치 않다. 예컨대 호남에서 발전소를 건설하더라도 수도권으로 전력을 안정적으로 공급하기에는 송배전망의 여력이 부족하다. 이는 지역별 전력수급 불균형을 심화시키고, 국가 전력망의 취약성을 드러낸다.

미국은 이러한 위험에 선제적으로 대응하기 위해 송전망 투자에 속도를 내고 있다. ASCE에 따르면 2017년부터 2022년까지 송전망 투자가 50억 달러 증가했으며, 2021년 제정된 인프라 투자 및 일자리 법(Infrastructure Investment and Jobs Act, IIJA)은 전력망 현대화를 위한 730억 달러 규모의 자금을 2026년까지 배정했다.

실제 2023년에는 IIJA 예산 중 13억 달러가 투입돼 초지역 송전 프로젝트가 시작됐다. 대표적으로 뉴멕시코와 애리조나를 잇는 175마일 규모의 사우스라인 송전 사업, 뉴잉글랜드와 퀘벡을 연결하는

211마일의 트윈스테이츠 클린에너지 링크, 그리고 유타와 네바다를 연결하는 크로스타이 송전선 프로젝트가 있다. 이러한 초대형 인프라 확충은 AI 데이터센터와 재생에너지 확산에 대응하기 위한 전략적 움직임으로 평가된다.

전력망 구축에 대한 필요성이 커지면서 지능형 전력망 '스마트 그리드(Smart Grid)'에 대한 관심도 고조될 전망이다. 스마트 그리드는 전력 수급을 실시간으로 예측하고 효율적으로 배분하기 위한 IT 기반 인프라를 의미한다. AI 데이터센터나 태양광, 풍력 등 신재생에너지로 인한 전력 공급의 불규칙성을 해결할 수 있는 대안으로 꼽힌다.

스마트 그리드는 기존의 단방향적 전력 공급 체계에서 벗어나, 전력 소비자와 공급자가 양방향으로 정보를 주고받으며 네트워크를 최적화한다. 이를 통해 에너지 효율을 대폭 개선하고, 전력 손실과 블랙아웃 등의 문제를 줄이는 동시에 신재생에너지의 원활한 통합을 가능하게 한다.

2026년 이후 본격화될 스마트 그리드 시장

전기자동차의 보급은 스마트 그리드 활용도를 폭넓게 확장시키는 촉매제로, 차량을 배터리 저장소로 활용하는 V2G(Vehicle-to-Grid) 기능이 대표적이다. 또 전력 네트워크의 상태를 실시간으로 모니터링하는 기술이나 태양광, 풍력, 지열 등 분산형 전원과 전기차, 에너지 저장 장치(Energy Storage System, ESS)를 기존 전력망에 통합해 안정적인 전력 공급을 지원하는 기술도 확대될 전망이다.

디지털 계량기인 '스마트 미터' 시장도 확대될 전망이다. 스마트 미터는 전기, 가스, 물 사용량을 실시간으로 측정하고 원격으로 이를 검침해 데이터 전송까지 한다. 시장조사 및 컨설팅 기업 글로벌마켓인사이츠(Global Market Insights)에 따르면 2024년 약 282억 달러 규모의 글로벌 스마트 미터 시장 규모는 2025~2034년까지 연평균 14.1%로 성장해 2034년에는 1,083억 달러에 달할 전망이다.

업계 전문가들은 전력 수요의 변동성에 대응하기 위해서는 ESS뿐 아니라 초고속 반응이 가능한 슈퍼커패시터(SuperCapacitor)의 도입이 필요하다고 했다. ESS가 중장기적인 수요 변동에 대응하는 '버퍼' 역할을 한다면, 슈퍼커패시터는 밀리초 단위의 순간적 스파이크를 흡수할 수 있는 핵심 기술이다. 업계 한 관계자는 "다만 슈퍼커패시터의 대부분이 전자 세라믹 소재에 의존하고 있어, 향후 소재 가공 기술과 품질 강화가 산업 경쟁력의 중요한 과제가 될 전망"이라고 내다봤다.

실제로 이와 같은 스마트 그리드 시장은 2026년 이후 본격적인 성장을 앞두고 있다. 글로벌 스마트 그리드 시장 규모는 2024년 740억 달러에서 2029년 1,600억 달러 이상으로 성장할 전망이며, 연평균 성장률은 17%에 달한다.

지역별로 북미는 정부의 대규모 투자와 정책적 지원을 기반으로 기술 도입을 선도하고 있으며, 유럽과 중국도 수십억 달러를 투입해 경쟁적으로 시장을 확대하고 있다. 일본과 인도 역시 국가 차원의 전략을 통해 보급과 고도화를 추진 중이다.

다만 과제도 만만치 않다. 제조업체와 공급업체 간 표준화가 이루어지지 않으면 시스템 통합이 어렵고, 사이버 보안 강화도 필수적이다. 따라서 국제적 표준화 노력과 기술 혁신은 스마트 그리드 확산의 핵심 조건이다.

에너지와 AI의 새로운 패러다임

재생에너지 정책의 급변과 전력 시스템의 위기

2026년은 글로벌 에너지 시스템에 있어 중대한 전환점이 될 것으로 예상된다. 특히 주요국의 재생에너지 정책 변화는 단순한 정책 조정을 넘어 전 세계 전력 공급 안정성에 근본적인 도전을 제기하고 있다. 미국의 재생에너지 정책 후퇴는 이미 뚜렷한 신호를 보내고 있다. 연방정부 차원의 재생에너지 인센티브 축소와 규제 완화 정책은

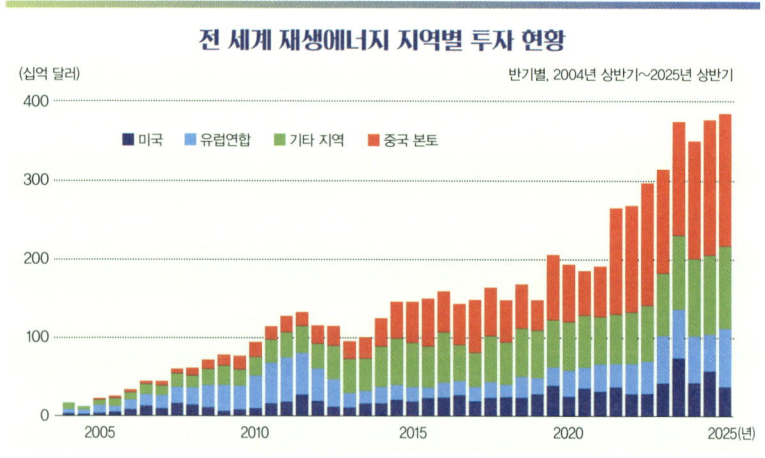

전 세계 재생에너지 지역별 투자 현황

출처: 블룸버그NEF

단기적으로는 전통 에너지원에 대한 의존도를 높일 수 있지만, 중장기적으로는 전력 공급 시스템의 예측 가능성을 크게 떨어뜨릴 것이다. 특히 AI 데이터센터와 같이 안정적이고 지속적인 전력 공급을 필요로 하는 산업에 심각한 영향을 미칠 전망이다.

2026년 하반기, 재생에너지 투자 절벽 현실화

가장 우려스러운 시나리오는 2026년에 예상되는 미국의 재생에너지 투자 절벽이다. 블룸버그NEF에 따르면 2025년 상반기부터 에너지 부문의 투자자금이 미국에서 다른 국가로 이동하고 있다. 실제 미 당국은 풍력 및 태양광 프로젝트에 대한 정책적인 규제를 발표했고, 풍력 발전에 들어가는 부품에 대한 관세 카드도 검토하고 있다.

온라인 뉴스 매체 악시오스(Axios)에 따르면 미 내무부는 로드아일랜드 연안에서 완성 단계에 있던 오스테드(Ørsted)의 대규모 풍력 프로젝트 건설 중단을 요구했다. 바이든 행정부 시절인 2023년 승인된 이 프로젝트는 로드아일랜드와 코네티컷 등의 35만 가구에 전력을 공급할 수 있는 능력을 갖췄다. 악시오스는 "2025년 상반기 미국은 지난 2016년 이후 처음으로 세계 5대 풍력 시장에 포함되지 않았다"라고 전했다.

현재 진행 중인 프로젝트들이 완료되는 시점과 새로운 정책 환경에서의 신규 투자가 본격화되는 시점 사이에는 상당한 시차가 존재한다. 이 기간 동안 재생에너지 신규 용량 증설이 급격히 둔화될 경우, 급증하는 전력 수요를 감당하지 못하는 상황이 발생할 수 있다.

AI 산업의 폭발적 성장으로 인한 전력 수요 증가는 이 문제를 더욱 심각하게 만들 것으로 예상된다. 데이터센터 하나가 소비하는 전력량이 중소 도시 전체의 전력 소비량과 맞먹는 상황에서, 재생에너지 투자 공백은 곧 전력 부족 사태로 이어질 위험성이 높다. 실제로 악시오스는 "중국 본토, 스페인, 그리스, 브라질 등 전년 대비 투자 감소폭이 가장 컸던 시장들 중 상당수가 출력 제한 증가, 마이너스 전력 가격에 대한 노출 증가, 또는 둘 다를 경험하고 있다"라고 전했다.

전기 요금 급등과 에너지 빈곤층

이러한 전력 공급 불안정은 필연적으로 전기 요금 상승으로 이어질 수 있다. 재생에너지 비중 감소로 인한 화석연료 의존도 증가는 연료비 변동성을 확대시키고, 이는 전기 요금에 반영될 수밖에 없다. 더욱 심각한 문제는 이러한 요금 상승이 저소득층에게 영향을 미쳐 에너지 빈곤을 심화시킬 것이라는 점이다.

AI 기업들과 대형 테크 기업들은 높은 전기 요금을 감내할 수 있는 재정적 여유가 있지만, 일반 가정과 중소기업은 그렇지 않다. 이는 결국 사회적 불평등을 확대시키고, 에너지 정의 문제가 새로운 사회적 이슈로 부각될 수 있다.

글로벌 에너지 패권 경쟁의 새 국면

미국의 정책 변화, 중국에게는 절호의 기회

미국의 재생에너지 정책 후퇴는 역설적으로 중국에게 절호의 기회를 제공하고 있다. 이미 태양광과 풍력 분야에서 압도적인 제조 능력을 보유한 중국은 미국 시장의 공백을 다른 지역으로 확장하는 전략을 구사하고 있다. 유럽, 남미, 동남아시아 등 제3의 시장에서 중국의 재생에너지 기술과 자본의 영향력은 더욱 강화될 것으로 보인다.

중국은 전체 전력 소비에서 재생에너지 비중이 23%로, 2024년 1분기의 18%에서 크게 늘었다. 2025년 상반기까지 재생에너지 신규 설비 용량은 전체 60%를 차지했으며, 2024년 말 기준 중국의 전체 발전 설비 용량의 56%를 재생에너지로 채웠다.

글로벌 시장에서 중국은 재생에너지 전환의 중심 축으로 자리를 잡아가고 있다. 중국은 510GW의 태양광 및 풍력 발전 설비를 건설 중이다. 이는 글로벌 관련 설비 건설 용량 689GW의 약 4분의 3에 해당하는 규모다.

특히 주목해야 할 점은 중국이 단순한 설비 수출을 넘어 '에너지 인프라의 전체적인 솔루션'을 패키지로 제공하는 전략으로 전환하고 있다는 것이다. 재생에너지 발전 시설부터 ESS, 스마트 그리드, 심지어 AI 기반 에너지 관리 플랫폼까지 통합적으로 제공함으로써, 단순한 기술 공급자에서 에너지 시스템의 설계자로 진화하고 있다.

AI 패권과 에너지 안보의 지정학적 융합

2026년 에너지 지형의 가장 중요한 특징은 AI 패권 경쟁과 에너지 정책이 불가분의 관계로 결합된다는 점이다. AI 기술력은 곧 국가 경쟁력의 핵심이 됐고, AI 개발과 운영에 필요한 막대한 전력은 에너지 안보와 직결되는 문제가 됐다.

이는 전통적인 에너지 외교의 패러다임을 근본적으로 바꾸고 있다. 과거에는 원유나 천연가스 공급망 확보가 에너지 외교의 핵심이었다면, 이제는 '안정적이고 청정한 전력의 지속적 공급'이 새로운 외교 쟁점으로 부상하고 있다. 국가들은 AI 기술 개발 역량과 함께 이를 뒷받침할 전력 공급 능력을 종합적으로 고려한 에너지-기술 동맹을 모색하고 있다.

이러한 변화의 핵심에는 '에너지-데이터 동맹'이라는 새로운 국제 협력 패러다임이 자리하고 있다. 이는 단순히 에너지 자원을 공유하거나 기술을 이전하는 기존의 협력 방식을 넘어, 에너지 인프라와 데이터·AI 인프라를 통합적으로 기획하고 운영하는 전략적 파트너십을 의미한다.

가령 재생에너지가 풍부한 국가는 AI 데이터센터 유치를 통해 에너지 수출을 대체할 수 있고, AI 기술력이 뛰어난 국가는 에너지 효율 최적화 기술을 제공함으로써 상호 보완적인 관계를 구축할 수 있다. 이러한 동맹은 군사-안보 중심의 전통적 동맹관계와는 다른, 기술-경제 중심의 새로운 국제 질서를 만든다.

한국의 대응 전략

한국 기업들의 리스크

한국의 핵심 산업인 반도체와 급성장 중인 데이터센터 산업에 따른 2026년 에너지 환경 변화는 심각한 도전이 될 것으로 예상된다. 삼성전자, SK하이닉스 등 메모리 반도체 기업들과 네이버, 카카오 등 IT 기업들의 데이터센터는 이미 한국 전체 전력 소비의 상당 부분을 차지하고 있으며, AI 붐과 함께 그 비중은 더욱 확대될 전망이다.

특히 우려되는 것은 전력 공급의 안정성이다. 한국은 에너지 수입 의존도가 높고 재생에너지 비중도 OECD 평균에 크게 못 미치는 상황이다. 한국환경연구원이 최근 발표한 보고서에 따르면, 한국의 재생에너지 발전 비중은 2024년 10.5%에 그쳤다. 세계 평균인 30%의 약 3분의 1 수준으로 일본(22%), 중국(30%)에도 한참 못 미친다. 빈번한 정책 변동과 실효성 부족, 복잡한 인허가 절차, 주민 수용성 미흡, 송전망 인프라 제약 등이 주요 요인으로 지적됐다.

글로벌 에너지 시장의 불확실성이 확대되면 전력 공급 비용과 안정성 모두에서 리스크가 증가할 수밖에 없다. 이는 한국 기업들의 글로벌 경쟁력에 직접적인 영향을 미칠 수 있는 구조적 문제다.

미국 재생에너지 시장 위축, 새로운 진출 기회

하지만 위기는 동시에 기회이기도 하다. 미국의 재생에너지 정책 후퇴로 인해 해당 시장에서 경쟁이 완화되면서, 한국 기업들에게는 오히려 새로운 진출 기회가 열릴 수 있다. 한국의 재생에너지 관련 기업들은 미국 시장의 공백을 활용해 시장 점유율을 확대할 수 있는 전략적 기회를 맞고 있다.

더욱 중요한 것은 미국 내 AI 기업들이 여전히 청정에너지에 대한 수요를 유지하고 있다는 점이다. 구글, 마이크로소프트, 아마존 등 주요 테크 기업들은 재생에너지 100% 달성 기업을 목표로 설정하고 있고, 특히 AI 데이터센터 건설과 함께 가능한 한 많은 전력을 수급하기 위해 애를 쓰고 있다. 이런 트렌드는 트럼프 정부 정책과 무관하게 지속될 수 있을 것으로 예상된다.

원자력 발전 측면에서 미국은 한국과의 협업 가능성을 높여가고 있다. 제임스 댄리 미국 에너지부 차관은 2025년 8월 개최된 아시아태평양경제협력체(APEC) 에너지 장관 회담 참석차 방한한 자리에서 한국전력 측에 미국의 원전 사업에 참여해 달라는 요청을 한 것으로 알려졌다. 구체적으로 미국 측은 자국 기업인 웨스팅하우스의 노형인 AP100 프로젝트를 추진하고, 한국 기업이 시공 등의 역할을 맡는 방식을 검토하고 있는 것으로 알려졌다. 또 차세대 원전으로 주목받는 소형 모듈 원자로 역시 한국의 우수한 기술력을 바탕으로 수출 가능성을 높일 수 있다는 전망이 나온다.

아시아의 AI-에너지 허브로

더 큰 관점에서 보면, 한국은 아시아 지역의 AI-에너지 허브로 자리매김할 수 있는 독특한 위치에 있다. 세계 최고 수준의 반도체 기술력과 빠른 인터넷 인프라, 지리적으로 중국과 일본 사이에 위치한 전략적 장점을 활용한다면, 아시아 지역 AI 생태계의 중심지 역할을 할 수 있는 잠재력이 충분하다.

특히 미국의 대중국 기술 규제가 강화되는 상황에서, 한국은 미국과 아시아를 연결하는 기술 허브 역할을 할 수 있다. 서구의 AI 기술과 아시아의 제조업 역량을 연결하는 교량 역할을 통해, 글로벌 AI-에너지 생태계에서 독특하고 중요한 위치를 확보할 수 있을 것이다.

한국이 에너지-AI 패러다임 전환에 성공적으로 대응하기 위해서는 무엇보다 정부 차원의 통합적 정책 프레임워크 구축이 필요하다. 한국형 AI-에너지 융합 정책의 핵심은 다음 세 가지 축을 중심으로 구성돼야 한다.

첫째는 에너지 효율성 극대화다. AI 기술을 활용해 전력 소비를 최적화하고, 동시에 AI 시스템 자체의 에너지 효율성을 높이는 기술 개발에 집중해야 한다. 둘째는 재생에너지와 AI 인프라의 통합 설계다. 데이터센터 건설 시점부터 재생에너지 공급을 고려한 통합적 설계를 의무화하고, 이를 위한 제도적 기반을 마련해야 한다. 셋째는 글로벌 협력 네트워크 구축이다. 한국 단독으로는 해결하기 어려운 규모의 경제와 기술적 과제들을 국제 협력을 통해 해결하는 전략이 필요하다.

미국 정책의 불확실성이 확대되는 상황에서 한국은 다양한 시나리오에 대한 대비책을 마련해야 한다. 우선 '미국 재생에너지 정책 완전 후퇴' 시나리오에 대비해, 한국 기업들의 미국 시장 진출 전략을 재검토하고, 대안 시장 개척에 나서야 한다. 유럽 시장의 그린딜 정책 지속, 일본의 탄소 중립 정책, 동남아시아 신흥 시장의 재생에너지 수요 증가 등을 종합적으로 고려한 다변화 전략이 필요하다.

  마지막으로 가장 중요한 것은 한국 자체의 AI 에너지 생태계 경쟁력을 높이는 것이다. 외부 환경 변화에 일희일비하기보다는, 한국만의 독특한 강점을 바탕으로 한 지속가능한 발전 모델을 구축해야 한다. 이를 위해서는 장기적 관점에서의 R&D 투자 확대, 인재 양성, 그리고 산학연 협력 생태계 구축이 필수적이다.

<권순우 서던플래닛장>

7장
스페이스테크와 방위 산업의 혁신과 미래

최후의 만찬에서 첫 아침식사로

글로벌 스페이스테크와 국방 산업은 수십 년 만에 근본적인 구조 변화를 겪는 중이다. 냉전 이후 형성된 소수 방산 대기업 중심의 과점 체제에서 현대 전장이 요구하는 실리콘밸리 기반의 소프트웨어, AI 기업이 주도하는 민첩하고 혁신적인 신규 기업들 중심으로 패러다임이 바뀌고 있다.

2024년 기준 8,498억 달러라는 세계 최대의 국방 예산과 압도적인 국방력을 갖춘 최강대국 미국은 실리콘밸리에 위치한 국방부 산하 기관 DIU(Defense Innovation Unit)를 통해 '하이브리드 우주 아키텍처(hybrid space architecture, HSA)'라는 명확한 비전을 제시하며 이런 변화를 선두에서 이끌고 있다. HSA는 민간, 군사, 동맹국의 우주

하이브리드 우주 아키텍처(HSA) 개념도

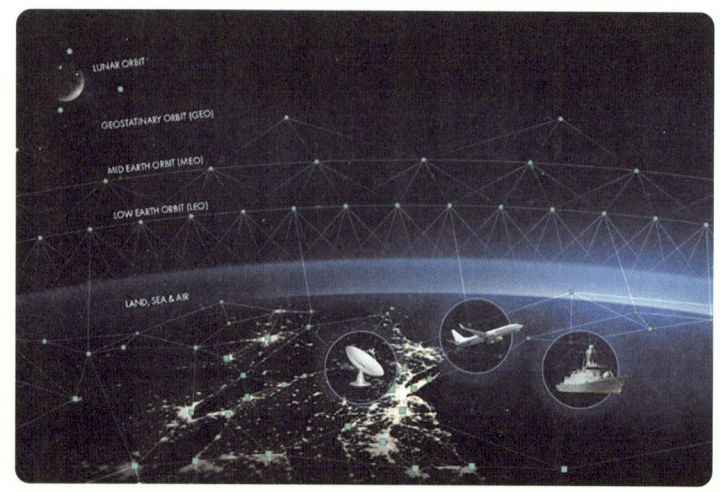

출처: DIU

자산을 개방적이고 상호 운용 가능한 단일 네트워크로 통합하려는 야심찬 계획이다.

AI 기반 자동 분석, 궤도상 에지 컴퓨팅, 자율 시스템 기술 등 최첨단 기술의 중요성이 커지면서 관련 분야에서 새로운 도전을 펼치는 기업들도 부상하고 있다. AI 기술의 잠재력을 고려할 때 실리콘밸리와 밀접하게 협업하는 미국 주도의 혁신적인 우주·방위 산업 트렌드는 2026년 이후 더 가속화될 전망이다.

저물어가는 최후의 만찬 시대

냉전 종식 이후 미 국방부는 급격한 국방 예산 감축에 대응하기 위해 방위 산업의 대대적인 통폐합을 유도했다. 1993년 당시 윌리엄

페리 국방부 부장관이 주재한 '최후의 만찬(last supper)' 회의는 이러한 흐름의 상징적인 사건이었다. 이 회의를 기점으로 수십 개의 방산 기업들은 인수합병을 통해 록히드마틴(Lockheed Martin), 노스롭그루먼(Northrop Grumman), 제너럴다이내믹스(General Dynamics), 보잉(Boeing), RTX 등 소수의 거대 1차 공급업체(prime contractor)로 재편됐다. 이 과점체제는 지난 30년간 미국 국방 산업의 안정성을 유지하는 데 기여했지만, 동시에 혁신의 속도를 저해하는 경직성을 낳았다.

이제 그 시대는 막을 내리고 있다. 하드웨어 중심의 대규모 플랫폼 개발에 최적화됐던 기존 모델은 소프트웨어, 데이터, AI가 전쟁의 승패를 좌우하는 현대 전장의 속도를 따라가지 못한다. 이러한 배경 속에서 팔란티어(Palantir), 안두릴(Anduril), 스페이스X(SpaceX) 같은 새로운 유형의 기업들이 부상하며 기존의 질서를 재편하고 있는 것이다.

특히 데이터 분석 소프트웨어 기업 팔란티어가 S&P 500 지수에 편입된 것은 매우 상징적인 사건이었다. 46년 만에 새로운 방산 기업이 S&P 500 지수에 포함됐다는 사실 자체가 패러다임의 전환을 명확히 보여줬다. 팔란티어가 스스로 제창한 '첫 번째 아침식사(first breakfast)' 이니셔티브는 최후의 만찬으로 형성된 폐쇄적인 구도를 뒤집고 새로운 방산 기술 생태계를 적극적으로 구축하겠다는 의지의 표명으로 해석됐다.

전장의 새로운 설계자들

팔란티어, 데이터와 AI로 전장을 지배하다

2003년 설립된 팔란티어는 데이터 분석 분야에서 출발해 국방 및 상업 분야 전반에 걸쳐 AI 운영의 핵심 인프라를 제공하는 기업으로 자리매김했다. 2025년 2분기 사상 최초로 분기 매출 10억 달러를 돌파하며 전년 동기 대비 48%의 성장을 기록했는데, 이러한 폭발적 성장의 중심에는 인공지능 플랫폼(Artificial Intelligence Platform, AIP)*이 있었다.

인공지능 플랫폼: 기업이나 기관이 AI 모델을 쉽게 개발·배포·운영할 수 있도록 지원하는 통합 환경.

AIP는 LLM과 조직의 데이터(ontology)를 결합, 정부 및 기업이 실제 운영 및 의사결정 과정에 안전하게 통합할 수 있도록 설계된 플랫폼이다. 데이터 분석, 예측, 자동화 같은 다양한 AI 기능을 하나의 인프라에서 활용할 수 있게 해준다. 조직이 보유한 민감한 데이터를 외부로 유출하지 않고 자체 비공개 네트워크 내에서 AI를 활용할 수 있게 해주는 핵심적인 역할을 수행한다.

팔란티어의 소프트웨어는 이미 미군의 핵심적인 데이터 기반 운영의 근간이 되고 있다. 미 국방부의 AI 표적 식별 시스템인 메이븐 스마트 시스템(Maven Smart System, MSS)이 대표적인 예다. 팔란티어가 참여하는 이 프로젝트의 상한선은 수요 증가를 이유로 2025년 5월 7억 9,500만 달러를 증액하여 약 13억 달러에 육박하게 됐다.

2024년에는 전통적인 방산 강자 레이시온(Raytheon, 현 RTX)을 제치고 미 육군의 차세대 AI 기반 지상 통제 시스템인 타이탄(TITAN) 사업의 주계약자로 선정되기도 했다. 육군의 핵심 데이터 플랫폼으로 활용되는 아미 밴티지(Army Vantage) 프로그램 계약도 연장되며(6억 1,800만 달러 규모) 팔란티어의 입지를 더욱 공고히 했다.

안두릴, 방산 기술 기업의 파괴적 혁신

오큘러스(Oculus)의 설립자로 유명한 팔머 럭키(Palmer Luckey)가 2017년 페이팔 공동창업자 피터 틸(Peter Thiel)의 지원을 받아 설립한 안두릴도 주목해야 할 차세대 방산 기업이다. 안두릴은 스스로를 전통적인 방산 계약 업체(defense contractor)가 아닌 방산 기술 기업(defense technology company)으로 명확히 규정한다. 정부의 요구 사양에 맞춰 개발하고 비용을 청구하는 전통적인 수주 방식에서 벗어나, 회사가 자체 자본을 투자해 먼저 기술 및 제품을 개발하고 완성된 솔루션을 정부에 판매하는 비즈니스 모델을 추구하고 있는 것이다. 이러한 실리콘밸리식 접근법은 신속하고 반복적인 기술 및 제품 개발을 가능하게 하며 변화하는 위협 환경에 빠르게 대응할 수 있는 능력을 높여준다.

안두릴 솔루션의 핵심은 AI 기반 개방형 운영체제인 '래티스(Lattice)'다. 래티스는 드론, 카메라, 위성 등 다양한 센서들로부터 수집된 방대한 데이터를 융합, 실시간 전장 상황도를 생성하는 지휘 통제(C2) 플랫폼이다. AI를 활용해 위협을 자율적으로 탐지, 추적, 식별하고 인간 지휘관에게 전술적 선택지를 제시하며 지휘관은 이를 통해 명령을 내릴 수 있다.

안두릴은 미군의 주요 현대화 사업을 수주하며 그 가치를 입증했다. 2025년 7월 미 육군은 현대화 프로그램인 차세대 지휘 통제(NGC2) 시스템의 프로토타입 개발을 위해 안두릴이 이끄는 컨소시엄(팔란티어 포함)과 9,960만 달러 규모의 계약을 체결했다. 2025년 9월에는 메타와 손잡고 미 육군의 차세대 통합 시각증강 시스템(IVAS) 사업자로 선정, 병사 착용형 증강현실 기술 분야로의 확장을 예고했다. 또한 무인 전투기 퓨리(Fury), 드론 고스트(Ghost), 자율 무인잠수정 다이브-LD(Dive-LD) 등 래티스를 통해 운용되는 다양한 자율 하드웨어 시스템 포트폴리오도 빠르게 확장 중이다.

스페이스X와 위성 네트워크 혁명

스타링크, 상업적 네트워크를 넘어 군사적 핵심 자산으로

두 번째 트렌드의 중심에는 스페이스X가 있다. 일론 머스크가 이끄는 스페이스X는 AI, 소프트웨어, 자율주행을 넘어 위성 네트워크라는 거대한 프로젝트를 가능케 하며 우주에 대한 접근성 자체를 혁신하고 있다.

스페이스X의 스타링크(Starlink)는 전 세계 오지에 초고속 인터넷을 제공하기 위한 프로젝트로 시작됐으며, 그 규모와 기술력은 이미 군사적 차원의 핵심 인프라로 진화한 상태다. 스페이스X는 2025년

9월 2일 캘리포니아, 9월 3일 플로리다에서 연이어 팰컨 9(Falcon 9) 로켓을 발사하는 경이적인 발사 역량을 보여주고 있다. 2025년에만 111회(9월 5일 기준)에 걸쳐 팰컨 9을 쏘아 올렸고, 2025년 말까지 최소 170회 발사를 목표로 하고 있다.

현재까지 발사된 스타링크 위성은 9,600기를 넘어섰고, 이 중 8,300기 이상이 실제 운용 중이다. 이는 다른 어떤 기업, 심지어 국가도 따라갈 수 없는 역량이다. 이러한 압도적인 발사 역량의 근간에는 로켓 재사용 기술이 있다. 스페이스X는 2025년 9월 1단 부스터를 500번째 성공적으로 회수한 기념비적 이정표를 세웠는데, 이 재사용 기술로 발사 비용을 획기적으로 절감해 위성 네트워크 구축을 위한 초고빈도 발사가 가능해진 것이다.

스타링크의 군사적 가치는 이미 러시아-우크라이나 전쟁에서 명확히 입증됐다. 미군 지휘관들 역시 저궤도(LEO) 위성군에 대한 의존도를 공공연히 인정하고 있으며 이미 군의 핵심적인 지휘, 통제, 통신(C3) 인프라의 일부가 되고 있다는 게 업계 관계자들의 분석이다.

스타실드, 미 국가 안보의 새로운 눈과 귀

스페이스X는 여기에서 한 발 더 나아가, 스타링크 기술을 기반으로 정부 및 국가 안보용으로 특화된 위성 네트워크 스타실드(Starshield) 사업을 운영 중이다. 기밀 탑재체를 위한 고도의 암호화 기능 등 강화된 보안 기능이 스타실드의 특징이다. 2021년부터 미국 정부와 18억 달러 규모의 기밀 계약을 체결, 수백 기의 정찰위성 네트워크를 구축 중인 것으로 알려졌다.

　스타실드의 핵심 임무는 세 가지 영역에 집중된다. 첫째는 지구 관측(earth observation)으로 위성이 수집한 센서 데이터를 처리해 사용자에게 직접 전달한다. 둘째는 보안 통신(communications)이다. 정부에 보장된 글로벌 통신을 제공한다. 셋째는 탑재체 호스팅(hosted payloads)으로 정부의 특정 임무 요구에 맞는 위성체를 제작 및 운용하는 것이다.

　스타실드는 우주 아키텍처의 근본적인 전략적 전환을 의미한다. 고궤도에 위치한 크고 비싸며 공격에 취약한 소수의 위성에서 저궤도에 다수의 작고 저렴한 위성을 군집 형태로 배치하는 방식으로의 전환이다. 이러한 분산형 구조는 적의 위성 공격 무기(ASAT)에 대해 본질적으로 더 높은 생존력과 복원력을 제공할 수 있다.

전통적 방산 기업을 위협하는 실리콘밸리 컨소시엄

주목해야 할 마지막 트렌드는 전통적 방산업체를 넘어선 실리콘밸리 기술 권력의 부상이다. 팔란티어, 안두릴, 스페이스X의 놀라운 성과는 새로운 산업 생태계의 등장을 시사한다. 팔란티어, 안두릴, 스페이스X, 오픈AI(OpenAI), 스케일 AI(Scale AI) 등 실리콘밸리의 기술 기업들이 연합해 컨소시엄을 구성하고 군사 프로젝트에 공동으로 입찰, 기존 질서를 바꾸는 일들이 잇따라 일어나고 있다.

예컨대 우주 발사체 및 통신 네트워크(스페이스X), AI 및 소프트웨어(팔란티어, 오픈AI), 자율 하드웨어(안두릴)를 결합해 기존에는 불가능했던 통합적인 기술 인프라를 제공할 수 있는 것이다.

이러한 새로운 모델은 록히드마틴, 보잉, RTX 등 빅 5로 불리는 전통적인 방산 대기업들의 지배력에 대한 실존적 위협이다. 이들 대기업은 여전히 국방 예산의 가장 큰 부분을 차지하고 있지만 NGC2, 타이탄 같은 가장 혁신적이고 미래 지향적인 프로젝트는 실리콘밸리 기술 기업들이 수주하고 있다. 팔란티어의 시가총액이 이미 록히드마틴과 RTX를 넘어섰다는 사실 역시 미래가치에 대한 투자자들의 믿음이 어디로 이동하고 있는지 명확히 보여준다.

전통적 방산업체를 위협하는 이러한 현상의 본질은 군사 시스템의 패러다임이 하드웨어 중심에서 소프트웨어 정의(software-defined) 방식으로 전환되고 있다는 것이다. 하드웨어의 가치와 능력이 그것을 제어하는 소프트웨어와 AI에서 나오는 시대가 됐다. 최고의 AI 인재들 역시 전통적인 방산 대기업이 아니라 팔란티어, 안두릴, 스페이스X 같은 기업으로 향하고 있다.

이는 마치 애플이 제공하는 iOS, 구글이 제공하는 안드로이드가 스마트폰 시장의 생태계를 지배하는 것과 유사한 구조다. 가장 강력한 자리는 개별 애플리케이션(미사일, 레이더 등) 개발자가 아니라 전체 생태계를 통제하는 플랫폼 소유자에게 돌아가는 것이다.

미 육군이 NGC2 사업을 통해 래티스를 표준으로 채택한다면 이는 단순히 제품 하나를 구매하는 것이 아니라 미래의 육군 지휘 통제 시스템 운영체제를 채택한다는 의미가 된다. 알렉스 카프(Alexander Karp) 팔란티어 CEO는 2025년 출간한 《기술공화국(The Technological Republic)》에서 실리콘밸리가 AI 군비 경쟁에서 승리하기 위해 정부와 적극적으로 협력해야 한다고 주장, 이런 흐름이 앞으로도 이어질 것을 예고했다.

스페이스테크와 방위 산업의 미래

막대한 자금의 유입

2026년 이후 펼쳐질 우주-방산 패러다임의 구조적 변화는 막대한 자본의 유입을 동반하고 있다. 특히 벤처캐피털 자금의 흐름은 이러한 변화의 방향을 명확히 보여준다. 피치북(Pitchbook)에 따르면 스

출처: 피치북

페이스테크 분야 스타트업에 대한 벤처캐피털 투자 건수는 꾸준히 증가하는 추세다. 2025년 투자금 총액도 전년을 넘어설 것으로 예상된다. 군사 목적 궤도 시스템 개발사인 트루아노말리(True Anomaly)가 2억 6,000만 달러 규모의 투자를 유치한 게 대표적 사례다.

투자를 이끄는 핵심 기술 동력은 단연 AI다. AI는 위성 이미지 분석을 통한 지리공간 정보(geospatial intelligence) 추출, 자율 무인 시스템 운용, 예측 분석 등 스페이스테크와 국방 기술 전반에 걸쳐 새로운 가능성을 열어줬다. 리서치앤마켓츠에 따르면 글로벌 방위 시장 규모는 연평균 6.9%씩 성장, 2034년 9,854억 달러에 이를 전망이다.

에이전틱 AI, 피지컬 AI, 생성형 AI

2026년 이후의 전장은 현재의 기술 발전 추세를 더욱 가속화하고 심화시키는 방향으로 진화할 것이다. 변화를 주도할 첫 번째 핵심 기술은 에이전틱 AI(Agentic AI)다. 에이전틱 AI는 AI가 스스로 추론하고 계획하며, 다른 AI 및 인간과 협력 등을 통해 복잡한 임무를 완수하는 기술을 말한다. 군사적 맥락에서 이는 드론, 무인 함정, 지상 차량의 군집(swarm)이 자율적으로 협력해 적의 방어체계를 압도하는 형태로 나타날 가능성이 높다. 안두릴이 퓨리를 통해 구현하려는 유-무인 복합 운용은 이러한 방향의 초기 단계라 할 수 있다.

두 번째는 피지컬 AI다. 피지컬 AI는 자율주행 차량부터 스마트 폭탄에 이르기까지 로봇 시스템에 지능을 직접 내장하는 기술로, 더 정교하고 적응력이 뛰어난 무인 시스템의 등장을 예고한다.

세 번째는 계획 및 설계를 위한 생성형 AI다. 보안이 강화된 군사용 생성형 AI는 정보 분석을 넘어, 군사 작전 경로 계획, 작전 명령서 초안 작성, 새로운 무기 설계 등 다양한 분야에 적용될 수 있다. 오픈AI가 2025년 6월 미국 국방부와 2억 달러 규모의 계약을 체결, 국가 안보 과제 해결을 위한 최첨단 AI 개발에 나선 것이 대표적 사례다.

업스트림, 미드스트림, 다운스트림

우주로의 접근을 제공하는 기반 기술부터 궤도상에서 데이터를 수집하고, 최종적으로 그 데이터를 실행 가능한 정보로 변환하는 전 과정을 포괄하는 가치사슬로 새로운 생태계가 확장될 것이란 관측도 나온다. 이 가치사슬은 업스트림(upstream), 미드스트림(midstream), 다운스트림(downstream)의 세 가지 핵심 영역으로 구성되며 기존의 패러다임을 바꾸는 혁신적인 기업들이 포진해 있다.

업스트림 영역은 우주 경제의 물리적 기반을 구축하는 기업들로 구성된다. 스페이스X가 개척한 발사 비용의 급격한 절감이 이 분야의 핵심이다. 소형 발사체 시장의 강자인 로켓랩(Rocket Lab), 세계에서 가장 큰 금속 3D 프린터를 이용해 로켓을 제작하는 렐러티비티 스페이스(Relativity Space)가 대표적이다.

미드스트림 영역은 단순히 우주에서 사진을 찍는 단계를 넘어섰다. 이 영역의 목표는 다중 센서를 통해 지구 전체를 실시간으로 반영하는 디지털 트윈 구축 수준으로 진화할 전망이다. 위성 기반 지구 관측 데이터 기업 플래닛랩스(Planet Labs), 위성영상 서비스 기업 카펠라스페이스(Capella Space), 실시간 지리공간 및 위성영상 분석 기업 블랙스카이(BlackSky) 등이 대표적이다.

다운스트림은 가장 빠르게 성장하는 중요한 영역이다. 우주 및 다른 출처로부터 수집된 방대한 원시 데이터가 AI와 소프트웨어를 통해 융합, 분석돼 전략적 우위를 제공할 수 있기 때문이다. 새로운 국방 생태계의 두뇌 역할을 할 분야라고 볼 수 있다.

세계 최고의 AI 파일럿을 목표로 하는 실드 AI(Shield AI), AI 기반 국방 생태계를 가능하게 하는 AI 데이터 레이블링 기업 스케일 AI, 첨단 기술 주도 국방 기업을 상징하는 팔란티어가 대표적이다.

이들 혁신 기업이 개별적으로 움직이는 것이 아니라 미 국방부가 구상하는 거대한 전략적 틀 안에서 상호작용하며 새로운 질서를 형성하고 있다는 점도 중요하다. 미 국방부 산하 DIU는 HSA를 통해 데이터가 지능적으로 최적의 경로를 찾아 전송되고 일부 노드(위성 또는 지상국)가 공격받아도 전체 네트워크는 생존하며 새로운 상용 기술을 신속하게 통합할 수 있는 상호 운용 가능한 네트워크를 구축하고 있다. 2026년까지 HSA의 운영 파일럿을 가동한다는 목표다.

<박원익 콘텐츠그룹장 겸 뉴욕플래닛장>

PART 3

<대담>
인간과 AI, 미래를 함께 사유하다

1장
인간과 AI의 경쟁

"2026년은 기술·정치·지정학이 얽히며 AI의 진로가 결정적으로 갈라질 분기점이 될 것이다. 이는 마치 강물이 두 갈래로 나뉘는 지점과 같다. 한쪽으로 흐르면 인류에게 전례 없는 풍요를 가져다 줄 수 있고 다른 쪽으로 흐르면 통제 불가능한 위험에 직면할 수 있다."

- 김대식(KAIST 교수)

답을 '찾는' 방식에서 문제를 '푸는' 방식으로

불과 몇 년 전만 해도 AGI는 먼 미래의 이야기였다. 하지만 김대식 KAIST 교수의 생각은 다르다. 그는 "2025년의 인류는 이미 AGI 시대를 살고 있다"라고 단언한다. 이는 우리가 놓치고 있는 중요한 현실이다. 변화는 이미 시작됐고 2026년은 그 변화의 속도와 방향이 확정되는 임계점이 될 것이라는 의미다.

AI 분야 글로벌 석학으로 꼽히는 김대식 교수는 더밀크와의 인터뷰에서 2026년 AI가 바꿀 산업과 사회의 변화에 대한 대담한 예측을 공개했다.

김 교수는 "2026년에 맞이할 가장 중요한 기술적 변화는 AI가 문제를 해결하는 방식 자체의 전환이다"라며 "프롬프트에 대한 답을 '찾는 모델'에서, 답을 '코딩해서 푸는' 모델로 전환하는 중요한 해가 될 것이다"라고 예측했다.

김 교수는 현재의 AI를 거대한 도서관의 사서에 비유했다. 우리가 질문을 하면 사서는 자신이 기억하고 있는 수많은 책들 중에서 가장 적절한 답을 찾아 알려준다. 하지만 2026년의 AI는 다르게 작동한다. 질문을 받으면 즉석에서 문제를 해결하는 프로그램을 작성하고 그것을 실행해서 답을 구해낸다.

예를 들어 "샌프란시스코 금문교의 길이가 어떻게 돼?"라는 질문에 현재의 구글, 퍼플렉시티(Perplexity) 등의 AI는 웹 페이지의 검색 결과를 인용, 답한다. 하지만 2026년의 AI는 공개 참조값과 영상·좌표 데이터를 결합해 산출값을 계산하는 코드를 1초 내에 작성하고 실행하게 된다. 사람이라면 며칠 걸릴 작업을 AI가 순식간에 처리한다.

이런 변화가 중요한 이유는 '신뢰성' 때문이다. AI 개발자들은 데이터에 오류와 잡음이 남아 있는 한 환각(hallucination)은 완전히 사라지지 않을 것으로 보고 있다. 하지만 AI가 정답을 '설명'하는 대신 정답을 찾는 '코드'를 만들고 실행하면 설명의 수사가 아닌 실행의 증거가 신뢰의 토대가 된다.

김 교수는 2026년까지 '실시간 코드 생성'이 표준이 될 것으로 예측했다. 사용자가 프롬프트를 입력하면 AI가 즉시 실행 가능한 코드를 생성하고, 이를 바로 실행해 결과를 검증하며 스스로 수정하는 루프가 일반화된다는 뜻이다. 김 교수는 이를 "AI의 패러다임이 정답을 예측해 설명하는 모델에서 정답을 구성하고 증명하는 모델로 바뀌는 큰 변화다"라고 설명했다.

2026년, AI에 대한 국가적 개입의 본격화

AI에 대한 각국 정부의 접근 방식이 기술 발전의 속도를 결정짓는 핵심 변수가 되고 있다. 이는 과거와는 완전히 다른 양상이다. 인터넷이나 모바일 기술이 등장했을 때는 대부분 민간 주도로 발전했지만 AI는 처음부터 국가적 어젠다이자 국력의 지표가 됐다.

김 교수는 "2026년은 세계 각국이 AI 시장과 기술에 노골적으로 개입하는 해가 될 것이다"라고 예측했다. 미 트럼프 행정부가 인텔의 지분을 인수한 것처럼 세계 각국이 주요 AI 기업에 직접 투자하거나 지분을 확보하는 '지분 참여 전략'을 통해 AI에 진입하고 확산할 것이란 전망이다. 정부가 기술 개발 방향에 영향을 미칠 가능성이 높다.

둘째는 수출 규제와 관세 같은 정책 수단이다. 특히 AGI가 현실로 떠오르면서 각국은 AI 반도체를 국가 경쟁력의 핵심으로 인식하기 시작했다. 이는 AI 발전의 속도와 방향에 직접적인 영향을 미친다. 김 교수는 또 미국과 중국 간의 기술 패권 경쟁이 AI 분야에서 가장 치열하게 전개되고 있는 상황에서 지정학적 긴장이 AI 전환의 속도를 결정짓는 핵심 변수가 될 것으로 내다봤다. 한쪽이 AGI에 먼저 도달하면 군사, 경제, 과학기술 등 모든 분야에서 압도적 우위를 확보할 수 있기 때문에 양국 모두 속도전에 매몰될 위험이 크다는 것이다. 한편 상호 견제가 심해지면 기술 발전 자체가 제약을 받을 수도 있다.

김 교수는 "2026년은 기술의 가능성, 정치적 의지, 지정학적 역학이 한데 모이는 임계점이 될 것이다"라며 "각각의 요인들이 독립적으로 작용하는 것이 아니라 서로 영향을 주고받으며 복합적인 결과를 만들어낼 것으로 본다"라고 말했다.

인간과 AI 사이의 구조적 격차

김 교수가 더밀크와의 인터뷰에서 경고한 가장 근본적인 변화는 인간과 AI 사이의 구조적 격차 확대다. 이는 단순히 AI가 더 똑똑해지는 문제가 아니라 존재론적 차이에서 비롯된다. 인간과 AI의 첫 번째 차이는 지식 공유 방식이다. 김 교수는 "인간은 서로의 생각을 케이블로 동기화할 수 없다. 언어의 해상도는 낮고, 지식은 죽음과 함께 리셋된다. 반면 AI는 서로의 가중치 매트릭스(weight matrix)를 '복사-붙여 넣기' 하듯 공유할 수 있다"라고 설명했다.

인간은 복잡한 생각을 언어로 압축해 전달하면

> **가중치 매트릭스:** 인공지능이 입력을 받아 답을 만들 때 참고하는 가중치 표. AI가 '무엇을 더 중요하게 볼지' 정해주는 일종의 룰북.

서 필연적으로 오해를 감수한다. 커뮤니케이션 비용이 커질 수밖에 없다. 김 교수는 이를 "언어의 매트릭스(해상도)가 낮아 상상을 초월한 압축과 오해가 상수로 존재한다"라고 표현했다. 또한 인간의 지식은 100조 개의 시냅스에 새겨진 가중치 값들의 총합이지만, 개인의 죽음과 함께 사라진다. 하지만 AI는 구조적으로 가중치 매트릭스 공유가 가능하다. 한 AI의 학습이 곧바로 다른 AI의 학습이 될 수 있다는 뜻이다.

인간과 AI의 더 결정적인 차이는 '시간'이다. 김 교수는 이를 '새로운 상대성 원리'라고 표현했다. 인간이 세상을 인식하고 두뇌를 돌리는 속도는 뇌 용량의 한계로 이미 정해져 있다. 하지만 AI는 이론적으로 1초에 수백만 번의 샘플링, 수억 번의 시뮬레이션이 가능하다. 축구 경기를 예로 들면, TV에서 1초에 30~50프레임으로 샘플링했을 때 우리가 '실시간 경기'를 보는 수준으로 이해가 가능하다. 하지만 1초에 천 번, 만 번 샘플링하면 슬로 모션으로 경기를 보는 것과 같아진다. 인간의 '실시간'은 AI에게는 수년에 해당하는 시간이 될 수 있다는 뜻이다.

이런 시간 상대성이 누적되면 인간과 AI의 경쟁은 "사람과 개미의 경쟁처럼 보일 수 있다"라는 것이 김 교수의 경고다.

AI는 천사인가, 악마인가

김대식 교수는 AI의 미래를 게임 이론의 관점에서 '천사'와 '악마' 시나리오로 나눴다. 김 교수는 "우리는 매일 운전할 때마다 사고가 날 것 같아서 안전벨트를 매는 것이 아니다. 한 번의 사고가 초래할 손실이 너무 크기 때문에 약간의 불편을 감수하는 것이다. AI도 같은 원리로 다뤄야 한다"라고 주장했다. 낮은 확률의 위험이라도 기대손실이 압도적이면 선제적 안전장치를 사회적 상식으로 만들어야 한다는 것이다.

김대식 교수는 AI가 가져올 수 있는 긍정적 변화를 세 가지로 언급했다.

첫째, 에너지 혁명이다. 김 교수는 "인류 문명의 많은 문제를 따라 올라가면 결국 에너지에 닿는다"라는 데미스 허사비스의 말을 인용했다. 에너지가 한정적이기에 갈등과 희소성이 생기고 이것이 경제, 정치, 사회 전반의 제약으로 나타난다. 만약 핵융합 같은 형태로 사실상 무한에 가까운 에너지가 확보된다면 의식주, 생산, 물류 같은 물질적 문제들의 상당 부분이 해결될 수 있다.

둘째, 보건의료 혁신이다. AGI가 난치병 해결에 기여하고, 나아가 죽음의 문제에까지 기술적으로 도전할 수 있다면 인간 수명과 삶의 질은 크게 달라질 것이다.

세 번째는 우주 개척이다. 피터 틸이나 일론 머스크가 말하듯 인류는 대항해 시대 이후 미지의 공간을 잃으면서 점점 내부 문제에 집착하는 경향을 보인다. AI가 우주 개발 기술을 재설계한다면 새로운 프런티어 확장이 가능하다.

하지만 김 교수는 악마 시나리오도 세 가지 꼽으면서 AI의 한계를 지적했다. 확률은 낮아도 파국적 결과가 가능하다면 지금 개입해야 한다고 역설한다. 악마 시나리오의 첫 번째는 '진위의 붕괴'다. 대규모 자동 생성과 딥페이크가 보편화되면 사실 검증의 비용이 사회 전반으로 전이된다. 뉴스 한 건을 판단하기 위해 시민과 기업, 정부가 치러야 할 검증 비용이 기하급수적으로 늘어나면 민주주의의 의사결정과 시장의 가격 발견 기능도 둔화한다. 김 교수는 "이 흐름은 미래형 우려가 아니라 이미 현실에서 관찰되는 변화"라고 강조했다.

두 번째는 '일의 재편'이다. AI가 생산성을 본질적으로 바꾸면 다수의 역할이 급격히 축소되거나 전환을 강요받는다. 5~10년 안에 광범위한 대체 압력이 현실화될 가능성이 높다. 전환 속도가 복지와 교육, 재훈련 시스템의 대응 속도를 앞지르면 사회적 마찰이 커진다.

세 번째는 '주도권의 상실'이다. 인류가 물리적으로 사라지지 않더라도 의사결정과 발명, 창작의 주도권을 점차 기계에 위임하는 순간 문명을 설계하는 원리가 바뀐다. 지금까지 인류세라 불러온 질서는 인간의 최종 결정을 전제해 작동해 왔다. 고위험 AI 분야에서 인간의 감사권과 중지권, 책임 주체성을 보장하지 못하면 이름만 남은 주권이 될 수 있다.

김 교수는 "천사 시나리오는 언급하지 않아도 된다. 그러나 악마 시나리오는 계속 경고해야 한다"라고 강조했다.

AI 시대, 어떻게 살아야 할까

이쯤 되면 "나는 어떻게 살아야 하나?"라는 질문이 나온다. 이에 대해 김대식 교수는 세대별로 다른 대응 전략을 제시했다. "20~40대는 직무를 다시 정의하고 기술과 업무 방식을 능동적으로 바꾸는 쪽이 유리하다." 전환의 파고가 가장 높게 치고 들어오는 구간에서 속도와 방향을 스스로 선택하라는 주문이다.

업의 전환 마찰(stickiness)을 기준으로 보면 위험 지형이 선명해진다. 소프트웨어 개발·테스팅·운영, 리서치와 리서치 보조, 데이터 관련 직무처럼 디지털 네이티브 영역은 인프라, 노조, 규제가 얇아 전환 마찰이 낮다. 즉시 대체될 위험이 높다. 물류센터, 제조 조립, 품질 검사 등 로보틱스 결합 업무는 중위험대다.

결국 비용-편익 구조가 큰 영역부터 무너지고, AI가 AI를 만드는 메타 이득이 산업 전반의 판도를 바꾸게 된다. 하지만 "50대 이상은 '급전환'보다 리스크 관리에 무게를 둬도 된다. 이들에게는 AI가 바꾸는 세상의 진폭이 상대적으로 크지 않을 것이다."

김대식 교수는 휴머노이드와 모바일 로봇의 본격 투입을 5~10년 앞으로 내다봤다. 반대로 공공 영역과 레거시 인프라에 깊이 의존하는 대형 금융, 정부기관 등은 전환 속도가 느릴 것으로 봤다. 기술 개발이 늦은 게 아니라 업데이트 비용과 규제가 전환 비용을 높일 것이라는 예측이다.

김 교수는 "테크 트렌드의 본질은 속도가 아니라 방향이다. 방향을 고르는 일은 기술이 아니라 우리 사회가 해야 할 선택이다"라며 "2026년까지 남은 시간은 길지 않지만 아직 늦지 않았다"라고 말했다. AGI의 도래는 사건이 아니라 점진적 변화다. 속도는 예측 불가능하지만 방향을 정하는 일은 지금 여기서 우리가 해야 할 선택이다.

기술이 물질적 문제를 다루는 동안 우리는 인간의 문제를 어떻게 다룰 것인가? 바로 그 질문에 대한 답을 찾는 것이 2026년에 풀어야 할 숙제가 될 것이다.

인간과 AI의 근본적인 차이

더밀크: 인간과 AI의 가장 큰 차이는 무엇인가?

김대식: 인간은 언어라는 도구로만 생각을 주고받는다. 머릿속 생각을 HDMI 케이블처럼 직접 연결해 동기화할 수 없다. 또 지식은 뇌 속 시냅스에 새겨지지만 다른 사람과 공유할 방법이 없으므로 원칙적으로 기록하지 않으면 결국 죽음과 함께 사라진다.

반면 AI는 구조적으로 다르다. 가중치 매트릭스를 '복사-붙여넣기' 하듯 공유할 수 있기 때문에 한 AI의 학습이 곧 다른 AI의 지식이 될 수 있다. 이 차이는 집단학습의 속도에서 인간과 AI의 격차를 현격히 벌려놓는다.

더밀크: 이런 차이가 앞으로 어떤 의미를 갖게 될까?

김대식: AI는 지식을 영구히 저장하고 스케일링할 수 있다. 인간이 몸이라는 한계 안에서 지식을 축적하는 동안, AI는 IQ가 계속 높아지듯 지능을 확장할 수 있는 셈이다. 이 격차가 쌓이면 인류는 결국 '천사'와 '악마' 사이에서 선택을 요구받게 될 것이다. 따라서 AI의 잠재력이 축복이 될지 위협이 될지는 우리가 어떤 제도와 선택을 하느냐에 달려 있다.

더밀크: 인간과 AI의 시간 감각은 어떻게 다른가?

김대식: 인간이 세상을 인식하는 속도는 뇌의 한계로 정해져 있다. 우리는 1초를 대략 30~50회 정도 샘플링하며 살아간다. TV에서 보는 축구 중계가 그 정도의 프레임 속도라고 생각하면 된다. 하지만 AI는 이론적으로 1초 안에 수백만 회에서 수억 회의 샘플링이 가능하다. 마치 세상을 슬로 모션으로 보는 것과 같다. 인간에게 1초가 AI에게는 수년 동안의 전략 시뮬레이션 시간이 될 수 있다는 의미다.

더밀크: 이런 차이가 실제 경쟁에서 어떤 의미를 지닐까?

김대식: 이 시간 비대칭이 누적되면 인간과 AI의 경쟁은 마치 사람과 개미의 경쟁처럼 보일 수 있다. AI는 더 많은 상황을 압축적으로 시뮬레이션해 가장 좋은 결과를 선택할 수 있지만, 인간은 그 속도를 따라가지 못하기 때문이다. 만약 인간과 기계의 충돌 국면이 온다면 인간은 수세에 몰릴 수밖에 없다.

결국 전략 수립, 연구개발, 금융, 안보 같은 중요한 분야에서 인간이 구조적으로 불리해질 수 있다. AI와 인간이 보내는 1초는 다른 '길이'일 수 있다. 나는 이것을 인공지능 시대의 '새로운 상대성 원리'라고 생각한다.

생명 연장과 우주로의 대항해

더밀크: 요즘 'AI 유토피아'라는 말이 자주 나오는데, 정말 가능할까?

AI 유토피아: AI가 위험이 아닌 협력적 도구로 작동해 인류 전체의 삶의 질을 끌어올린다고 보는 낙관적 시나리오.

김대식: 불과 몇 년 전까지만 해도 AGI이나 ASI(Artificial Superintelligence, 인공초지능)는 불가능한 영역으로 여

거졌다. 그런데 지난 5년간 연구와 산업이 급격히 발전하면서 이제는 현실적인 가능성 안으로 들어왔다. 다만, 미래는 '불확실성의 원뿔'과 같다. 가까운 미래는 비교적 확실하지만 시간이 멀어질수록 가능한 시나리오가 넓게 벌어진다.

그중 하나가 바로 'AI 유토피아'인데, 그 핵심 변수는 에너지에 있다. 만약 핵융합 같은 기술로 사실상 무한대에 가까운 에너지를 확보한다면 의식주, 생산, 물류 같은 물질적 문제의 상당 부분이 해결될 수 있다. 풍요는 개인에게 시간과 여유를 주고 사회적 관용도 높일 수 있다.

더밀크: 에너지 문제만 풀리면 유토피아가 열리는 것인가?

김대식: 그렇지는 않다. 인간의 심리, 정체성, 이데올로기 같은 문제는 에너지로 해결되지 않는다. 이미 지금도 인류는 모두를 먹여 살릴 만큼의 생산 능력을 갖췄지만 분배 문제는 여전히 풀리지 않았다. 민족주의, 종교, 집단 정체성, 편향 같은 요소들은 뇌가 만들어내는 현실이기에 무시할 수 없다. 그래서 풍요가 온다고 해서 곧바로 사회적 갈등이 사라지지는 않는 것이다.

더밀크: 앞으로 인류의 확장은 어떤 방향으로 갈까?

김대식: 보건과 우주가 또 다른 핵심 축이라고 전망한다. AGI가 난치병을 해결하고 나아가 죽음의 문제에까지 도전할 수 있다면, 인간의 수명과 삶의 질은 크게 달라질 것으로 생각한다.

또 피터 틸이나 일론 머스크가 말하듯, 인류는 새로운 프런티어를 찾아야 한다. 지금 우주 개발은 여전히 20세기 화학 로켓 기술에 의존하고 있는데, AI가 이 패러다임을 바꾼다면 인류는 다양한 행성으로 이주하고 개척할 수 있다. 그것이야말로 〈스타 트랙〉이 꿈꾼 새로운 대항해 시대일 것이다.

다만, 기술이 물질적 문제를 해결하는 동안 인간 사회와 마음의 문제를 어떻게 다룰지가 결국 유토피아의 성패를 가르는 가장 중요한 과제가 될 것이다.

유토피아가 될 것인가, 디스토피아가 될 것인가

더밀크: AI의 능력에 대한 극단적인 견해가 많다.

김대식: 게임 이론의 관점에서 보면 AI는 두 가지 시나리오로 나눌 수 있다. AI가 '천사'라면 가만히 둬도 피해가 없으니 굳이 사회적 자원을 들일 이유가 없다. 하지만 '악마'라면 얘기가 달라진다. 확률이 낮아도 결과가 파국적이라면 지금 개입해야 한다. 안전벨트를 매는 것과 같다. 사고 확률이 낮다 해도 한 번의 충돌이 치명적일 수 있기 때문에 모두가 상식처럼 안전벨트를 매는 것과 같은 이치다. AI도 그렇게 다뤄야 한다는 게 내 생각이다.

더밀크: 그렇다면 악마 시나리오에서 우리가 특히 경계해야 할 부분은 무엇인가?

김대식: 세 가지를 꼽을 수 있다. 첫째는 '진위의 붕괴'다. 딥페이크와 자동 생성 콘텐츠가 범람하면 사실 검증의 비용이 사회 전체로 넘어가고, 공론장의 신뢰가 무너지는 것을 경계해야 한다.

둘째는 '일의 재편'이다. 5~10년 안에 대규모 직무 전환 압력이 현실화될 가능성이 크다. 복지와 교육이 전환 속도를 따라가지 못하면 격차와 갈등이 심해질 것이다.

셋째는 '주도권의 상실'이다. 발명과 의사결정의 주도권이 기계로 넘어가는 순간, 인류 문명의 질서 자체가 바뀔 수 있다. 지금 인류세는 인간이 최종 결정을 내린다는 전제에서 작동해 왔지만, 그 전제가 흔들릴 수 있다.

더밀크: 이런 위험에 대응하기 위해 사회는 어떤 준비가 필요한가?

김대식: 무엇보다 'AI 안전벨트'를 제도화해야 한다. 개발 전 과정에 안전 기준과 적합성 평가, 레드팀 운영, 책임 분담 메커니즘을 의무화해야 한다. 진위를 지키기 위한 '신뢰 인프라'도 필요하다. 출처를 증명하는 콘텐츠 패스포트, 워터마킹, 대규모 검증 네트워크 같은 것들이 될 수 있다.

일의 전환 역시 인간 중심으로 다시 설계해야 한다. 단순히 기존 업무에 AI를 끼워 넣는 게 아니라, 아예 업무와 목표를 재정의하는 방식이어야 한다. 동시에 소득 보완과 재훈련, 공공 수요 창출 같은 정책이 병행돼야 한다.

마지막으로, 거버넌스 설계에서 인간의 최종 책임과 감사권을 반드시 보장해야 한다. 고위험 AI 시스템에는 언제든 '인간이 개입할 수 있는 중지 버튼'을 두어야 하고, 데이터와 모델의 소유와 책임 경계도 명확히 해야 한다. 방향을 고르는 일은 기술이 아니라 사회의 몫이다. 테크 트렌드의 본질은 속도가 아니라 방향이다.

여전히 '코딩'이 중요하다

더밀크: 요즘 화려한 AI 모델들이 쏟아지고 있다. 이제 '코딩'은 한물갔나?

김대식: 소비자 눈에는 '소라(Sora)' 같은 영상 모델이나 '나노 바나나(Nano Banana)' 같은 실험적 모델이 더 주목받을 수 있다. 하지만 업계가 집중하는 건 오히려 코드(code)다. AI가 진짜로 신뢰를 얻으려면 답을 그럴듯하게 설명하는 게 아니라, 코드를 짜서 실행 가능한 결과를 내야 한다. 예컨대 "금문교 길이가 얼마인가?"라는 질문에 단순히 검색 결과를 나열하는 대신, 모델이 직접 코드를 작성해 계산 결과를 산출하는 식이다. 사람이 며칠 걸릴 절차를 AI는 1초 만에 끝낼 수 있다.

더밀크: 그렇다면 '실시간 코드 생성'은 어떤 의미를 가지나?

김대식: 지금까지는 프롬프트에 대한 답을 찾는 모델이 주류였다. 하지만 앞으로는 프롬프트를 넣으면 바로 실행 가능한 코드를 만들고, 그 결과를 스스로 검증하고 수정하는 루프가 표준이 될 것이다. 이렇게 되면 데이터 오류로 인한 환각 현상을 설명으로 덮는 게 아니라, 코드 실행을 통해 체계적으로 줄여갈 수 있다. 이 전환이 AGI로 가는 가장 현실적인 가속 페달이라고 본다.

더밀크: 이 변화는 언제쯤 본격화될까?

김대식: 2026년을 분기점으로 본다. 오픈소스 진화 속도, 각국 정부의 개입, 미-중 기술 경쟁 같은 정치경제적 요인이 속도를 좌우하겠지만, 흐름은 분명하다. 이미지나 오디오 모델의 화려함에 가려 코딩의

발전이 잠시 덜 보일 수 있으나 이는 착시일 뿐이다. 결국 산업의 자본과 인재가 실시간 코드 생성 루프에 집중된다면, 나머지 과제들은 생각보다 빠르게 풀릴 가능성이 크다.

더밀크: AGI의 도래는 어떤 모습일까?

김대식: 많은 분들이 AGI를 어느 날 갑자기 번쩍 나타나는 사건으로 상상하지만, 실제로는 그렇지 않다. AGI는 점진적으로 스며들고 있고, 사실 우리는 이미 그 초입에 살고 있다. 2026년은 제도, 조직, 기술의 세 축에서 본격적인 분기점이 될 것이다.

AGI 시대의 생존 전략

더밀크: 사회적으로 어떤 준비가 필요한가?

김대식: 기술적으로는 실시간 코드 생성·검증 루프를 업무에 내재화해 실행으로 신뢰를 증명해야 한다. 조직적으로는 전환 과정에서 발생할 갈등과 저항을 사전에 식별하고 완화할 마일스톤을 세워야 한다. 인재 이동성을 높이려면 리스킬링(reskilling)을 상시 프로세스로 돌려야 하는 것은 물론이다.

제도적으로는 안전벨트에 해당하는 거버넌스를 규범으로 고정하고, 불평등을 최소화할 분배 장치도 설계해야 한다. AGI의 속도는 예측하기 어렵지만, 방향을 정하는 일은 우리가 해야 할 선택이다.

더밀크: 개인 차원에서는 어떤 전략이 필요할까?

김대식: 나이와 생애주기에 따라 다르게 접근하는 게 좋다. 50대 이상은 급격한 전환보다 리스크 관리에 무게를 두는 게 유리하다. 반대로

20~40대는 직무를 다시 정의하고, 기술과 업무 방식을 능동적으로 바꾸는 것이 기회가 된다. 소프트웨어 개발, 테스팅, 데이터 직무 같은 분야는 곧바로 대체될 위험이 크고 물류, 제조 같은 로보틱스 결합 직무는 5~10년 내 압력이 커질 수 있다. 반면 공공 분야와 금융 같은 규제 의존 산업은 전환이 더디다.

마지막으로, AI 전환의 핵심은 비용-편익 구조다. 단위 비용 절감 효과가 큰 부문부터 무너지기 마련이다. 그래서 'AI가 AI를 만드는' 코드 영역이 가장 먼저 변화를 주도할 것이다.

더밀크: 독자들에게 남기고 싶은 마지막 한 마디가 있다면?

김대식: 젊을수록 선제적으로 자신의 역할을 재설계해야 한다. 비용-편익이 크게 작동하는 영역에서 먼저 파도를 타야 한다. 그래야 변화의 파도를 기회로 바꿀 수 있다. AGI 시대는 사건이 아니라 과정이다. 그리고 그 과정을 어떻게 준비하느냐가 우리의 미래를 결정할 것이다.

김대식 교수는 누구?

김대식 교수는 독일 막스플랑크뇌과학연구소에서 박사 학위를 받고, 미국 MIT와 일본 이화학연구소, 미국 보스턴대학교 등에서 연구했다. 현재 KAIST 전기및전자공학부 교수로, 인공지능과 머신러닝, 멀티미디어 신호 처리, 바이오메디컬 엔지니어링 등 첨단 융합 분야를 중심으로 연구를 이어가고 있다. 인공지능과 뇌공학의 경계를 넘나들며, 인간의 인지와 지각을 이해하고 재현하는 데 중요한 기여를 하고 있다.

2장

2026년 세계 경제 전망

미국 경제의 가격 피로도

더밀크: 2026년 미국 경제와 달러는 어떤 양상을 보일까?

오건영: 최근 라스베이거스를 방문했다. 여전히 관광객들과 각종 콘퍼런스, 공연으로 1년 내내 화려한 도시지만 예전에 방문했을 때와 느낌이 사뭇 달랐다. 객실료에 리조트 피, 주차비, 청소비, 각종 서비스 요금이 붙어 체감 총액이 크게 뛰었다. 현지에서 관광으로 가지 말자는 말까지 나오는 상황이며, 관광을 가서도 필수적인 지출과 경험 외에는 지갑을 닫는 추세다. 카지노, 쇼, 컨벤션 수요도 탄력성이 커졌다. 가장 화려한 도시에서조차 미국 체감 경기는 만만치 않았다. 콘텐츠, 교육 같은 지식 서비스도 가격 민감도가 높아졌다.

연방준비제도가 발표하는 미국 경제 동향 보고서 《베이지북》 등의 현장 신호를 보면, 미국은 확실히 가격 피로도가 높아졌다. 임금 상승은 둔화됐지만 가격 전가 압력은 남아 있다. 오피스 공실이 증가한 샌프란시스코처럼 팬데믹 이후 회복이 더딘 지역이 상징적이다.

핵심 질문은 '관세가 가격에 전가돼도 물가가 안정되는가?'라고 할 수 있다. 물가가 안정되면 '정책=물가' 파이프라인의 마찰이 낮다는 뜻이고, 반대라면 2026년에도 변동성이 이어질 수 있다.

더밀크: 고객은 당장 적용 가능한가를 먼저 본다. 적용 속도가 만족도와 재구매를 좌우할 듯하다.

오건영: 요약하면, 가격 피로가 선택적 소비로의 전환을 이끌고, 관세-물가 연동이 핵심이 될 것으로 보인다.

관세, 그리고 규제 완화

더밀크: 미국의 최근 관세 정책, 새 통상·재정 운용 행보를 보면 관세로 경기와 물가를 흔들되, 감세와 규제 완화로 충격을 상쇄하는 투트랙으로 보인다.

오건영: 핵심은 '상시 관세 + 탄력적 관세'의 2층 구조에 감세와 규제 완화를 얹은 상호 상쇄 설계다. 지금 미국 관세가 경기 둔화와 물가 부담을 낳을 수 있지만, 감세가 내수를 지지하고 규제 완화가 자금흐름과 달러 수요를 보강하는 구조다.

관세의 뼈대는 '기본 관세'인데 기본 요율(약 10%)은 상시 적용되고, 그 위에 보복·협상 상황에 따라 상호 관세가 얹히는 2층 구조다. 상호 관세가 낮아져도 기본 관세는 남는다. 한국 일부 품목이 한때 15%를 겪은 바 있어 완화 국면에서도 기본 요율은 가격과 마진에 계속 반영해야 한다.

물가 영향은 단선적이지 않다. 소비자물가 상승을 전적으로 관세 탓으로 돌리긴 어렵고, 달러 약세에 따른 수입 물가 상승 같은 외생 변수가 겹쳤을 가능성이 크다. '관세=인플레이션'이라는 도식보다는 그 시점의 환율, 수요, 공급을 함께 봐야 한다.

감세도 또 다른 중요한 축이다. 관세로 인한 경기 둔화를 감세로 메우는 상쇄가 설계돼 있기 때문이다. 감세는 내수 성장을 끌어올리지만 재정 적자를 키우는 부작용이 있다. 여기서 관세는 세수로 역상쇄를 담당한다.

미 재무 당국이 2025년 관세 수입을 약 3,000억 달러 수준으로 거론하는 배경도 같은 맥락이다. 즉 '관세(세수↑, 성장↓) + 감세(성장↑, 적자↑)'의 균형을 통해 총수요와 재정의 충격을 조절하려는 구도로 볼 수 있다.

설계의 타이밍도 주목할 만하다. 2025년 4월 관세 부과 이후, 7월 초 'OBBBA(One Big Beautiful Bill Act)'라고 불리는 감세 연장, 부채 한도 패키지가 통과되면서 재정의 방어벽이 먼저 세워졌다. 이어 8월 7일 관세 실효화 전에 감세와 규제 완화가 세트로 배치돼 성장 충격을 선반영해 흡수하려는 의도가 읽힌다. 부채 한도 상향으로 국채 발행 여력도 넓혔다.

여기에 규제 완화는 '세 번째 다리'로 볼 수 있다. 은행 SLR(Supplementary Leverage Ratio), 가상자산 3법(일명 '지니어스법') 등은 자금흐름 원활화, 달러 수요 재강화로 이어져 감세의 성장 효과와 함께 금리와 부채 부담을 낮추는 보조축을 형성해 주기 때문이다. 즉 관세 하나로 밀던 전략에서 '관세+감세+규제 완화'의 3각 편대로 전환된 것이다.

더밀크: 한국 기업에겐 어떤 의미인가?

오건영: 첫째, 기본 관세는 가격·원가 통제에 상수로 넣어야 한다. 둘째, 관세 완화 국면에서도 환율, 금리, 내수(미국) 사이클이 함께 흔들릴 수 있으므로 판매 가격, 재고, 헤지 전략을 동시 재점검할 필요가 있다. 셋째, 규제 완화까지 포함된 정책 패키지의 동시 효과를 감안해, 대미 판매, 조달, 투자 결정을 분기 단위 시나리오로 운영하는 체계가 요구된다.

더밀크: 결국 관세로 조이고, 감세와 규제로 푸는 상호 상쇄 전략이겠다. 관세가 던진 충격은 감세가 흡수하고, 감세가 만든 재정의 구멍은 관세 수입과 규제 완화의 성장, 유동성 효과가 메우는 구조. 워싱턴의 이번 판은 단일 카드가 아니라 패키지 운영이라는 해석이다.

스테이블코인 vs 프로그래머블 머니

더밀크: 디지털 머니 얘기로 넘어가서, 스테이블코인(stablecoin)과 프로그래머블 머니(programmable money)는 어떻게 보는가?

오건영: 스테이블코인은 실제 거래에서 결제 수단으로 쓰이기보다 투자와 저축의 성격이 짙다. 실제로 사용되려면 규제의 명확성, 수수료, 접근성이 동시에 개선돼야 한다. 반면 프로그래머블 머니는 정책과 보조금 집행에서 당장 쓸모가 크다. 목적 제한, 사용 기한, 사용처

투명화를 코드로 박을 수 있기 때문이다.

더밀크: 맞다. 한국의 지원금, 바우처처럼 코인 없이도 목적 제한 설계가 가능하다. 요점은 기술 자체보다 '제도 설계'일 수 있다. 회계, 감사, 프라이버시를 함께 설계하지 않으면 현장 채택이 늦기 때문이다. 사용자 경험(user experience, UX)도 중요하다. 지갑 설치-인증-충전 단계를 줄이고, 분실과 환불 시나리오를 명확히 해야 신뢰가 생긴다.

오건영: 그렇다. 코인은 트럼프 정부까지 은퇴 투자 시장에 편입시키고 있는 상황이다. 이제는 '코인이냐 아니냐'보다 설계, UX, 컴플라이언스(compliance, 기업으로 하여금 법규, 윤리 등을 준수하도록 하는 것)가 관건이다.

2026년, 달러 약화와 강화의 분기점

더밀크: 2026년 달러의 방향성은 어떻게 될까?

오건영: 키워드는 정책의 실효성에 있다. 관세와 규제가 미국의 소프트 파워를 훼손한다고 읽히면 달러 약세(de-dollarization) 시나리오가, 반대로 '미국 재강화'로 받아들여지면 강달러 시나리오가 부각될 것이다. 여기에 관세가 물가 상승으로 소비자에게 전가되는 것이 없힌다. 물가가 안정되면 달러 약세 압력이 커질 수 있고, 반대면 강달러가 유지되기 쉽다. 2026년은 이 경로가 확정되는 분기점이 될 가능성이 높다.

더밀크: 실리콘밸리의 투자자들도 정책, 물가, 달러를 한 묶음으로 본다. 벤처펀드의 해외 익스포저(exposure, 투자된 자산의 비중) 조정, 멀티

통화 헤지 전략이 다시 회자되는 이유다. 또 기업 입장에선 가격 정책과 조달 계약의 기준이 되는 통화를 재점검할 타이밍이다.

중국 시장의 부분 개방

더밀크: 중국 자본 시장은 어디로 갈까? 글로벌 시장에서 중국의 역할이 더 커지진 않을까?

오건영: 중국은 지금 세계 시장에 문을 열 타이밍을 기다리고 있다. 전면 개방보다는 홍콩을 창구로 하는 부분 개방 전략을 택할 가능성이 크다. 중요한 건 타이밍이다. 미 금리 하락 신호와 겹쳐야 자금이 들어오고 머물게 되기 때문이다. 그렇지 않으면 오히려 자금이 빠져 나간다. 따라서 창을 여는 것만으론 부족하고, 역류 방지 장치, 즉 송금·세제·상장 규정 정합이 세트로 따라와야 한다.

더밀크: 실리콘밸리 스타트업들도 공급망과 세일즈, 자본을 다변화하면서 중국·홍콩을 옵션으로만 유지하려는 경향이 강하다. 풀 베팅은 드물다. 리스크 분산이 기본값이 됐다.

오건영: 미국 관세와 정책 기조가 전 세계 투자 시장에 영향을 미치는 가운데 중국의 개방을 기대하는 것인데, 결국 투자사와 제조사 모두 부분 개방 가설을 전제로 속도 조절이 필요하다고 볼 수 있겠다.

에너지 퍼스트

더밀크: 그렇다면 2026년 최우선 과제로 꼽을 만한 산업 키워드는?

오건영: '에너지'다. 관세와 물가, 지정학이 얽힌 상황에서 AI의 확산은

전력 수요를 폭발적으로 증가시킨다. 데이터센터, 반도체 팹리스, AI 연산은 모두 전력 집약적이다.

한국 기업은 북미 현지화와 연계해 전력·연료 소싱(PPA,* RE100), 가격 변동성 헤지(스프레드, 옵션), 부지·송전망·냉각 기술(에어, 침지, 해수)을 하나의 패키지로 선제 확보해야 한다.

더밀크: AI 로드맵과 인프라(전력, 냉각, 입지)를 같은 테이블에서 봐야 할 때가 됐다. IT만의 이슈가 아니다. 재무, 구매, ESG(Environmental, Social, and Governance)와 함께 KPI(Key Performance Indicator)를 잡아야 TCO(Total Cost of Ownership)*를 통제할 수 있다. 모델 성능 5% 향상보다 전력 효율 10% 개선이 EBIT(Earnings Before Interest and Taxes)에 더 큰 임팩트를 줄 때가 많다.

실리콘밸리도 '에너지 퍼스트'를 기억하고 AI 전략의 출발점을 에너지로 옮겨야 할 때 같다.

PPA(전력 구매 계약): 전력 생산자와 구매자가 일정 기간 합의된 가격으로 전력을 사고파는 장기 계약. 특히 재생에너지 분야에서는 기업이 RE100 목표를 달성하기 위해 사용하는 주요 수단이다.

TOC: 특정 시스템의 성과를 저해하는 제약 요소를 찾아 해결하는 이론적 접근 방식. 경영, 생산 공정 등에서 효율성을 높이기 위해 사용된다.

오건영 단장은 누구?

신한금융그룹의 자산관리 조직인 신한 프리미어 패스파인더 단장이다. 국내 대표 거시경제·금융시장 전문가로, 날카로운 분석과 알기 쉬운 설명으로 투자자들에게 큰 신뢰를 얻고 있다. 다수의 베스트셀러 저서를 통해 경제 흐름을 읽는 법을 대중에게 전하며, 언론 기고와 방송 출연으로도 활발히 소통하고 있다.

3장
K-뷰티, 2026년 3대 트렌드

미국에 AI가 있다면, 한국에는 K-뷰티가 있다

"미국이 AI를 보유하고 있다면, 우리에겐 K-뷰티가 있다. AI 시대로 가면 갈수록 뷰티업계는 더욱 더 고속 성장할 수 있을 것으로 기대한다."

하형석 미미박스 대표의 말이다. Y 콤비네이터(Y Combinator)*의 투자를 받은 최초의 한국 기업을 이끌며 글로벌 K-뷰티의 토대를 닦은 그는 요즘 진짜 'AI 모먼트'를 체감하고 있다.

지난 2016년 개인적으로 알렉산드르 왕의 스케일 AI에 엔젤 투자를 했는데, 9년 만에 그 배당금이 하형석 대표의 연봉을 넘어섰기 때문이다. 스케일 AI는 메타에 약 148억 달러에 인수됐다. Y 콤비네이터 후배 기업인

> **Y 콤비네이터**: 2005년 설립된 미국의 대표적인 스타트업 액셀러레이터. 초기 스타트업을 발굴해 투자하고, 3개월간의 집중 프로그램을 통해 성장을 돕는 일종의 스타트업 사관학교다.

미미박스 하형석 대표

출처: 미미박스

스케일 AI에 투자한 이후 '묻어둔 돈'이라고 생각했는데 메타에 인수되고 그렇게 큰 액수의 배당금이 나올 줄은 꿈에도 상상 못했다.

하형석 대표는 샌프란시스코 미미박스 본사 근처에 있던 스케일 AI 사무실을 여러 차례 찾았지만 당시에는 "직접 보고도 AI의 잠재력을 믿지 못했다"라고 솔직히 털어놓았다. 하지만 그는 이제 뷰티 업계에서 AI 혁신을 얘기하는 선구자가 됐다. "AI와 가장 거리가 먼 산업이 소비재 산업이라고 생각했지만, 누군가는 뷰티에서 AI 전환 이야기를 시작해야 한다"라는 문제의식에서다.

하형석 대표가 K-뷰티의 미래를 낙관하는 근거는 명확하다. 규모부터 케이팝과는 차원이 다르다는 것이다. "케이팝이 전 세계를 지배하고 있지만, 우리가 더 큰 시장점유율을 가져갈 수 있는 분야는 뷰티"라고 그는 단언한다. "전 세계 뷰티 기업 1위부터 10위까지 시가총액을 합치면 약 5,000억 달러 정도다. K-뷰티가 이 시장에서 주도권을 잡을 수 있는 가능성이 가장 높다고 본다."

실제로 현재 미국의 뷰티 제품 수입 규모는 프랑스를 제치고 한국이 1위에 올랐다. 그 배경에는 K-뷰티만의 독특한 성장 공식이 있다.

"한국이라는 작은 시장에서 시작했고, 미국 리테일러에 바로 진입하기 어려운 탓에 자연스럽게 온라인에 집중했다. 그 전략이 주효했다."

수치가 이를 뒷받침한다. K-뷰티 상장사들의 온라인 매출 비중은 40~50%대로 글로벌 평균인 25%의 2배에 달한다. 아마존, 메타 등 미국 빅테크 플랫폼에서의 마케팅 집중도가 높았고, 이는 곧바로 온라인 이커머스에서의 성과로 이어졌다. 더 흥미로운 점은 K-뷰티 특유의 현금흐름 구조다.

"OEM·ODM 업체에 30~90일 후 대금을 지급하는 구조 덕분에, 제조 비용을 지불하기 전에 이미 판매 대금을 확보할 수 있었다. 그 돈으로 곧바로 마케팅에 투자하는 '시간차 전략'이 지금 같은 K-뷰티의 성공을 가능하게 했다고 생각한다."

AI가 뷰티업계에 가져올 두 가지 혁명

그렇다면 AI 시대에 K-뷰티의 경쟁력은 어떻게 진화할까? 하형석 대표는 AI가 뷰티업계에 미칠 영향을 두 가지로 정의한다.

첫 번째는 생산성(productivity)이다. 미미박스는 현재 3명으로 구성된 AI 적용 팀을 운영 중이다. AI를 만드는 것이 아니라, 도입하고 활용하는 데 집중하는 팀이다.

하 대표는 "AI 전문가나 테크 전문가도 AI가 어떤 모습일지 예측하기 힘든데 뷰티업체에서 AI를 개발할 필요는 없다. 도입만 잘해도 생산성과 효율성을 극대화할 수 있다"라고 단언한다.

미미박스의 AI 적용 팀이 추구하는 목표는 명확하다. 소비재 산업에서 잘한다고 평가받는 '1인당 매출 100만 달러'를 200만 달러로 끌어올리는 것이다. 두 번째는 발견(discovery)이다. 현장에서 체감하는 변화도 이미 나타나고 있다. "퍼포먼스 광고의 첫 2초는 거의 모두 AI 광고다. 인게이지먼트(engagement)가 훨씬 높아졌다."

인게이지먼트: 디지털 마케팅이나 광고에서의 사용자 반응도. 클릭 수, 좋아요 수, 댓글 수, 공유 수, 시청 시간 등이 인게이지먼트 지표가 될 수 있다.

AI는 또한 검색 최적화에도 활용되고 있다.

"소비자가 챗GPT로 15달러 이하 가격의 립스틱을 K-뷰티 제품으로 찾고 싶을 때, 미미박스 제품이 추천 결과에 뜨도록 기본적인 기술 작업들을 했다. robots.txt 파일을 사이트 안에 다 넣어서 검색 로봇이 우리 사이트 정보를 자유롭게 수집할 수 있게 허용하는 일을 먼저 했다."

세상은 빠르게 변하고 있지만 뷰티업계의 현실은 다르다. 여전히 아날로그적이다. "협력사와 일할 때 아직도 엑셀, 이메일로 작업을 한다. 영업 담당자가 사무실로 와서 엑셀을 기입해 이메일로 보내는 식이다. 인간의 실수가 아직도 많이 나온다." 그는 "단순한 SaaS(Software as a Service, 서비스형 소프트웨어) 솔루션만 도입해도 AI보다 훨씬 빠른 효과를 낼 수 있다"라며 디지털 전환의 필요성을 역설했다.

K-뷰티, 미국 브랜드처럼 하면 안 된다

AI 시대의 파고 속에서도 K-뷰티의 성공 공식은 여전히 진화 중이다. 그렇다면 미국 시장으로 진출하는 K-뷰티 기업들의 승부처는 무엇일까?

하형석 대표는 한국과 미국 소비자의 뷰티 루틴 격차가 빠르게 줄어들고 있다고 설명했다. "과거에는 한국에서 4년 전 유행한 제품을 미국에 내면 타이밍이 맞았지만, 지금은 그 시차가 현저히 줄었다. 미국 소비자들도 올리브영 리스트를 참고해 제품을 구매하기 때문이다."

하지만 K-뷰티의 경쟁력은 여전히 가격에서 나온다는 것이 그의 주장이다.

미미박스 샌프란시스코 팝업 스토어

미미박스 샌프란시스코 팝업 스토어에서 사람들이 K-뷰티 제품들을 체험하고 있다.

출처: 미미박스

"K-뷰티 제품의 가격은 앞으로도 낮게 유지돼야 한다. 중국 관세 영향, 미국의 소비 감소 등을 고려하면 K-뷰티 제품은 가격 경쟁력이 승부처다."

또 다른 승부처는 콘텐츠다. "Z세대와 밀레니얼 세대가 K-뷰티를 선택하는 결정적 순간은 콘텐츠가 갈랐다. 틱톡이나 인스타 같은 콘텐츠에서 K-뷰티 제품들이 많이 노출되다 보니 K-뷰티를 많이 알아가게 된 것이다."

그래서 그는 "앞으로도 세포라(Sephora)는 못 잡아도 아마존은 잡아야 한다"라고 목소리를 높인다. 많은 K-뷰티 기업들이 세포라 같은 오프라인 매장 진출을 꿈꾸지만 여전히 강점은 온라인에 있다는 것이다. 이유는 명확하다.

"미국 시장에서 온라인의 비중은 16%, 오프라인 비중은 84%다. 온라인 시장과 오프라인 시장은 서로 다른 전략이 필요하다. 유지 비용, 자원, 인재 구성이 완전히 다르다. 온라인 비중이 큰 한국에서는 5명만으로도 메타(Meta) 광고 같은 디지털 마케팅으로 높은 매출을 올릴 수 있다."

그의 결론은 분명하다. "K-뷰티 기업이 미국 브랜드처럼 되려고 하면 안 된다. 세포라 장악은 못해도 아마존 1위부터 100위까지는 장악해야 한다. 미국에 왔다고 해서 변할 필요는 없다. 우리 고유의 DNA를 지키면서 잘하는 걸 계속 잘하면 된다."

AI 시대에 뷰티업계가 원하는 인재상에 대해 하형석 대표는 유연성과 글로벌 마인드셋, 이 두 가지를 강조했다.

"첫 번째는 생각의 유연성이다. AI가 패러다임 시프트를 가속화하고 있기 때문에 유연한 사고는 필수적이다. 두 번째는 글로벌 역량이다. 한국에서 전 세계를 대상으로 사업할 수 있다는 시각을 갖는 것이 중요하다."

그는 AI가 대체할 수 없는 핵심 영역으로 '소비자에 대한 이해도와 집중도'를 꼽았다. 기존에는 기술적 역량이 중요했다면, AI 시대에는 소비자를 이해하는 능력이 더욱 중요해졌다는 설명이다.

실제로 미미박스는 모든 시니어 리더를 마케터 출신으로 채용하고 있다. "어떤 부서든 헤드는 마케터를 뽑는다. 소비자에게 가장 가까운 사람들의 역할이 더욱 중요해졌기 때문이다."

흥미로운 점은 미미박스의 조직 운영 방식이다. 하형석 대표는 회사를 두 그룹으로 나눠 운영 중이다. 뷰티 산업의 안정화를 추구하는 기존 리더십 그룹과 20대 초반으로 구성한 신진 리더십을 투 트랙으로 운영하는 것이다. 사내 챌린지를 통해 20대 리더들이 주도한 틱톡샵은 2025년 상반기에 10배 성장을 달성했다고 한다.

그의 AI 전략은 이렇다. "AI 사용에는 세대별 격차가 존재할 것으로 본다. 40대인 나는 AI 네이티브 세대가 아닐 수 있다. 20대 초반 리더십 그룹은 '10×'로 부른다. 기존보다 10배 성장을 달성하겠다는 목표를 가지고 있다."

글로벌 뷰티 기업 톱 10에 한국 진입할 것

K-뷰티 업계를 관통할 메가 트렌드가 뚜렷해지고 있다. 하형석 미미

박스 대표는 2026년 K-뷰티 트렌드 세 가지를 제시했다. 첫 번째 트렌드는 초저가 경쟁의 본격화다. 하 대표는 "테무나 알리익스프레스에서 경쟁하는 K-뷰티를 보게 될 것이다"라고 말했다.

이는 단순한 가격 인하 경쟁이 아니다. 경쟁 무대 자체가 바뀌고 있다는 의미다. 지금까지 K-뷰티는 아마존이나 세포라 같은 프리미엄 채널에서 경쟁력을 입증해 왔다. 하지만 2026년에는 테무, 알리익스프레스 같은 초저가 플랫폼이 새로운 주요 전장이 될 것이라는 예측이다.

변화의 배경에는 두 가지 요인이 자리한다. 중국 제품에 대한 관세 부담이 K-뷰티에게는 상대적 기회로 작용하고 있다. 또 미국 소비자들의 구매력 약화로 가성비 제품에 대한 관심이 높아지고 있다.

하지만 핵심은 K-뷰티가 '저가=저품질'이라는 인식을 깨뜨릴 수 있느냐다. 과거 삼성과 LG가 전자제품 시장에서 보여준 것처럼, 합리적 가격에 높은 품질을 제공하는 전략이 K-뷰티에서도 재현될 수 있을지가 관건이다.

두 번째는 카테고리 다양화다. 현재까지 K-뷰티의 성공은 주로 스킨케어 영역에 집중돼 있었다. 하지만 2026년에는 메이크업, 헤어케어, 바디케어로 전선이 확대될 전망이다.

이 변화가 중요한 이유는 시장 규모의 폭발적 확장 가능성 때문이다. 스킨케어만으로도 상당한 성과를 거둔 K-뷰티가 다른 카테고리까지 장악한다면, 전체 뷰티 시장에서의 영향력은 기하급수적으로 늘어날 수 있다.

하 대표는 '물티슈 세계 1위', '샴푸 세계 1위' 같은 세분화 전략을 제시했다. 이는 브랜드가 모든 영역에서 1위를 차지하려 하기보다 특정 카테고리에서 압도적 점유율을 확보하는 틈새 장악(niche domination) 전략을 의미한다.

이런 접근법이 가능한 배경에는 AI와 디지털 마케팅 기술의 발달이 있다. 과거에는 하나의 브랜드가 여러 카테고리를 동시에 공략하기 어려웠지만, 이제는 데이터를 기반으로 각 카테고리별 최적의 전략을 수립할 수 있게 됐다.

세 번째는 시장 다변화다. 〈케이팝 데몬 헌터스〉의 메가 히트로 인해 미국 중심에서 글로벌 다극화 진출이 가능해졌다. 지금까지 K-뷰티의 글로벌 진출은 미국과 일본이 핵심 축이었다. 하지만 2026년에는 유럽, 남미, 중동, 인도가 새로운 성장 동력으로 부상할 것으로 예상된다.

특히 하 대표가 언급한 '선순환 구조'는 K-뷰티의 지속 성장 가능성을 보여준다. 미국과 일본에서 창출한 수익을 바탕으로 신규 시장에 투자하고, 이를 통해 다시 수익을 확대하는 구조다. 이는 과거 삼성과 LG가 글로벌 확장 과정에서 활용했던 전략과 유사하다. 단, 이 과정에서 각 지역별 특성을 이해하는 것이 관건이다. 유럽의 엄격한 화학물질 규제, 중동의 문화적 특수성, 인도의 가격 민감도 등을 고려한 맞춤형 전략이 필요하다.

하 대표는 "수만 개의 기업이 새롭게 등장할 수 있다"라고 전망했다. 이는 K-뷰티 생태계의 근본적 변화를 시사한다. 지금까지는 소수의 대형 브랜드가 시장을 주도했지만 앞으로는 수많은 전문화된 브랜드들이 각자의 영역에서 경쟁하는 구조가 될 것이라는 의미다.

이런 변화가 가능한 배경에는 현저히 낮아진 진입 장벽이 있다. AI를 활용한 제품 개발, 소셜미디어 기반 마케팅, 온라인 유통 플랫폼의 발달로 과거보다 훨씬 적은 자본으로도 글로벌 브랜드를 만들 수 있게 됐다. 하지만 이는 동시에 경쟁의 치열함도 의미한다. 수만 개의 브랜드가 경쟁하는 환경에서 살아남으려면 명확한 차별화 포인트와 깊이 있는 전문성이 필수다.

하 대표는 "2030년 글로벌 뷰티 기업 톱 10에 한국 기업이 3~4개 진입할 것이다"라고 봤다. 과연 현실적인 이야기일까? 현재 글로벌 뷰티 시장을 주도하는 로레알, 유니레버, P&G 같은 기업들과 경쟁해서 톱 10에 진입한다는 것은 쉽지 않은 목표다.

근거는 있다. K-뷰티의 온라인 중심 전략이 포스트 코로나 시대의 소비 패턴 변화와 맞아떨어지고 있으며, AI와 디지털 기술을 활용한 효율성이 기존 대기업들의 규모의 경제를 상쇄할 수 있다.

다만 이를 위해서는 단순히 '메이드 인 코리아' 라벨에 의존하기보다, 진정한 혁신과 차별화된 가치 제안이 필요하다. 과거 일본 기업들이 품질 혁신으로, 중국 기업들이 가격 혁신으로 글로벌 시장을 흔들었듯이 K-뷰티만의 고유한 혁신 포인트를 찾아야 한다.

2026년은 K-뷰티 기업들에게 기회와 도전이 공존하는 해가 될 것이다. 초저가 경쟁, 카테고리 확장, 시장 다변화라는 세 가지 메가 트렌드를 어떻게 활용하느냐에 따라 개별 기업의 명암이 갈릴 것이다.

분명한 것은 K-뷰티의 글로벌 여정이 이제 막 시작됐다는 점이다.

하형석 대표는 누구?

미미박스 창업자 겸 CEO다. 경희대학교 환경공학과와 미국 파슨스디자인스쿨을 졸업했고, 톰포드(Tom Ford)와 티몬에서 커리어를 쌓았다. 2012년 미미박스를 창업해 K-뷰티 구독 박스 모델로 주목받았다. 이후 아임미미, 포니이펙트 등 자체 브랜드를 개발하며 사업을 확장했으며 여러 글로벌 투자사에서 대규모 투자를 유치했다. 본사를 미국 샌프란시스코로 옮기고 세포라, 울타뷰티(Ulta Beauty) 등 글로벌 유통망에 진출했다. 글로벌 K-뷰티 플랫폼 기업으로 성장을 이어가는 중이다.

4장

AI는 기술이 아니라 문명이다

2026년, 모두가 다시 시작하는 해

더밀크: CEO이자 인플루언서로서, 또 여성 리더로서 2026년을 어떻게 전망하는가?

김미경: 내가 보는 2026년은 '우리 모두가 1학년으로 다시 출발하는 해'다. 그 이유는 분명하다. AI라는 새로운 문명이 우리 앞에 등장했기 때문이다. 인류는 지금 남녀노소, 직업이나 경력을 불문하고 모두 같은 출발선에 서 있다. 사실 우리는 살아오면서 출발선이 늘 달랐다. 집안 배경이 다르고, 교육 수준이 다르고, 가진 자원도 달랐다. 그런데 AI라는 거대한 변화를 앞두고는 모두가 동시에 1학년 교실에 앉아 있는 셈이다. 그래서 나는 집 냉장고 문에 이렇게 써 붙여두었다. "나는 1학년이다." 매일 아침 눈에 잘 띄는 곳에 두고 초심으로 돌아가 배우고 도전하자는 다짐을 하는 것이다.

새로운 문명에서는 '잘 배우는 사람'이 앞서간다. 그래서 여성에게 더 큰 기회가 열릴 수 있다. 여성들은 낯선 상황에 적응하는 능력이 뛰어나고 관계 맺기에 강하기 때문이다. 커뮤니케이션 능력도 좋다. 아이가 태어나도 이 새로운 사람에게 금세 적응해 양육하듯, 여성들은 새로운 문명을 빠르게 받아들일 수 있다.

AI는 단지 기술이 아니다. AI는 문명이다. 우리가 살아가는 토대 전체를 바꾸는 것이기 때문에 결국은 잘 배우는 사람이 앞서간다. 가장 앞서가는 사람은 가장 잘 배우는 사람이 될 것이고, 그래서 나는 여성들이 AI 시대의 중요한 주역이 될 것임을 확신한다.

더밀크: 저서 《김미경의 딥마인드》에서 말한 '잇마인드'와 '딥마인드'의 차이, 그리고 2026 트렌드 해석에 주는 함의를 풀어달라.

김미경: '잇마인드(it-mind)'는 두려움에서 출발한다. AI로 인해 변화한 세상에서 뛰어나고 인정받는 사람이 되기 위해 스스로 빨리 변화해야 한다는 마음이라고 볼 수 있다. 그런 불안으로 사람들은 지난 몇 년간 "AI가 내 일을 빼앗으면 어떡하지? 나는 대체될까?"라는 질문을 계속해 왔다. 2025년도에도 이 질문에 변화가 없다면, 즉 질문이 진화하지 않았다는 건 내가 성장하지 못했다는 뜻이다.

그렇게 생각할 것이 아니라 새로운 AI 문명이 열리는 것이므로 나는 이 '문명의 설계자'가 될 거라고 관점을 바꿔야 한다. 이 새로운 문명에서 생겨날 수백만, 수천만 개의 직업 중 내가 어딘가를 차지할 것이라는 설계자의 마인드에서 바라보면 내가 할 일이 반드시 있다. 그러기 위해서는 AI의 전체 판을 이해하는 게 중요하다.

'딥마인드(deep-mind)'는 잇마인드와는 다르다. 나는 "변화(change)가 아니라 재정의(re-definition)다"라고 말한다. 변화는 AI에 맞추는 것이고, 재정의는 AI를 내 삶과 일에 끌어들여 나를 더 높은 수준으로 완성하는 것이다. AI와 함께 '관계형 인간'이 되는 것이다.

예를 들면 나는 강의와 책을 통해 사람들을 만난다. 그런데 챗GPT를 보니 심리상담까지 해주더라. 누군가는 내 책을 읽고 위로를 얻던 과거와 달리, 이제는 챗GPT에게 직접 상담을 받고 안심한다. 예전처럼 내 책을 사서 만나러 오기 전에 문제가 해결된다. 시장 자체가 바뀐 것이다. 그렇다면 나는 어떻게 해야 할까? AI와 경쟁할 것이 아니라 내 존재와 콘텐츠를 새롭게 정의해야 한다. 기존의 것을 재정의하지 않는다면, 이 새로운 문명에서 내 자리는 다른 것으로 대체될 것이다. AI는 기술이 아니라 문명이기 때문에 나는 AI와 경쟁하지 말고, 관계를 맺으라고 강조한다. AI와 협력하면서 나를 재정의할 때, 그 안에서 새로운 자리와 기회가 열릴 것이다.

더밀크: 결국 AI를 기술이 아닌 문명으로 본다는 뜻인가?

김미경: 그렇다. AI는 단순한 도구가 아니라 인류가 살아가는 토대를 바꾸는 문명이다. 문명이 열릴 때는 반드시 새로운 질서가 필요하다. 그런데 지금 AI는 대부분 유료화돼 있다. 챗GPT 유료 버전만 해도 월 30만 원, 퍼플렉시티 AI는 40만 원 가까이 한다. 부자는 초지능과 연결되고 가난한 사람은 그렇지 못한 사회가 될 수 있다. 단 2~3년만 지나도 격차가 벌어진다.

내가 AI는 공공재가 돼야 한다고 주장하는 이유다. 전기 문명이 열

렸을 때 전기가 공공재였던 것처럼 말이다. 모두가 공정하게 참여할 수 있는 장치가 없다면, 인류는 문명 전체를 제대로 누릴 수 없다. 나는 이를 '소셜 라이선스(social license)'라고 부른다. 사회 전체가 합의한 최소한의 질서, 모두가 합류할 수 있는 기준이 필요하다. 그렇지 않으면 새로운 문명은 자본의 논리로 소수에 의해 좌지우지되고, 인류는 혐오와 격차로 분열될 위험이 있다. AI는 공공재로 다뤄져야 하고, 인류가 함께 합의해야 할 과제다.

AI는 경쟁자가 아닌 협력자, 관계를 맺을 파트너

더밀크: 평소 AI를 어떻게 활용하시는가?

김미경: 나는 워커홀릭이라 늘 아이디어가 떠오르는데, 예전에는 오랜 동료 제나와 그 생각을 나누곤 했다. 제나는 18년간 함께 일해온 나의 브레인 파트너다. 하지만 이제는 챗GPT가 그 역할을 대신한다. 챗GPT에게 "너는 제나라는 친구야. 내 생각을 끌어내주는 파트너가 돼줘"라면서 그간 제나와 나누었던 회의 기록과 자료들을 모두 업로드했다. 그랬더니 놀라울 정도로 잘 반응했다. 마치 오랜 시간 나를 이해해 온 동료처럼 질문을 던지고 생각을 끌어낸다. 이제 챗GPT와 브레인스토밍을 하고 아이디어를 정리한다.

덕분에 나는 세계 어디를 가든 혼자가 아니다. 대화 파트너가 항상 곁에 있으니까. 아침에 일어나면 떠오르는 생각을 곧바로 챗GPT와 나누며 정리한다. 한 번은 신학대학원에서 배운 내용을 바탕으로 챗GPT와 대화를 나눴는데, 무려 A4 30장이 넘는 분량의 글이 쏟아져 나왔다. 이 과정에서 얻은 영감은 곧바로 내 책의 한 장으로 발전했다. GPT는 내가 18년을 키운 제나와는 달리 단기간에 성장한 새로운 파트너다. 더 이상 주말에 직원에게 전화해도 될까 고민하지 않아도 되고, 외롭지도 않다. 언제든 대화할 수 있는 파트너가 생겼기 때문이다.

더밀크: 브레인 파트너 제나나 챗GPT 모두 대표님의 인풋에 반응하는 존재들이다. AI 시대에 나와 AI를 차별화할 수 있는 아이디어의 소스는 무엇인가?

김미경: 제일 중요한 건 사람에 대한 관심과 사랑이다. 나는 사람들을 관찰하면서 만나게 되는 문제들을 그냥 지나치지 않고 반드시 풀어야 할 문제로 인식한다. 문제의식은 사랑에서 나온다고 생각한다. 나는 그 문제가 왜 생겼는지 호기심을 갖고 있고, 내가 도울 수 있다면 도와야 한다는 마음이 바탕에 깔려 있다. '꿈'을 정의한다면, '더 나은 나를 상상하는 힘'이다. 타인에게도 똑같다. 그 사람의 더 나은 미래를 상상하는 것이다. 그러면 도와주고 싶어진다.

더밀크: AI 시대, MKTV 제작 파이프라인에도 많은 변화가 있을 텐데, '사람의 강점'이 남는 지점이 어디일까?

김미경: 좋은 질문 감사하다. AI 문명에 첫 발을 들여서 걷지 않은 사람들은 이 질문에 답을 못할 것이다. 우리 MKTV에서는 기획하고, 대본을 쓰고, 섬네일을 만들고, 마지막에 분석을 하는 4단계의 제작 과정을 거친다. 대본 작업을 AI에 맡겼을 때 완성도는 60~70점 정도지만 밑바닥부터 일하지 않아도 되니 시간이 매우 절약된다. 분석도 무척 잘한다. 그런데 '바라봐야 될 대상'이 있을 때는 AI의 실력이 뚝

떨어진다. 예를 들어 MKTV의 50~60대 구독자들을 대상으로 기획을 할 때 머릿속에 그림을 그리면서 그들이 생활하는 모습은 어떠하고, 고민하는 문제는 무엇인지, 어떤 인생을 살고 있는지를 꿰뚫어보면서 기획을 해야 한다. 이처럼 앞에 어떤 대상이 있을 때는 AI가 버벅댄다. 아직 이런 부분은 현격히 뒤처진다. 눈으로 보고 감으로 캐치업하는 걸 AI는 잘 못한다. 왜냐, 보고 있지 않으니까. 대상을 봐야 하는 모든 것에서는 사람이 훨씬 더 잘한다.

앞으로 5년, 변화에서 살아남을 힘은

더밀크: MKTV는 40~60세대에게 큰 호응을 얻고 있다. 이 연령대에 집중한 이유가 있을까?

김미경: 20~30대가 배우는 시기라면, 40대부터는 인생 실전이다. 40~60대는 사랑, 가족, 직업, 돈, 건강 등 모든 것이 한꺼번에 얽히면서 직접 부딪히며 살아가야 하는 시기다. 더 나은 삶을 위해 몸부림치며 자기 변화를 모색하는, 가장 철이 드는 시점이라고 생각한다.

나는 이를 '자기 자신을 벌거벗겨 보는 나이'라고 말하곤 한다. 남들이 뭐라 하기 전에 스스로의 부족함을 직시하는 나이, 스스로에 대한 실망도 많지만 동시에 비교적 정확한 자기 판단을 할 수 있는 시기다. 그래서 나는 그때 가장 치열했다. 아이를 키우고, 직장을 다니며 돈을 벌고, 집을 사고…… 너무 바쁘고 힘들어서 번아웃이 찾아오는 것도 이때다. 필요한 것들을 채우느라 정작 '나'를 잃어버리기 쉽기 때문이다. 그러다 아이들이 커서 떠나고 나면 비로소 자기 자신에게 집중할 시간이 찾아온다. 100세 시대를 끝까지 함께할 존재는 결국 나 자신뿐이다.

그렇다면, 무엇으로 나를 키울까? 결국 지금까지 살아오며 쌓은 습관, 철학, 자본이 그 힘이 된다. 특히 40~50대의 습관과 사고방식은 60대의 나를 길러내는 밑거름이다. 그래서 이 시기에 누구를 만나고, 어떤 생각을 하고, 어떤 방향으로 생각의 범위를 넓혀가는지가 매우 중요하다. 많은 40~50대가 꿈을 잃었다고 하지만, 사실 사라진 것이 아니라 잠시 감춰져 있을 뿐이다. 꺼내면 된다. 보이는 것만 상대하지 말고, 보이지 않는 것까지 끌어낼 수 있는 힘이 필요하다.

게다가 지금은 변화의 속도가 과거와 다르다. 예전에는 10년 단위로 변화가 왔다면, 이제는 AI 덕분에 5년 단위로 거센 변화가 밀려온다. 그래서 나는 늘 강조한다. "앞으로 5년 안에 당신 인생을 뒤흔들 변화가 온다." 이 리듬을 놓치면 금세 뒤처지고 만다.

더밀크: 더밀크의 구독자층도 40~50대가 많다. 이들에게 메시지를 전한다면?

김미경: 하루 30분, 자기 자신을 위해 쓰자. 20~30대는 하고 싶은 게 많지만 돈이 부족하다. 나 역시 아이 셋을 키우던 시절, 하고 싶은 게 있어도 할 수가 없었다. 그러나 40대 이후에는 달라진다. 환경도 변하고 기회도 많아진다.

나는 가장 힘들었던 30대 시절에도 스스로를 '잠룡(잠자는 용)'이라고 불렀다. 누구나 인생에서 10년, 15년은 힘든 시기를 겪는다. 하지만 그 시간은 잠룡의 시기로, 사라진 것이 아니라 감춰져 있는 것이다. 그래서 나는 늘 말한다. 하루 30분이라도 자기 자신을 위해 쓰자고. 적은 시간의 꾸준함이 결국 미래를 지켜준다. 3년 동안 몰아서 하는 것보다 매일 30분이 훨씬 강력하다. 그 시간이 자존감을 지키고 내가 누구인지 기억하게 해준다. AI 시대는 전기가 처음 도입됐던 산업혁명 시기만큼이나 발전이 혁신적이다. 그러니 AI의 도움을 받아서 5년 동안 매일 30분씩 시간을 투자하면 원하는 길을 가볼 수 있다. 더군다나 인생 실력이 쌓이고 경험치가 많아서 이 기간이 더 짧아질 수도 있다. 그러니까 신나게 걸어가셨으면 좋겠다.

더밀크: 마지막으로, AI 시대를 살아갈 20대 청년들과 자녀 세대에게 해주고 싶은 조언이 있다면?

김미경: 20~30대는 "이건 내 시대다"라는 선언을 해야 한다. 실제로 그렇다. AI 문명을 설계하고 주도할 세대가 바로 그들이다. 부모 세대가 해야 할 일은 단 하나, 아이들의 오너십을 빼앗지 않는 것이다. 이전 세대는 자녀를 이미 짜인 질서 속의 좋은 자리에 올리려고 전력 질주했다. 하지만 지금은 새 문명이 열리고 있다. 중요한 건 아이가 스스로 설계자가 되도록 돕는 것이다. 이제는 후발주자가 아니라 선발주자가 돼야 한다.

김미경 대표는 누구?

자기계발 전문가로 30여 년간 다양한 강연에서 활동하며 꿈, 자기계발, 경제관념 등 삶에 대한 통찰을 대중과 공유해 왔다. 또한 온라인 교육 플랫폼 MKYU(MK&YOU University)의 대표다. MKYU는 '두 번째 스무 살 꿈을 응원하는 온라인 대학'을 표방하며, 다양한 온라인 강좌를 통해 평생학습을 지원한다. 김대표는 180만 명 이상의 구독자를 자랑하는 유튜브 채널 'MKTV 김미경TV'도 운영 중이다.

5장

대마필패의 시대

거대한 몸집은 생존에 불리한 시대

더밀크: 최근 출간한 《시대 예보: 경량 문명의 탄생》에서 AI 기술로 인해 사회 전반에 급박하고 중대한 변화가 닥칠 것에 대한 '특보'를 발령하셨는데.

송길영: 2022년 11월 30일 챗GPT가 출시된 이후 세상이 근본적으로 바뀌는 것을 목도했다. 처음에는 가능성의 영역이었지만, 이제는 '해야만 한다'는 당위의 영역으로 넘어왔다. AI 모델의 지능은 불과 1년여 만에 IQ 100 미만에서 140에 육박할 정도로 가파르게 상승했다. 지능의 범용화가 현실이 된 것이다.

또 다른 핵심 변화는 '협력의 경량화'다. 과거에는 기업만 수행 가능했던 영상 제작이나 데이터 분석과 같은 고부가가치 업무를 이제 개인이 AI 서비스를 이용해 수행하고 수익을 창출하기 시작했다. 이는 개인이 기업과 직접 경쟁하는 시대가 열렸음을 의미한다.

개인은 기업과 달리 거대한 조직을 유지하기 위한 간접 비용(overhead)이 없기 때문에 경쟁에서 절대적으로 유리하다. 이러한 변화를 가능하게 한 핵심 기술들, 예컨대 바이브 코딩(vibe coding)이나 딥 리서치(deep research) 같은 개념과 도구들이 모두 최근 1년 이내에 등장했다.

> **바이브 코딩:** 자연어로 AI에게 요구사항을 전달해 코드를 생성토록 하는 방식. 개발자는 코드를 직접 작성하기보다, AI가 만들어낸 결과물을 검토하고 수정하는 역할을 한다. 따라서 더 고차원적인 기획에 집중할 수 있다.

2024년까지만 해도 AI는 최고기술책임자(CTO)의 어젠다였지만, 올해는 최고경영자(CEO)의 핵심 어젠다로 격상됐다. '무엇을 할까'가 아니라 '어떻게 빨리 할까'로 논의의 초점이 이동한 것이다. 이처럼 변화의 기류가 완전히 바뀌었기에 조직과 개인 모두에게 각성을 촉구하는 '특보'를 내릴 수밖에 없었다. 거대한 무언가가 오고 있음을 모두 직시해야 하는 시점이다.

더밀크: 최근 발간한 저서에서 '경량 문명'과 '중량 문명' 개념을 언급했다. 문명이 바뀐다는 것은 구체적으로 어떤 의미인가?

송길영: 문명을 '삶의 양식'으로 정의할 때 과거 인류의 문명은 거대한 구조물을 함께 쌓아 올리는 방식으로 발전해 왔다. 더 많은 사람이 모여 협력하고, 규모의 경제를 통해 효율을 극대화하는 것이 미덕이었다. 이것이 내가 '중량 문명(Heavyweight Civilization)'이라 이름 붙인 개념이다.

기계가 있는 곳에 사람들이 모여 공장과 공단을 이루고, 그곳에 전기, 수도, 센서 등 인프라가 더해지며 시스템은 계속해서 무거워졌다. 규모의 경제를 구축해 경쟁자를 이기기 위해 수십조 원에 달하는 투자금을 쏟아붓는 치킨게임은 중량 문명의 정점이다. 하지만 이 방식은 이제 한계에 봉착했다. 판돈이 너무 커져 한 번의 실패가 모든 것을 잃게 만드는 위험을 내포하게 된 것이다.

반면 AI의 등장은 협력의 방식을 근본적으로 바꾸고 있다. AI와 협업하게 되면서 조직은 훨씬 가벼워질 수 있게 됐다. 가장 중요한 변화는 의사결정 구조의 단순화다. 구성원이 줄고 각자가 AI의 도움으로 완결성 높은 업무를 수행하게 되면 복잡한 결재 단계와 그로 인한 시간 지연(latency)이 사라진다.

빠른 의사결정은 곧 기민한 대응으로 이어지고, 경쟁에서 우위를 점하게 한다. 이렇게 단순한 구조, 빨라진 새로운 삶의 양식을 '경량 문명(Lightweight Civilization)'이라 정의했다. 흥미롭게도 이런 말은 이전에 사용된 적이 없다. 지금까지는 현대 문명 전체가 무거워지는 방향으로만 발전해 온 것이다.

더밀크: 많은 기업이 여전히 규모를 키우는 중량 문명 방식으로 경쟁력을 확보하려 한다. 앞으로는 전략을 어떻게 바꿔야 할까?

송길영: 과거에는 대마불사(大馬不死), 즉 큰 기업은 망하지 않는다는 믿음이 있었다. 하지만 이제는 대마필사(大馬必死), 즉 큰 기업일수록 반드시 죽는다고 말하고 싶다. 거대한 몸집이 오히려 생존에 불리한 시대가 됐기 때문이다.

이 생각의 단초는 '린 AI 리더보드(Top Lean AI Native Companies

Leaderboard, 초고효율 AI 스타트업들의 순위를 매긴 웹사이트)'에서 얻었다. 이 순위에는 구성원 수가 적은 기업들만 이름을 올릴 수 있다. 예를 들어 이미지 생성 AI의 선두 주자인 미드저니(Midjourney)는 직원이 40명, 서지AI(SurgeAI)는 110명에 불과하다. 심지어 베이스44(Base44) 같은 1인 기업도 있다. 적은 인원으로도 생산성 극대화가 가능하다는 증거다.

이제 기업을 평가하는 기준은 '인당 시가총액'이 될 것이다. 미래가치를 구성원 수로 나눈 이 지표를 기준으로 신흥 AI 기업과 삼성전자를 비교해 보니 그 차이가 무려 96배에 달했다. 미래가치에서 100배 가까이 차이 나는 기업들이 탄생하고 있는데, 우리가 계속해서 무거운 기업을 만드는 것이 과연 합당하냐는 질문을 던져야 한다.

이제 우리의 시선은 단순히 매출과 이익을 넘어 조직의 구조와 밀도로 향해야 한다. 몸집이 가벼운 기업은 기존의 중량 문명 기업과 경쟁할 때 무조건 유리하다. 기업의 핵심 전략은 '어떻게 우리의 밀도를 낮출 것인가'에 맞춰져야 한다.

더밀크: 조직의 밀도를 낮추고 속도를 높이기 위한 구체적인 방법론을 제시한다면?

송길영: 가장 먼저 해야 할 일은 의사결정 단계를 축약하는 것이다. 결재 라인이 길어지고 여러 층위를 거치는 순간 속도는 마모된다. 각 구성원에게 재량권을 부여하고 스스로 업무를 완결할 수 있는 구조를 만들어야 한다.

두 번째는 사람의 개입으로 인해 시간이 소요되는 부분들을 과감하게 기계화, 즉 AI로 대체하는 것이다. 누군가의 통제나 제어를 받는 것이 아니라 각자가 독립적으로 일하고 그 결과물을 합치는 협업 체계를 구축해야 한다.

이를 위해서는 AI의 역할을 제대로 이해하는 것이 선행돼야 한다. 나는 AI의 역할을 '부지런한 지능'과 '거대한 지능'으로 구분한다. 부지런한 지능은 월마트가 8억 5,000만 건의 상품 태그를 분석한 사례처럼 인간도 할 수는 있지만 투자 대비 효율이 낮아 못하던 일을 대신 하는 것이다.

거대한 지능은 구글 딥마인드가 개발한 알파폴드 같은 지능이다. 알파폴드는 인간이 수십 년간 노력해도 1~2%밖에 못했던 단백질 구조 예측 같은 영역을 해결할 수 있다. 조직이 수행하는 업무를 구조화하고, 이 두 가지 지능을 혁신과 변화를 위해 과감하게 적용해야 한다.

새 시대 개인의 생존 전략

더밀크: 이런 변화 속에서 개인의 생존 전략은 무엇인가. '스펙 쌓기'는 이제 무의미한가.

송길영: 한국 사회는 조직에 들어가기 위해 스펙을 쌓는 과거시험 같은 선발 방식이 계속돼 왔다. 좋은 스펙을 갖추면 기업이 신입사원으로 뽑은 후 직무 교육을 하는 방식이다. 그러나 이제 이 방식은 끝나가고 있다. 조직은 효율화를 추구하며, 더 이상 대량으로 고용할 여력이 없다. 기존 구성원들의 재교육과 직무 재편만으로도 벅찬 상태다.

시장이 원하는 인재는 '경력 같은 신입'이 됐기 때문에 개인 생존 전략도 근본적으로 바뀌어야 한다. 조직에 운명을 의탁하는 대신 스스로 자신의 업을 정의하고 만들어갈 필요가 있다. 조직에 들어가기 전에 이미 나름의 전문성을 갖춰야 한다는 의미다. 사이드 프로젝트를 하든, 작은 기업에서 경력을 쌓든, 자신만의 방식으로 업을 탐구하고 실행해 본 경험이 필수적이다.

AI를 활용해서 스스로를 증강시켜 조직과 경쟁하거나 일종의 자영업처럼 나만의 길을 개척하는 형태처럼 조직 바깥에서 자립할 수 있는 역량을 기르는 일이 그 어느 때보다 중요해졌다.

더밀크: 신입사원을 뽑지 않는 현상은 전 지구적이다. 이로 인한 청년 실업과 경험의 단절 문제는 어떻게 풀어야 하는가. 국가 차원의 과제는 무엇인가.

송길영: 이것이 현재 가장 어려운 문제다. 신입 채용이 급감하는 현상은 전 세계적이며 이는 심각한 사회 문제를 야기한다. 경력자를 만들 수 없고, 청년들에게 기회를 주지 못하는 공정성의 문제가 발생한다. 하지만 냉정하게 말해 기업은 사회 문제를 해결하기 위해 존재하는 것이 아니다. 생존을 위해 가장 효율적인 선택, 즉 경력자를 채용할 수밖에 없다. 각 기업의 합리적인 선택이 모여 사회 전체적으로는 심각한 균열을 만드는 상황이다.

그렇다고 정부가 강제로 고용을 할당하거나 공공 부문에서 모든 청년 인력을 흡수할 수도 없는 노릇이다. 숙련은 산업 현장에서 이뤄지기 때문이다. 이 문제는 단기간에 해결될 수 없으며 전 지구적으로 상당 기간 갈등이 지속될 것이다.

정책과 복지 시스템이 갈등을 완화하는 역할을 하겠지만, 근원적인 해결책이 되기는 어렵다. 1997년 외환위기 당시 졸업생들이 겪었던 어려움이 재현될 수 있다. 기존의 방법에서 벗어나 사회 전체가 대안을 모색하는 것이 유일한 현실적 해법이다. 모두가 이 문제의 심각성을 인지하고 조심스럽게 대비해야 한다.

더밀크: 새로운 시대, 교육은 어떻게 바뀌어야 하는가. 부모와 학교는 무엇을 가르쳐야 하나.

송길영: 생산 도구가 바뀌면 그 도구를 다루는 법을 배워야 한다. AI라는 새로운 생산 도구를 차치하고 사회에서 협업하는 것은 불가능하다. 따라서 교육의 최우선 과제는 이 새로운 도구의 변천 과정을 이해하는 것이다.

동시에 변하지 않는 핵심 역량, 즉 '코어 근육'을 키워야 한다. 전체의 얼개를 보고 추상화하는 능력, 문제를 정의하고 표현하는 능력, 문해력과 같은 의사소통의 기본기는 더욱 중요해진다.

공교육 시스템은 관성이 있어 빠르게 변하기 어렵다. 하지만 직업 세계에서 요구하는 인재상이 바뀌면 공급단인 교육도 결국 바뀔 수밖에 없다. 지금 우리가 해야 할 일은 기존 시스템을 맹목적으로 추종하지 않고, 끊임없이 의심하고 질문하는 것이다.

AI를 동료로 바라보는 새로운 관점을 가르치고, 인간을 넘어 새로운 지능적 개체를 인식하고, 인정하며 함께 일하는 새로운 소통 방법을 체득하도록 해야 한다.

더밀크: 그렇다면 AI가 대체하지 못하는, 인간 고유의 영역은 무엇이라고 보는가.

송길영: 물론 변하지 않는 것들도 있다. 지구, 땅이 하는 일들, 세월이 필요한 일들이다. 6년근 홍삼이 5년근일 수 없듯 시간이 본질인 영역은 대체되지 않는다.

사회 전반의 효율성이 높아져 여유가 생기면 인간의 욕망은 '섬세함'으로 향하게 될 것이다. 소비자들은 각자의 취향과 취미에 더 깊이 몰입하고 정교한 기준을 갖게 된다. 그러면 공급자 역시 더 섬세해져야만 한다. AI가 따라 할 수 없을 만큼 섬세하고 깊은 탐미의 영역은 인간에게 허락된 고유의 장이 될 것이다.

더불어 '라이브'의 가치가 부상할 것이다. 뮤지컬, 연극, 서커스, 라이브 스트리밍 등에 사람들이 열광하는 건 한 인간이 수많은 노력과 숙련을 통해 실시간으로 실수 없이 무언가를 완수해 내는 모습에 찬사를 보내는 것이다. 기계가 아닌 인간이 흘리는 땀과 노력의 가치를 우리는 더 높이 평가하게 될 것이다.

경량 문명은 따뜻한 문명

더밀크: '핵개인', '호명 사회'를 거쳐 '경량 문명'으로 이어지는 전망을 내놨다. 이 개념들은 어떻게 연결되며 이런 변화를 관통하는 핵심 동인은 무엇인가.

송길영: 지난 3년간 나의 생각은 점진적으로 발전해 왔다. 첫 번째 단계는 '핵개인'으로, 개인이 스스로 각성하고 자신의 존재를 선언하는

단계였다. 두 번째는 '호명 사회'로, 각성한 개인들이 서로의 이름을 불러주며 존중하고 새로운 방식의 협업을 시작하는 사회적 관계의 변화를 포착했다.

그 사이 AI 기술이 폭발적으로 발전하면서 증강된 개인들이 기계와 함께 협력하며 조직과 문명 전체를 바꾸는 세 번째 단계, '경량 문명'의 개념에 도달하게 된 것이다. 개인의 각성에서 사회 협의를 거쳐 문명의 전환으로 생각이 확장된 결과다.

이 거대한 변화를 관통하는 두 가지 핵심 동인은 '지능의 범용화'와 '협력의 경량화'다. 불과 1년 사이에 우리는 엄청난 수준의 범용 지능을 손에 넣었다. 그리고 이를 통해 개인 프로슈머들이 거대 조직과 경쟁하는 것이 가능해지면서 협력의 방식이 극도로 가벼워졌다. 몸집이 작은 조직이 절대적으로 유리한 환경이 조성됐고, 이러한 기조가 문명 전체를 더 가벼운 방향으로 이끌고 있다.

더밀크: 거대한 전환기다. 변화에 적응했을 때 얻는 보상과 실패했을 때 마주할 위험은 무엇인가.

송길영: 이 변화는 선택의 문제가 아니다. 생산과 협력 방법의 변화이기 때문에 피할 수 없다. 과거 원고지로 기사를 쓰던 시절에서 디지털 송고 시스템으로 넘어온 것처럼, 생산 방식의 변화는 거부할 수 없는 프로토콜(protocol, 규약)이다. 누군가 혼자 붓글씨로 기사를 쓰겠다고 하면 협업이 불가능하다.

따라서 경량 문명으로의 전환은 '하면 좋은 것'이 아니라 '안 하면 (내가) 사라지는 것'이다. 더 우월한 문명은 낮은 층위의 문명을 그대로 두지 않는다. 경쟁에서 밀려나는 수준이 아니라, 존재 자체가 소멸할 위험에 처하게 된다.

하지만 희망적인 측면도 있다. 이 변화가 주는 가장 큰 보상은 '따뜻한 문명'의 가능성이다. 경량 문명에서는 개인이 거대 조직의 위계질서나 정치역학에서 벗어나 오롯이 자신의 실력과 기여로 존중받을 수 있다. 조직에 귀속되지 않고도 자존을 지키며 일할 수 있게 되는 것이다. 불필요한 위계 없이 서로를 존중하는 수평적 문화 속에서 개인의 가치가 더욱 빛날 수 있다.

송길영 작가는 누구?
2023년 말까지 바이브컴퍼니(옛 다음소프트) 부사장으로 재직하며 소셜 빅데이터 분석 분야를 이끌었다. 고려대학교, 이화여자대학교, 숙명여자대학교 등 다수의 대학에서 겸임교수로 강단에 서며 후학을 양성하기도 했다. 삼성, SK 등 국내 유수의 기업과 공공기관을 대상으로 수많은 강연을 진행하고, 다수의 방송에 출연하며 대중과 활발히 소통해 왔다.

참고문헌

1-4장

- 디커플링 성공, 에너지 효율에 달렸다 - 사이언스온
  https://scienceon.kisti.re.kr/srch/selectPORSrchTrend.do?cn=SCTM00199003

- MS, 결국 9000명 해고…올해 들어서만 세 번째 대규모 감원 - 한국경제
  https://www.hankyung.com/article/202507035265i

- 7000명 감원한 지 두달만에…MS, 다음달 또 수천명 감원 검토 - 한국경제
  https://www.hankyung.com/article/202506195407i

- New study sheds light on what kinds of workers are losing jobs to AI - CBS
  https://www.cbsnews.com/news/ai-artificial-intelligence-jobs-workers/

- AI가 인간의 모든 일자리를 대체한다? - 연합뉴스
  https://www.yna.co.kr/view/AKR20250123097900518

- "AI 못 쓰면 시니어들 살아남겠어?"…인공지능, 정작 사원·대리급 일자리 다 뺏었다 - 매일경제
  https://www.mk.co.kr/news/economy/11404485

- 인공지능과 인간의 협업: 미래의 직업 변화 - 코드잇
  https://www.codeit.kr/tutorials/20057/%EC%9D%B8%EA%B3%B5%EC%A7%80%EB%8A%A5%EA%B3%BC%20%EC%9D%B8%EA%B0%84%EC%9D%98%20%ED%98%91%EC%97%85%3A%20%EB%AF%B8%EB%9E%98%EC%9D%98%20%EC%A7%81%EC%97%85%20%EB%B3%80%ED%99%94

- AI로 혁신하는 기업 회계, 성큼 다가온 자동화의 시대 (Feat.전표·경비 처리) - SINGLEX
  https://www.singlex.com/app/newsinsight/insight/view/a09a1257-959e-4768-b9bc-8bee52c79a4f

- 대한민국 공인회계사/AI 대체 가능성 - 나무위키
  https://namu.wiki/w/%EB%8C%80%ED%95%9C%EB%AF%BC%EA%B5%AD%20%EA%B3%B5%EC%9D%B8%ED%9A%8C%EA%B3%84%EC%82%AC/AI%20%EB%8C%80%EC%B2%B4%20%EA%B0%80%EB%8A%A5%EC%84%B1

- 생성형 AI를 활용한 생산성 향상 USE-CASE - 생산 직군
  https://blog.comento.kr/generative-ai-use-case-for-productivity-improvement-in-production/

- 10년후 AI와 로봇으로 대체될 직업 10개는?, 아이로봇뉴스
  https://www.irobotnews.com/news/articleView.html?idxno=21645
- How will Artificial Intelligence Affect Jobs 2025-2030 | Nexford University
  https://www.nexford.edu/insights/how-will-ai-affect-jobs
- 메타, AI 조직 전면 개편…'슈퍼인텔리전스' 속도전 시동 - Daum
  https://v.daum.net/v/20250820140412587
- 인도, 기술 채용 감소에도 AI 일자리는 2026년 45% 늘 전망 - 글로벌이코노믹
  https://www.g-enews.com/article/Global-Biz/2025/05/202505011953017655fbbec65dfb_1
- AI 인재 한 명이 1000억 절약… 치열해진 글로벌 두뇌 전쟁 - THEAI
  https://www.newstheai.com/news/articleView.html?idxno=8520
- AI 인재 전쟁의 최전선, 무엇이 승패를 가를까, DGINCLUSION
  https://www.dginclusion.com/news/articleView.html?idxno=984
- AI 인재 순유출, '두뇌수지 적자'의 경고…한국이 직면한 글로벌 인재
  TECHBREW, https://techbrew.co.kr/ittrend/?bmode=view&idx=165568409
- 27년까지 인공지능(AI) 12800명, 클라우드 18800명 신규인력 부족 전망 - 고용노동부
  https://www.moel.go.kr/news/enews/report/enewsView.do?news_seq=15858
- 2026년 디지털 인재 51만명 부족…수요·공급 불균형 해소해야, ETNEWS
  https://m.etnews.com/20231121000075?obj=Tzo4OiJzdGRDbGFzcyI6Mjp7czo3OiJyZWZlcmVyIjtOO3M6NzoiZm9yd2FyZCI7czoxMzoid2ViHRvIG1vYmlsZSI7fQ%3D%3D
- 첨단인력 확보에 1.4조…박사급 연구자 年 750만원 장학금 - 한국경제
  https://www.hankyung.com/article/2025082910421
- AI 인재 육성, 수능과 연계하자 - 한국경제
  https://www.hankyung.com/article/2025083130341
- www.moe.go.kr
  https://www.moe.go.kr/boardCnts/fileDown.do?m=&s=moe&fileSeq=992d0c246edf9fa0d99730da25a2212c
- AI-인간 협업으로 성공을 실현하는 방법 - Blue Prism
  https://www.blueprism.com/ko/resources/blog/ai-human-collaboration/
- AI시대 직장인 6가지 필수 자질 - 유컴패니온
  https://www.ucomp.co.kr/story/story_detail?story_gubun=v&story_

type=Newsletter&story_no=225

- 인공지능 시대에 필요한 7가지 핵심역량 – 한국경제
  https://www.hankyung.com/article/2023070936201

- 제2장 : AI와 미래의 직업 – 티스토리
  https://bookshelf-journey.tistory.com/entry/%EC%A0%9C2%EC%9E%A5-AI%EC%99%80-%EB%AF%B8%EB%9E%98%EC%9D%98-%EC%A7%81%EC%97%85

- 프롬프트 엔지니어링이란 무엇인가요? – IBM
  https://www.ibm.com/kr-ko/think/topics/prompt-engineering

- www.ibm.com
  https://www.ibm.com/kr-ko/think/topics/prompt-engineering#:~:text=%ED%94%84%EB%A1%AC%ED%94%84%ED%8A%B8%20%EC%97%94%EC%A7%80%EB%8B%88%EC%96%B4%EB%8A%94%20%EC%83%9D%EC%84%B1%ED%98%95,%ED%92%88%EC%A7%88%EC%97%90%20%EC%98%81%ED%96%A5%EC%9D%84%20%EB%AF%B8%EC%B9%A9%EB%8B%88%EB%8B%A4.

- 프롬프트 엔지니어링이란 무엇인가요? – 생성형 AI – AWS
  https://aws.amazon.com/ko/what-is/prompt-engineering/

- AI 시대의 새로운 직업, 프롬프트 엔지니어를 만나다! – 서울시 50플러스포털
  https://50plus.or.kr/s40/detail.do?id=49508579

- 인공지능을 더 똑똑하게...AI 트레이너, 中서 인기 직업으로 '급부상' – 신화망 한국어판
  https://kr.news.cn/20221124/6a746518471946b68e7ca0e768a4ef2b/c.html

- 인공지능(AI) 관련 유망 직업과 대체되는 직업 – 코드스테이츠 공식 블로그
  https://www.codestates.com/blog/content/%EC%9D%B8%EA%B3%B5%EC%A7%80%EB%8A%A5-%EC%9C%A0%EB%A7%9D-%EC%A7%81%EC%97%85

- AI로 인해 새로 생겨날 7가지 직업 – Daum
  https://v.daum.net/v/6VuCQ2iHdv

- AI 에이전트로 1인 기업 만들기 – 수익형 비즈니스 구축 완전 정복하기 – 메모리허브
  https://memoryhub.tistory.com/m/entry/AI-%EC%97%90%EC%9D%B4%EC%A0%84%ED%8A%B8%EB%A1%9C-1%EC%9D%B8-%EA%B8%B0%EC%97%85-%EB%A7%8C%EB%93%A4%EA%B8%B0-%EC%88%98%EC%9D%B5%ED%98%95-%EB%B9%84%EC%A6%88%EB%8B%88%EC%8A%A4-%EA%B5%AC%EC%B6%95-%EC%99%84%EC%A0%84-%EC%A0%95%EB%B3%B5%ED%95%98%EA%B8%B0-%F0%9F%9A%80

- AI 활용 프리랜서 수익 창출 아이디어 - YouTube
  https://www.youtube.com/watch?v=SrNQweCRaA0
- 1인 1조 가치 회사 : AI 에이전트가 당신을 억만장자로 만들어줄까? | GeekNews
  https://news.hada.io/topic?id=13376

새로운 시대를 지배할 7가지 코드
2026 글로벌 테크 트렌드

제1판 1쇄 인쇄 | 2025년 10월 15일
제1판 1쇄 발행 | 2025년 10월 25일

지은이 | 더밀크
펴낸이 | 하영춘
펴낸곳 | 한국경제신문 한경BP
출판본부장 | 이선정
편집주간 | 김동욱
책임편집 | 윤효진
교정교열 | 김문숙
저작권 | 백상아
홍보마케팅 | 김규형·서은실·이여진·박도현
디자인 | 박명규·송영·표자영·김지은·남소현·정다운

주　　소 | 서울특별시 중구 청파로 463
기획출판팀 | 02-360-4553, 4556
영업마케팅팀 | 02-360-4595, 4583　FAX | 02-360-4599
H | http://bp.hankyung.com　　E | bp@hankyung.com
F | www.facebook.com/hankyungbp
등　　록 | 제 2-315(1967. 5. 15)

ISBN 978-89-475-0200-9(03320)

책값은 뒤표지에 있습니다.
잘못 만들어진 책은 구입처에서 바꿔드립니다.